ECONOMIA FÁCIL

Marco Antonio Sandoval de Vasconcellos
Rudinei Toneto Jr.
Sérgio Naruhiko Sakurai

Editora Saraiva
www.editorasaraiva.com.br

ISBN 978-85-02-63445-9

DADOS INTERNACIONAIS DE CATALOGAÇÃO NA PUBLICAÇÃO (CIP)
ANGÉLICA ILACQUA CRB-8/7057

Vasconcellos, Marco Antonio
Economia fácil / Marco Antonio Vasconcellos, Rudinei Toneto Junior e Sérgio Sakurai. -- São Paulo : Saraiva, 2015.
(Série fácil)

Bibliografia
ISBN 978-85-02-63445-9

1. Economia I. Título II. Toneto Junior, Rudinei III. Sakurai, Sérgio IV. Série

15-0657 CDD 330
CDU 330

Índices para catálogo sistemático:
1. Economia

Editora Saraiva

Rua Henrique Schaumann, 270
Pinheiros – São Paulo – SP – CEP: 05413-010
PABX (11) 3613-3000

SAC **0800-0117875**
De 2ª a 6ª, das 8h30 às 19h30
www.editorasaraiva.com.br/contato

Diretora editorial Flávia Alves Bravin
Gerente editorial Rogério Eduardo Alves
Planejamento editorial Rita de Cássia S. Puoço
Editores Jean Xavier
Patricia Quero
Assistente editorial Marcela Prada Neublum
Produtores editoriais Alline Garcia Bullara
Amanda Maria da Silva
Daniela Nogueira Secondo
Deborah Mattos
Rosana Peroni Fazolari
William Rezende Paiva
Comunicação e produção digital Mauricio Scervianinas de França
Nathalia Setrini Luiz
Suporte editorial Juliana Bojczuk
Produção gráfica Liliane Cristina Gomes

Preparação Silvia Mourão
Diagramação e capa ERJ Composição Editorial
Impressão e acabamento Edições Loyola

1ª edição

381.759.001.001

SOBRE OS AUTORES

Marco Antonio Sandoval de Vasconcellos

Bacharel, Mestre e Doutor em Economia pela Universidade de São Paulo.

Professor do Departamento de Economia da Faculdade de Economia, Administração e Contabilidade da USP (FEA-USP).

Coordenador de cursos e projetos da Fundação Instituto de Pesquisas Econômicas (FIPE).

Presidente do Conselho Regional de Economia de São Paulo (CORECON-SP).

Coautor do livro "Fundamentos de Economia" e "Manual de Economia e Negócios Internacionais", e co-organizador e autor dos livros "Manual de Economia-Professores da USP" e "Introdução à Economia-Professores da USP", pela Editora Saraiva.

Rudinei Toneto Jr.

Bacharel, Mestre e Doutor em Economia pela Universidade de São Paulo.

Professor Titular do Departamento de Economia da Faculdade de Economia, Administração e Contabilidade da USP-Ribeirão Preto (FEA-USP/RP).

Diretor da FEA-USP/RP, de 2006 a 2010.

Co-organizador e autor dos livros "Manual de Economia-Professores da USP" e "Introdução à Economia-Professores da USP", pela Editora Saraiva.

Sérgio Naruhiko Sakurai

Bacharel, Mestre e Doutor em Economia pela Universidade de São Paulo.

Professor do Departamento de Economia da FEA-USP/RP.

Pesquisador da Fundação para a Pesquisa e Desenvolvimento da Administração, Economia e Contabilidade de Ribeirão Preto (FUNDACE).

Professor dos Cursos MBA da FUNDACE e da FIPE.

Coautor do livro "Introdução à Economia-Professores da USP", pela Editora Saraiva.

SUMÁRIO

ECONOMIA FÁCIL: UMA "FÁCIL" INTRODUÇÃO

Em nosso cotidiano, lidamos com informações sobre economia com uma frequência muita alta, maior até do que imaginamos. Facilmente lemos notícias sobre desemprego, exportações, impostos, taxa de juros ou taxa de câmbio, para citarmos apenas poucos exemplos. Todos esses assuntos fazem parte das inúmeras questões estudadas pela ciência econômica (também dita teoria econômica ou simplesmente Economia), uma ciência importante por si só, mas que, por interagir com outras áreas do conhecimento, como Direito, Administração, Finanças e Ciência Política, também é de alta importância para entendermos muitos dos problemas enfrentados pela sociedade desde a antiguidade até os dias contemporâneos.

Pelo fato de problemas econômicos fazerem parte importante do nosso cotidiano, este livro foi preparado com o objetivo de atender a um público bastante amplo, incluindo não só economistas, mas, em particular, não economistas. Nosso objetivo é fazer que pessoas com interesses nas mais diversas áreas e com diferentes níveis de conhecimento de Economia tenham uma noção mais bem definida do que se estuda nessa ciência e, em particular, de como ela interpreta os fenômenos do nosso dia a dia. O conteúdo deste livro é voltado o tempo todo à apresentação de conceitos fundamentais em Economia, sem pecar pelo excesso de formalismo, ou seja, procura sempre priorizar a intuição na interpretação dos conceitos, esperando, assim, conseguir realmente agradar a todos os perfis de leitores.

Ainda que amplamente conhecida por muitos, vejamos o que significa a palavra "**economia**": o termo deriva do grego *oikonomos* (de *oikos*, casa, e *nomos*, lei). Portanto, genericamente, significa **administração da casa**. De forma geral, podemos definir **Economia** como uma **ciência social** que estuda como os agentes econômicos de uma determinada coletividade decidem empregar recursos na produção e na distribuição de produtos e serviços a fim de satisfazer as necessidades de seus membros.

Essa definição geral, apesar de "abstrata", tem a vantagem de incluir conceitos fundamentais para o correto entendimento da Economia. Em toda sociedade, os recursos produtivos (a quantidade de trabalhadores, a disponibilidade de terras e matérias-primas, entre outros) são limitados. Já as necessidades humanas tendem a aumentar continuamente, em função do próprio crescimento populacional e do contínuo desejo dos indivíduos de elevar seu padrão de vida. Independentemente de seu nível de desenvolvimento, nenhuma coletividade consegue ter, de maneira ilimitada, os recursos necessários para satisfazer todas as necessidades de sua população. Há, portanto, o problema de **recursos limitados** contrapondo-se a **necessidades humanas ilimitadas**. Diante da escassez de recursos, toda sociedade deve, portanto, escolher entre alternativas de **produção** e de **distribuição** dessa produção. É fácil imaginar que, se os recursos fossem ilimitados, a Economia perderia seu sentido, mas a realidade não é assim, e a sociedade precisa tomar decisões quanto à melhor utilização de seus recursos.

Da quantidade limitada de recursos produtivos associada às necessidades ilimitadas do homem, originam-se quatro **questões econômicas** fundamentais que norteiam boa parte da ciência econômica: **o que produzir, quanto produzir, como produzir** e, finalmente, **para quem produzir**. As duas primeiras questões (o que e quanto produzir) resultam diretamente do problema da escassez de recursos, ou seja, toda sociedade precisa escolher quais e quantos produtos serão produzidos. Já a questão de como produzir está atrelada à necessidade de que a sociedade escolha a combinação de recursos a serem utilizados para a produção de bens, em geral. Por fim, a questão de para quem produzir está associada à distribuição de produtos e serviços entre os cidadãos.

O tratamento dessas questões depende da forma do sistema de produção adotado, ou seja, da forma da organização econômica. Pode-se definir um **sistema de produção**, ou **sistema econômico**, como o modelo de organização econômica de uma sociedade com base no qual se organiza a produção, a distribuição e o consumo de todos os produtos e serviços que, em última instância, são consumidos visando o aumento de bem-estar. De modo geral, os sistemas econômicos contemporâneos podem ser classificados em dois grandes grupos: o **sistema socialista** (de economia centralizada ou planificada) e o **sistema capitalista** (ou economia de mercado). No sistema socialista, a produção é gerida pelo governo (o Estado), predominando a propriedade pública dos recursos de produção. No século XX, até o início dos anos 1990, esse sistema prevaleceu em várias economias, tendo como líder a antiga União Soviética. Atualmente, poucas economias adotam esse sistema fielmente, com destaque para Cuba e Coreia do Norte. Por sua vez, no sistema capitalista, o funcionamento da economia é regido pelo mercado, ou seja, pela livre interação entre produtores e consumidores, predominando (mas não somente existindo) a propriedade privada dos fatores de produção e a livre iniciativa na sua utilização. Ainda que importante do ponto de vista conceitual, na prática, essa discussão tem tido destaque cada vez menor no debate econômico. A China, por exemplo, que adota um sistema socialista de produção, tem, ao longo das últimas décadas, adotado uma série de medidas de estímulos à uma economia de mercado, sendo, por isso, chamada informalmente de "socialismo de mercado" ou "capitalismo de Estado".

Como apontamos anteriormente, embora a Economia tenha um objetivo bem definido e um núcleo próprio de análise, ela se relaciona fortemente com outras áreas de conhecimento. O início do estudo da Economia coincidiu com os grandes avanços das ciências físicas e biológicas, nos séculos XVIII e XIX. A construção do núcleo científico inicial da Economia se deu com base nas chamadas concepções organicistas (biológicas) e mecanicistas (físicas). Segundo o **grupo organicista** (da Biologia), a Economia se comportaria como um *órgão vivo*. Essa é a origem de importantes termos econômicos, como órgãos, funções, circulação e fluxos. Segundo o **grupo mecanicista** (da Física), as leis da Economia se comportariam como algumas leis da Física, o que explica o uso de termos como estática, dinâmica, aceleração e velocidade, por exemplo.

Além da influência da Física e da Biologia, do fato de a Economia estudar indicadores ou unidades de medida associadas a quantidades e preços, e muitas vezes estabelecer relações entre essas variáveis (por exemplo, de que forma os preços afetam a quantidade consumida de certo produto), surge a necessidade de empregarmos métodos matemáticos e estatísticos. A Matemática e a Estatística permitem expressar de modo sintético importantes conceitos e relações de Economia, tornando possível formalizar o entendimento de questões essenciais sob a forma de **modelos analíticos**.

Outra interação importante ocorre entre a Economia e a Ciência Política, pois esta determina boa parte das instituições sobre as quais se desenvolverão as atividades econômicas. O sistema econômico em um regime democrático funciona de maneira diferente de num regime ditatorial, uma vez que neste a autoridade política tende a sofrer menos oposição e ter mais poder para colocar em prática as políticas almejadas. Já num regime democrático, os diferentes segmentos da sociedade podem opinar e interferir direta ou indiretamente sobre as ações do governo. Além disso, grupos políticos podem atuar representando o interesse de grupos específicos da população, e não o interesse da coletividade, e, assim, fazer que determinada política governamental não atinja o melhor resultado do ponto de vista da sociedade como um todo.

A História também é bastante importante para a Economia ao facilitar, por meio da análise de fatos verídicos, a compreensão do presente com base na evolução histórica das sociedades. As guerras, as grandes crises econômicas e as revoluções, por exemplo, alteraram profundamente o comportamento e a evolução da economia, até porque muitas delas têm motivações econômicas diretas ou indiretas. A Geografia, por sua vez, é importante para a Economia, uma vez que auxilia a entender fenômenos econômicos comuns, como a concentração espacial dos fatores produtivos (as indústrias tendem a se concentrar onde há mais disponibilidade de trabalhadores qualificados ou onde as condições de infraestrutura são melhores) e a composição setorial da atividade econômica (regiões com maior quantidade de terras aráveis tendem a concentrar atividades primárias), por exemplo. De fato, História Econômica e Economia Regional representam áreas altamente importantes da pesquisa em Economia. Por fim, a Economia também interage fortemente com a Filosofia e até mesmo com questões religiosas: na Idade Média, por exemplo, embora ainda não existisse um estudo sistemático dos problemas econômicos, a atividade econômica era fortemente orientada por princípios morais e de justiça, como a lei da usura e o conceito de preço justo. Em suma, o importante é ficar claro que diversos fatores influenciam a economia e, por isso, ela tende a interagir com diversas outras áreas do conhecimento, além de se utilizar de ferramentas e metodologias desenvolvidas em diversos campos do conhecimento.

Outro ponto relevante é o fato de a Economia ser uma ciência social que fundamentalmente usa a **análise positiva**, ou seja, estuda a economia "como ela é", diferentemente da **análise normativa**, que estuda "como algo deveria ser". A análise positiva não envolve juízo de valor, ao passo que a normativa envolve, direta ou indiretamente, algum julgamento sobre um problema econômico. No capítulo sobre funcionamento do mercado, por exemplo, veremos que, caso as empresas decidam diminuir a produção de determinado artigo, seu preço aumentará. Nosso objetivo não é julgar se isso prejudica os consumidores; vamos apenas discutir os resultados desse fato. Como outro exemplo, caso o governo decida fixar um salário mínimo muito alto, haverá desemprego. Não vamos entrar no mérito de isso ser prejudicial ou não aos trabalhadores; vamos apenas discutir o evento em si.

Utilizaremos com bastante frequência a expressão *ceteris paribus*, que significa "tudo o mais mantido constante". Como um fenômeno econômico é normalmente influenciado por vários fatores ao mesmo tempo, essa premissa é importante, pois permite analisar certo fenômeno atribuindo um foco específico ao seu elemento causador. Nos Capítulos 2 e 4, por exemplo, abordaremos a função da demanda, segundo a qual conforme o preço de um bem aumenta, a quantidade demandada diminui, *ceteris paribus*. Se, por exemplo, o preço de um bem tivesse sofrido aumento, mas a renda do consumidor também, não conseguiríamos definir com exatidão o efeito isolado do aumento do preço sobre o comportamento da demanda, já que dois de seus determinantes sofreram alteração, inviabilizando a premissa "tudo o mais constante".

Ceteris paribus é uma premissa importante da Economia que, dentro de certos limites, tem seu equivalente em outras ciências, especialmente a Biologia, a Física e a Química, quando os cientistas realizam "experimentos controlados". Um farmacêutico que quer testar o efeito de um novo medicamento está assumindo *ceteris paribus* ao selecionar dois grupos idênticos de indivíduos e a um deles ministra um placebo e a outro, o medicamento em teste. Tudo o mais é mantido constante, exceto o fato de que um deles recebe o tratamento e o outro, não. Logo, qualquer efeito sobre o grupo tratado será, muito provavelmente, decorrente do medicamento, dado que todas as demais condições são iguais entre os dois grupos. Como a Economia é uma ciência social em que raramente é possível realizar testes, assumir *ceteris paribus* é fundamental para se poder chegar a conclusões corretas.

Ao longo do livro, também utilizaremos muitas vezes os termos **variável endógena** e **variável exógena**. Uma variável é endógena quando seu comportamento é influenciado por outras variáveis, ou em termos mais formais, quando uma variável é função (ou é dependente) de outra(s). As variáveis exógenas, por sua vez, são aquelas consideradas dadas e que, em geral, influenciam o comportamento das endógenas. Quando você aprendeu, em Matemática, ainda no Ensino Fundamental, que "y é função de x", a professora também poderia ter dito que y é endógeno a x ou que y depende de x. Assim, na teoria do consumidor, diremos que a utilidade de um agente econômico é função da quantidade consumida de bens, ou seja, a utilidade é endógena (é dependente, é causada) à quantidade consumida de bens. Na teoria da firma, por sua vez, diremos que a quantidade de trabalhadores contratados por uma empresa é endógena ao valor dos salários pagos, estes assumidos como exógenos.

Por fim, um último esclarecimento importante antes de você começar a leitura dos próximos capítulos. A ciência econômica é dividida em duas grandes áreas de estudo: a **Microeconomia** e a **Macroeconomia**. A Microeconomia tem como ênfase o estudo do comportamento dos agentes econômicos individuais, em especial consumidores e empresas, e de como esses agentes interagem no mercado. Já a Macroeconomia estuda o comportamento do sistema econômico como um todo, analisando problemas comuns a todos os agentes e que, por isso, são vistos como problemas de ordem agregada. Neste livro, os Capítulos de 1 a 9 têm como foco a discussão de conceitos da Microeconomia, ao passo que os Capítulos de 10 a 16 têm como foco a discussão de conceitos da Macroeconomia. Como você deve supor, a principal finalidade pedagógica de dividir a teoria econômica nessas duas partes destina-se a facilitar a discussão e o entendimento dos problemas, mas a Microeconomia e a Macroeconomia não devem ser tomadas como campos excludentes da teoria econômica.

Ao final desta leitura, esperamos que você tenha assimilado fundamentos importantes da ciência econômica. Mais do que isso, esperamos que possa entender como o economista interpreta os fenômenos do cotidiano e, com isso, desmistifique ou corrija visões que, sem bases mais rigorosas, tenham-no levado a um entendimento incorreto ou superficial. A Economia tem um evidente caráter prático, pois faz parte do nosso dia a dia, mas, acima de tudo, é uma ciência, e a maneira como toda ciência enxerga os fenômenos deve estar baseada em conceitos definidos com rigor metodológico e científico, e não em opiniões ou convicções pessoais.

Sugestões e links interessantes

Uma boa maneira de se informar sobre a evolução da ciência econômica e suas várias áreas de estudo é conhecendo os estudiosos mais importantes da área. Você já deve ter ouvido falar do Prêmio Nobel de Economia, certo? Neste link, você encontrará informações sobre todos os laureados: http://www.nobelprize.org/nobel_prizes/economic-sciences/.

Conceitos importantes do capítulo

- Análise normativa
- Análise positiva
- *Ceteris paribus*
- Definição de Economia
- Macroeconomia
- Microeconomia
- Questões econômicas fundamentais
- Sistemas econômicos de produção
- Variável endógena
- Variável exógena

CAPÍTULO 1

MICROECONOMIA: DISCUSSÕES INICIAIS

Conforme dissemos na Introdução, este livro está dividido em duas partes: uma delas se concentra na discussão da Macroeconomia (com a apresentação de conceitos em teoria macroeconômica), quer dizer, problemas que dizem respeito ao funcionamento agregado de uma economia. A outra se concentra na discussão da Microeconomia (com a apresentação de conceitos em teoria microeconômica), ou seja, problemas que dizem respeito às decisões dos consumidores, dos produtores e à interação entre eles, em mercados específicos.

Antes de iniciarmos os capítulos sobre Microeconomia, convém apresentar uma visão geral do que o leitor encontrará. Em particular, o objetivo desta seção é apresentar os principais conceitos da teoria microeconômica clássica, quer dizer, os fundamentos teóricos das decisões dos indivíduos que compram um produto ou serviço (consumidores), assim como das decisões daqueles que decidem produzir um produto ou serviço (os produtores). É muito importante deixar claro que, neste momento, nosso objetivo é apresentar uma base teórica que auxilie o leitor a entender alguns fenômenos observados no "mundo real". Em outros termos, vamos definir um conjunto de conceitos e teorias que explica parte da realidade. Também podemos dizer que a ideia desta seção é levar o leitor a entender Economia não apenas a partir de suas experiências cotidianas, pois, muitas vezes, estas distorcem a interpretação correta de um fenômeno ou fato. Sempre priorizando a intuição, pretendemos prover ferramentas conceituais que permitam entender a realidade segundo o rigor analítico da teoria econômica.

No Capítulo 2, discutiremos o funcionamento do "mercado", sem dúvida uma das instituições mais importantes para o bom andamento de qualquer economia contemporânea. Por meio da noção de mercado, será possível entender, por exemplo, por que quando ocorrem secas muito severas o preço dos alimentos aumenta, ou, então, por que o preço das passagens aéreas no período de férias ou em feriados prolongados é mais alto do que nas demais épocas do ano. Na sequência, o Capítulo 3 aborda o conceito de elasticidade da demanda, muito utilizado em Economia como medida de sensibilidade da demanda frente a mudanças em seus determinantes. Ficará mais fácil entender por que, em alguns casos, um aumento de renda eleva muito o consumo de um bem, mas não de outros.

No Capítulo 4, falaremos da "teoria do consumidor", e apresentaremos os elementos que permitem entender as decisões de consumo de determinado produto ou serviço. Nesse capítulo, entre outras coisas, vamos discutir o efeito da renda dos consumidores e do preço de determinado produto ou serviço sobre seu consumo. O capítulo também explicará as bases teóricas que permitirão entender, com mais rigor analítico, por que muitos restaurantes das cidades que sediaram jogos da Copa do Mundo foram beneficiados com a vinda de turistas estrangeiros.

O objetivo do Capítulo 5 é introduzir os principais fundamentos da chamada "teoria da firma" que, de forma simplificada, nos auxilia a entender não o lado daqueles que consomem um bem, mas sim o comportamento daqueles que produzem esse bem – pode ser uma empresa que produz tablets ou smartphones, um fazendeiro que cria animais para produção de leite ou carne, ou um psicólogo que realiza sessões de terapia com seus pacientes. Ao final desse capítulo, a ideia é que você entenda como os preços incentivam os produtores a ofertar uma quantidade menor ou maior do bem que produzem, e também como os custos de produção alteram a contratação de trabalhadores e a aquisição de novas máquinas.

A seguir, no Capítulo 6, continuamos abordando o comportamento das firmas, mas não de forma individual, e sim do ponto de vista da interação entre várias delas em seu mercado próprio. Ao final, ficará mais fácil entender, entre outras coisas, por que o pacote de milho de pipoca tem preço muito parecido entre diferentes supermercados, e por que a pipoca vendida nos cinemas custa muito mais caro. Também será mais fácil entender por que existem tão poucas companhias aéreas no Brasil, e quais as consequências disso para o mercado de passagens aéreas.

O Capítulo 7 tem um objetivo bastante especial: discutir as chamadas "falhas de mercado". Aqui, você entenderá que, apesar de ser uma instituição importante para o funcionamento da economia, o mercado está sujeito a falhas que justificam a existência de mecanismos que consigam minimizá-las ou resolvê-las. Muitas vezes, essas soluções envolvem a participação do governo, que nem sempre consegue resolver totalmente a situação; da mesma forma que há falhas de mercado, há também as falhas de governo.

O Capítulo 8 traz uma breve introdução à Teoria dos Jogos, um campo muito frutífero da Economia que estuda as consequências da interação entre vários agentes econômicos e as diferentes escolhas que eles fazem. Ainda que introdutório, espera-se que, ao final desse capítulo, você consiga entender que situações indesejáveis podem ocorrer, mesmo quando cada um dos agentes escolhe o melhor para si. No Capítulo 9, o último dos que versam sobre Microeconomia, discutimos um tema tão interessante quanto delicado: o bem-estar.

Para que você possa entender adequadamente as discussões dos próximos capítulos, vamos já prestar alguns esclarecimentos importantes.

No lugar de "**produto**" ou "**serviço**", vamos usar um único termo mais genérico: "**bem**". Assim, toda vez que mencionarmos "demanda pelo bem X", não importa saber se "X" é sorvete, automóvel ou atendimento médico. Pensamos apenas em simplificar a discussão dizendo que X é um bem consumido por alguém e produzido por outro. Para entendermos as discussões dos próximos capítulos, isso será suficiente.

Outro conceito importante, que empregaremos com frequência, é o **custo de oportunidade**. Intuitivamente, pode ser entendido como o benefício gerado por aquilo do qual se abre mão ao se realizar uma escolha. Justamente por isso, o custo de oportunidade também é chamado "custo implícito" ou "custo alternativo". Suponha, por exemplo, que um indivíduo pode escolher consumir um bem A ou um bem B, e opta pelo B. Como abdicou do consumo do A, o benefício gerado por esse bem representa o custo de oportunidade por ter optado por B. Naturalmente, estamos assumindo que o benefício gerado por B é maior do que o gerado por A, caso contrário, ele teria optado por A.[1] De todo modo, o conceito de custo de oportunidade reflete a ideia de que toda escolha envolve uma renúncia, que deve ser considerada nas decisões de todos os agentes, sejam eles produtores ou consumidores.

Outro termo frequente neste livro é o conceito de "**marginal**", que transmite a ideia de algo "na margem", "adicional". Na teoria do consumidor, vamos falar sobre a expressão "utilidade marginal do consumo", a saber, o grau de satisfação adicional derivado do consumo de uma unidade adicional de determinado bem. Na teoria da firma, discutiremos o conceito de custo marginal, que é o custo adicional derivado do emprego de uma unidade adicional de um fator produtivo. Também falaremos sobre o conceito de produto marginal, que é a produção adicional obtida por meio da contratação de uma unidade

[1] Estamos excluindo a possibilidade de o indivíduo fazer "confusão" em suas escolhas, muito embora você possa conhecer alguém com essa característica.

adicional de um fator produtivo. Por exemplo, se, ao contratar um novo funcionário, sua empresa de calçados consegue adicionar cem pares novos à sua produção total, então cem pares é a produtividade marginal derivada da contratação desse novo funcionário.

Conceitos importantes do capítulo

- Bem (produto ou serviço)
- Bem-estar
- Custo de oportunidade
- Elasticidade da demanda
- Falhas de mercado
- Marginal
- Mercado
- Teoria da firma
- Teoria do consumidor
- Teoria dos jogos

CAPÍTULO 2

O QUE É E COMO FUNCIONA O "MERCADO"?

Este capítulo tem como objetivo discutir o funcionamento do "mercado", um dos mecanismos econômicos mais importantes do nosso cotidiano. Ainda que não exista uma definição rigorosa, em termos básicos o mercado pode ser visto como uma "instituição" na qual ocorre a interação entre compradores (demandantes) e vendedores (ofertantes), ou seja, entre agentes interessados em adquirir um bem (produto ou serviço) e agentes dispostos a vender esse mesmo bem. O mercado não necessariamente é uma instituição formal, quer dizer, dois agentes dispostos a realizar uma transação econômica não precisam necessariamente estar em um estabelecimento, como um supermercado ou uma loja de *shopping center*, para efetuá-la. Em geral, ela ocorre conforme questões normativas (ou legais), mas mesmo o mercado ilegal é um mercado – o comércio de produtos piratas e até o contrabando de drogas e armas ocorrem por via do mercado.

Nas sociedades contemporâneas, as trocas ocorrem mediante o uso de moeda como meio de troca. Conforme será discutido nos capítulos sobre Macroeconomia, uma das funções da moeda é, justamente, servir como intermediário das trocas. Contudo, nada impede que dois agentes realizem trocas diretas entre produtos ou serviços, como ocorria na antiguidade, por meio do escambo. Seja com a intermediação da moeda, ou por trocas diretas, o mercado é o mecanismo que permite a interação entre agentes econômicos e a realização de todas essas transações. É justamente por permitir e facilitar a ocorrência dessas transações que o mercado é uma instituição importante para o funcionamento da economia, e quanto mais rápido e mais simples o mercado funcionar, mais transações serão realizadas e, consequentemente, mais produção e renda a sociedade tende a gerar.

Feitos estes comentários preliminares, começamos o capítulo com dois conceitos básicos e que, invariavelmente, se referem ao mercado: a demanda e a oferta. Posteriormente, falaremos do conceito de equilíbrio, que representa o resultado da interação entre demanda e oferta. Por fim, faremos algumas considerações sobre o funcionamento do mercado.

2.1 Demanda (ou função demanda)

Em termos intuitivos, a **demanda** (você pode usar "procura" ou, de forma mais rigorosa, função demanda) é definida como a quantidade de certo bem que os consumidores desejam adquirir. Na teoria microeconômica, a demanda é determinada por uma série de fatores que influenciam a escolha do consumidor, entre os quais, o preço do próprio bem, o preço de outros bens substitutos ou complementares (discutiremos esses conceitos mais à frente) e a renda do consumidor.

2.1.1 Relação entre quantidade procurada e preço do bem: a lei da demanda

De acordo com a lei geral da demanda, *ceteris paribus*, há uma relação negativa entre a quantidade adquirida de um bem e seu preço. A Figura 2.1 (que deve ser estudada com bastante atenção, pois é a representação clássica da demanda) apresenta um exemplo hipotético: o eixo Y (ordenada) representa os diferentes preços (por unidade) e o eixo X (abscissa) representa as quantidades demandadas de um bem "A" – que pode ser chocolate, smartphones ou tratamento médico, por exemplo. A relação entre essas duas variáveis é estabelecida pela linha do gráfico, e é justamente essa linha que recebe o nome de demanda. Neste nosso exemplo, note que, se o preço unitário do bem A for R$ 200, a quantidade demandada será igual a 30 unidades, ao passo que se o preço unitário desse mesmo bem cair para R$ 180, a quantidade demandada se elevará em 50 unidades, e assim por diante. Assim, note que a demanda tem inclinação negativa, refletindo o fato de que a quantidade procurada de certo produto se eleva conforme há redução de seu preço, *ceteris paribus.*

Você observará que o gráfico apresenta apenas a relação negativa entre as diferentes quantidades demandadas em diferentes níveis de preço de um mesmo bem. Entretanto, logo no início do capítulo, apontamos que a demanda por um bem também é função de outros fatores, o que parece ter sentido. De acordo com a teoria do consumidor, a procura também é influenciada pela renda dos consumidores, pelo preço dos bens substitutos (ou concorrentes), pelo preço dos bens complementares e pelas preferências ou hábitos dos consumidores. Agora que já falamos do comportamento da quantidade demandada de um bem em função do comportamento de seu preço, vamos analisar os outros determinantes da demanda.

Figura 2.1 • Demanda pelo produto A

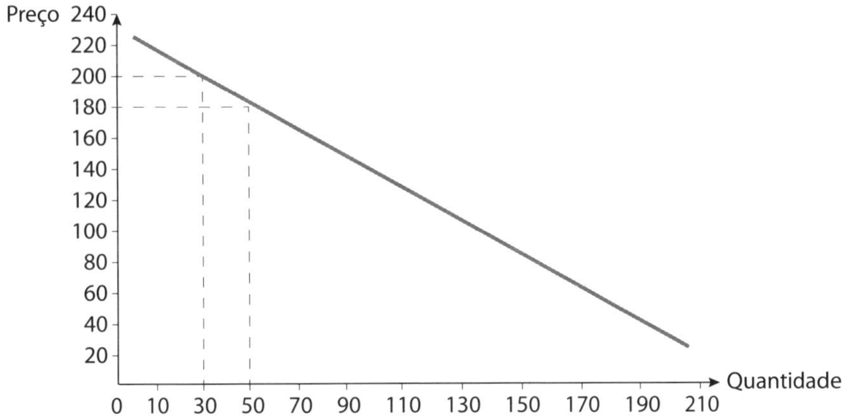

2.1.2 Renda

Além do preço do bem desejado, é natural considerar que a renda do agente seja um determinante importante de quanto ele demanda desse bem. De acordo com a teoria econômica, existem três casos que descrevem o efeito de variações na renda, que podem ser vistos na Figura 2.2:

- **Bem normal**: a demanda por um bem aumenta conforme a renda dos agentes aumenta (por exemplo, é o caso da maior parte dos bens que você conhece, como roupas, viagens etc.);
- **Bens inferiores:** neste caso, um aumento da renda leva os indivíduos a conter a aquisição desse bem. É o caso de itens de consumo mais simples que, a partir de certo nível de renda, podem ser trocados por outros de melhor qualidade (salsicha ou carne de segunda, por exemplo);
- **Bens de consumo saciado**: aqueles cujo consumo não aumenta nem diminui conforme a renda se altera. São itens que, em determinada quantidade, são suficientes para suprir a demanda do agente, como fósforos ou sal, por exemplo.

Figura 2.2 • Efeito de um aumento da renda sobre a demanda

(a) normal

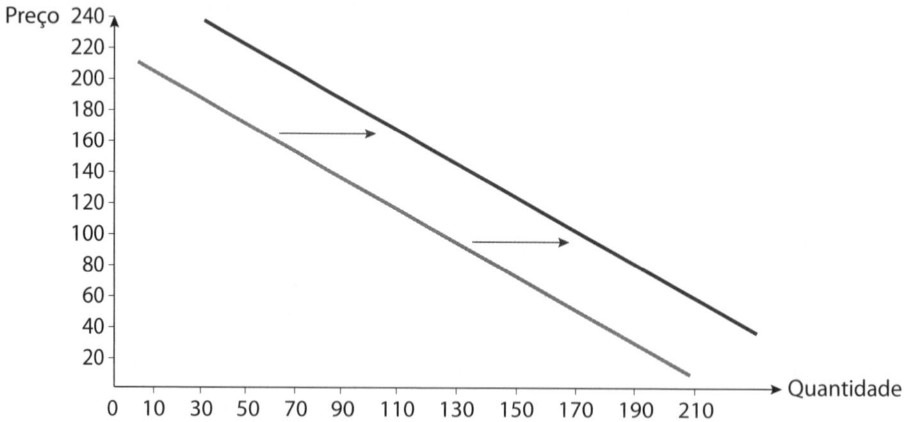

(b) inferior

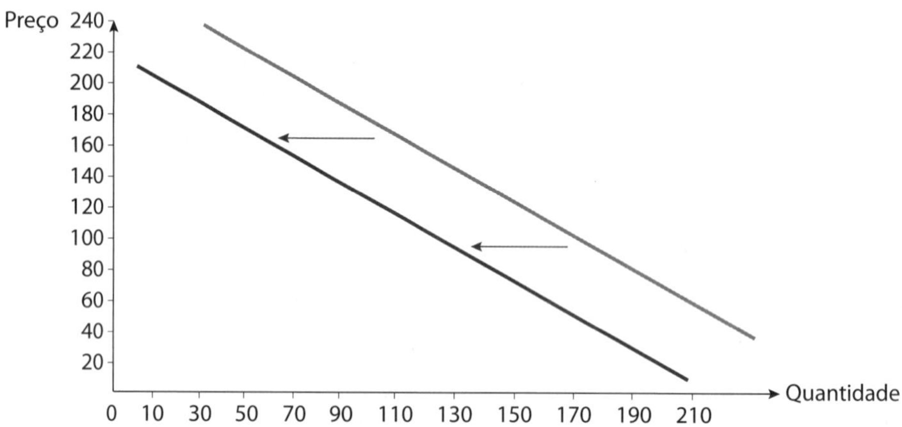

(c) saciado

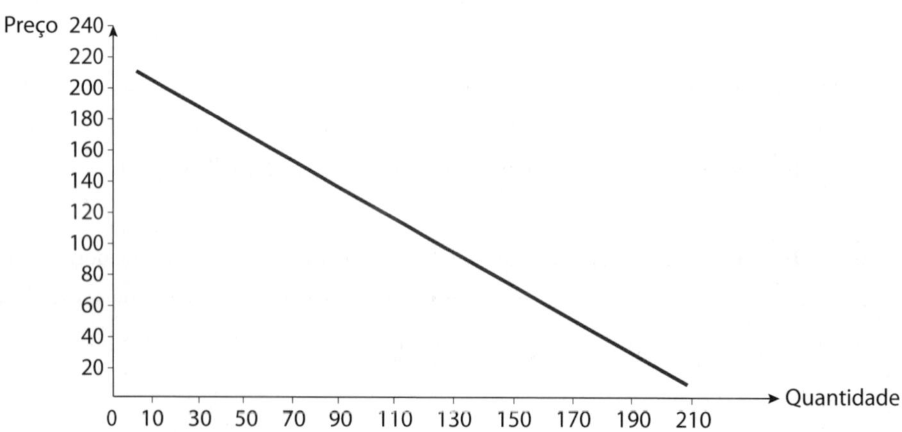

Há um ponto importante a ser salientado, e que normalmente causa confusão. Note que o gráfico continua tendo o preço do bem A no eixo Y e a quantidade demandada do bem A no eixo X. Contudo, ao alterarmos a renda dos agentes, há um deslocamento da demanda, indicando que, para qualquer nível de preços, os indivíduos almejam consumir uma quantidade maior do bem A em função do aumento da renda. Isso ocorre porque há uma alteração em uma variável que afetou a demanda (no caso, a renda), mas que não está representada nem no eixo X, nem no eixo Y. Tomando o caso do bem normal como exemplo (painel (a) da Figura 2.2), o aumento da renda deslocou a demanda para a direita. Se a renda do indivíduo tivesse sofrido queda, teríamos um deslocamento da demanda para a esquerda; então, para qualquer nível de preço, o consumidor desejaria consumir menos desse bem.

2.1.3 Preço dos demais bens: o caso dos substitutos e dos complementares

Além de resultar de alterações no próprio preço, a demanda por certo bem também é influenciada pela existência de outros bens, conforme veremos a seguir. O efeito da mudança de preço desses bens sobre a demanda pelo bem A é representado nos gráficos da Figura 2.3.

- **Bens substitutos**: são aqueles que podem ser consumidos em substituição ao bem A. Um exemplo bem próximo do nosso cotidiano é a possibilidade de se utilizar álcool no lugar da gasolina em automóveis flex, ou, então, a possibilidade de ir de um local a outro usando ônibus, metrô ou táxi, por exemplo. Para o primeiro destes exemplos, um aumento no preço do álcool tende a provocar diminuição em seu consumo, elevando, por sua vez, o consumo de gasolina. Aqui há uma relação positiva entre a demanda por um bem e o preço do seu substituto. Dito de outra forma, se o preço de um substituto aumenta, a demanda pelo bem A também irá aumentar.
- **Bens complementares**: são aqueles que são consumidos em conjunto com outros. Computadores e softwares, por exemplo, representam um caso bastante conhecido, dado que a aquisição do primeiro normalmente leva à aquisição do segundo. Dessa forma, caso o preço dos computadores, caia, é natural considerar que ocorra um aumento na demanda de computadores, assim como um aumento na demanda por softwares. Outro exemplo é o caso do turista que viaja ao Brasil para ver os jogos olímpicos e demanda os serviços de hotelaria para se hospedar. Assim, passagem aérea e hospedagem em hotéis são bens complementares. Este exemplo nos auxilia a estabelecer uma relação negativa entre a demanda por um bem e o preço de seu bem complementar. Isto é, se o preço do bem A subir, então a demanda por ele e seus complementares irá cair.

Na Figura 2.3 (a), temos o caso de bens substitutos em que o aumento do preço do produto B aumenta a demanda pelo produto A. (Atenção: os gráficos continuam representando a demanda pelo produto A, não pelo produto B, cuja demanda caiu). Na Figura 2.3(b), temos o caso de bens complementares, em que o aumento do preço do produto B causa redução no consumo do produto A (também causa redução de consumo de B, ainda que não representado neste gráfico). Note, novamente, que os gráficos continuam tendo o preço do bem no eixo Y e a quantidade demandada no eixo X. Ao alterarmos o preço do bem substituto ou do bem complementar, há um deslocamento da função no gráfico porque, conforme vimos anteriormente, há uma alteração em variáveis que influenciaram a demanda (no caso, o preço do bem substituto ou o preço do bem complementar), mas que não estão representadas nem no eixo X, nem no eixo Y.

Figura 2.3 • Efeito do aumento no preço do produto B sobre a demanda do produto A

(a) substitutos

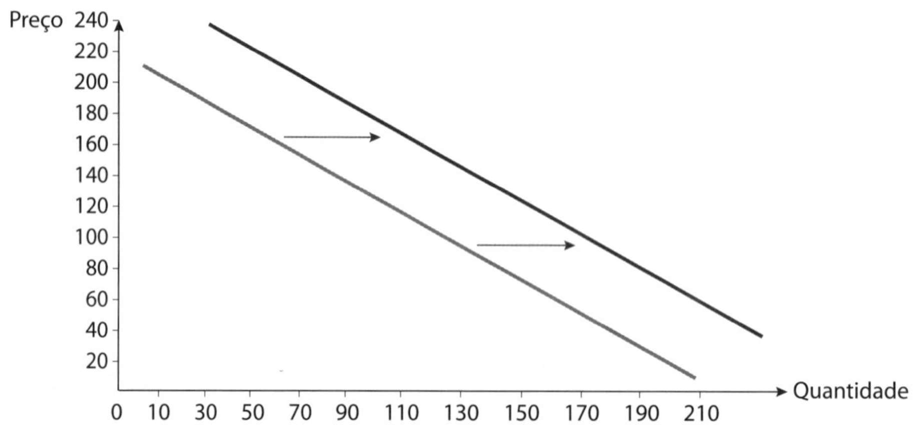

(b) complementares

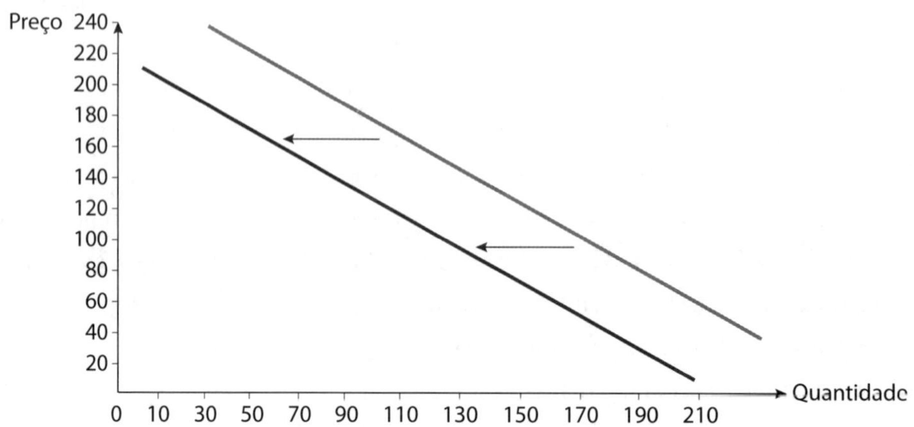

2.1.4 Outros fatores que influenciam a demanda

Além dos fatores já levantados anteriormente, outros aspectos podem influenciar a demanda por um bem, como os que apresentamos a seguir:

- Fatores culturais: a demanda por certos bens é tipicamente influenciada por fatores que, a princípio, não são puramente econômicos. Entre outros, podemos citar a religião como fator social relevante que define o comportamento de consumo dos agentes, como a não ingestão de carne bovina na Índia, por exemplo;
- Fatores sazonais: o consumo de certos produtos ou serviços pode variar em função do calendário. Durante a Semana Santa, por exemplo, há um aumento expressivo no consumo de carne de peixe e uma queda significativa no de carne vermelha (graficamente, a demanda por peixe sofreria um deslocamento para a direita, ao passo que a demanda por carne vermelha sofreria um deslocamento para a esquerda, em seus respectivos mercados). Você já deve ter notado que a movimentação na praça de alimentação de um shopping center é muito maior nos fins de semana do que nos demais dias. Também já deve ter tido problemas para encontrar um técnico que conserte seu ar-condicionado no verão, quando a demanda por esse tipo de serviço aumenta muito;
- Fatores geográficos e climáticos: fatores climáticos e geográficos também influem no comportamento de demanda dos agentes por certo produto. O consumo de vinho tende a ser maior em regiões frias do que em regiões mais quentes de um país, por exemplo;
- Outros fatores econômicos: além dos já mencionados, a disponibilidade de crédito e a taxa de juros influenciam a decisão dos agentes em adquirir aqueles bens que, tradicionalmente, são comprados a prazo, como automóveis, imóveis e eletrodomésticos. Além desses, podemos destacar o efeito de campanhas de publicidade, que podem fazer os consumidores se sentirem mais atraídos a adquirir determinado bem.

2.2 Oferta (ou função oferta)

A **oferta** (ou função oferta) é definida como a quantidade de um bem que os produtores (firmas) desejam produzir e oferecer aos consumidores.

2.2.1 Relação entre quantidade ofertada e preço do bem: a lei da oferta

Assim como no caso da demanda, existe uma relação entre o preço do bem e a quantidade que as empresas estão dispostas a produzir e oferecer aos consumidores. Diferentemente da função demanda, contudo, a função oferta estabelece uma relação positiva entre quantidade ofertada e nível de preços, *ceteris paribus*. Essa é a chamada lei da oferta, que vamos ilustrar graficamente para facilitar seu entendimento.

A Figura 2.4 apresenta um exemplo hipotético para o mesmo bem A considerado até aqui: assim como no caso da demanda, o eixo Y (ordenada) representa os diferentes preços, mas o eixo X (abscissa), agora, representa as quantidades ofertadas. A relação entre essas duas variáveis é estabelecida pela linha do gráfico, e é justamente essa linha que recebe o nome de função oferta, ou, simplesmente, oferta. Em nosso exemplo, note que, se o preço unitário do bem for R$ 80, a quantidade ofertada pela empresa será igual a 70 unidades, ao passo que se o preço unitário do mesmo bem se elevar para R$ 100, a quantidade ofertada será de 90 unidades.

Figura 2.4 • Oferta do produto A

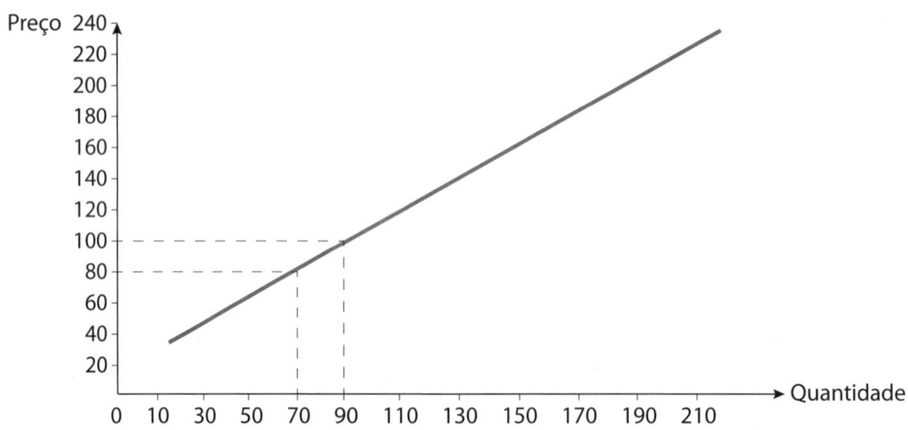

A relação positiva entre a quantidade ofertada de um bem e seu preço se deve ao fato de que, *ceteris paribus*, o aumento no preço de mercado estimula as empresas a elevar a produção e/ou estimula a entrada de novas empresas, aumentando a quantidade do bem ofertada aos consumidores.

2.2.2 Outros fatores que influenciam a oferta

Assim como no caso da demanda, o gráfico de oferta do bem A (Figura 2.4) também representa somente a relação entre o preço e a quantidade ofertada. Contudo, existem outros fatores importantes que influenciam a decisão das empresas sobre a quantidade a ser produzida. Além do preço, a oferta de um produto ou serviço é influenciada pelo custo dos insumos e dos fatores de produção (matérias-primas e salários, por exemplo), por alterações tecnológicas e pelo aumento do número de empresas no mercado.

2.2.2.1 Inovações tecnológicas, aumento de produtividade, entrada de novas empresas e redução dos custos de produção

O avanço tecnológico exerce grande influência sobre a capacidade produtiva das empresas. A Revolução Industrial, que modernizou as técnicas produtivas, o advento da internet, que tornou mais fácil e barata a comunicação, e o aumento da geração de energia por fontes renováveis (como a eólica, entre outras) são bons exemplos do aumento da produtividade das empresas. Outro fator significativo para a expansão da produção das empresas é o investimento em capital humano, como o treinamento e o aumento do nível de escolaridade dos trabalhadores, por exemplo. Todas essas medidas permitem que as empresas tenham melhores condições de aumentar a produção dos bens consumidos pelos agentes. Graficamente, o que ocorre com a oferta, caso ocorra uma melhora tecnológica que aumente a produtividade das firmas?

Figura 2.5 • Impacto do aumento de produtividade das empresas sobre a oferta

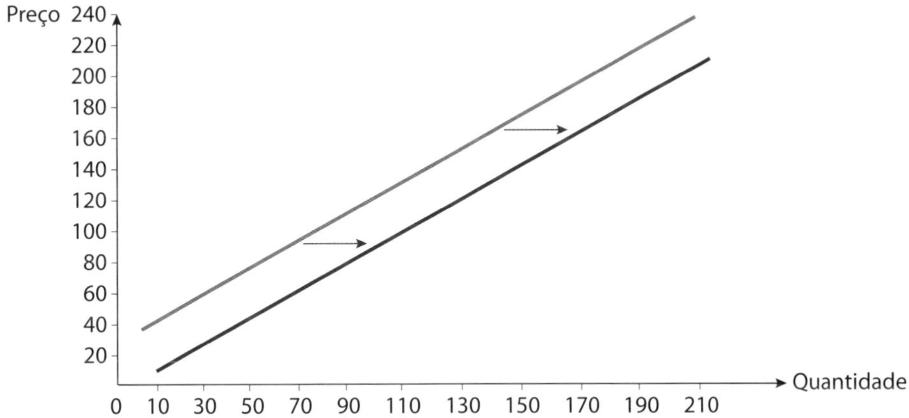

Conforme está representado na Figura 2.5, a melhora tecnológica causa um deslocamento do gráfico para a direita, quer dizer, seja qual for o nível de preços, as empresas são capazes de produzir uma maior quantidade de bens, sejam eles produtos ou serviços. Note, novamente, que, ao alterarmos a produtividade das empresas, houve um deslocamento de toda a oferta no gráfico. A exemplo dos casos discutidos anteriormente, isso ocorre porque, embora a produtividade afete a oferta das empresas, a produtividade em si não está representada nem no eixo Y, nem no eixo X.

A Figura 2.5 também pode ser empregada para descrever o caso de uma redução nos custos produtivos. Se uma matéria-prima fica mais barata, por exemplo, as empresas podem adquirir maiores quantidades desse item sem pressionar seus custos totais e, assim, elevar sua produção para qualquer nível de preços do bem produzido. Outro fenômeno que também seria representado pelo deslocamento para a direita da função oferta seria a entrada de novas empresas no mercado do bem A, ou seja, com mais firmas produzindo esse bem, para qualquer nível de preços existiria uma maior quantidade disponível aos consumidores.

2.3 Equilíbrio de mercado

2.3.1 Interação entre oferta e demanda

Nesta seção, discutiremos a **interação** entre a demanda e a oferta e, em particular, abordaremos o conceito de equilíbrio, que é o resultado da interação entre essas duas funções. Como dissemos no início deste capítulo, por ser um dos conceitos mais importantes em Economia, é essencial que seja bem entendido.

Já vimos que a função demanda representa a quantidade de um bem que os consumidores estão dispostos a adquirir por vários preços, ao passo que a função oferta representa as quantidades que as firmas estão dispostas a produzir e ofertar no mercado, também a diferentes preços. Contudo, a pergunta agora é: qual é o preço que os consumidores efetivamente pagarão e qual é o preço que os produtores efetivamente receberão? Além disso, quais serão as quantidades que os consumidores efetivamente consumirão, e quais são as quantidades que as empresas efetivamente produzirão?

A interação entre as funções demanda e oferta determina o preço e a quantidade de equilíbrio a serem transacionados no mercado de um bem. O preço de equilíbrio será o valor a ser pago pelos consumidores, e será também o valor a ser recebido pelos produtores. A quantidade de equilíbrio, por sua vez, definirá quanto as empresas produzirão, e que será consumido pelos agentes.

Na Figura 2.6, vemos a mesma função demanda e a mesma função oferta vistas anteriormente – a única diferença é que, agora, ambas estão no mesmo gráfico. É possível constatar que elas se cruzam no ponto E, com o qual está associado o preço unitário de R$ 120 e a quantidade de 110 unidades. O que esse ponto E representa?

Figura 2.6 • Interação entre oferta e demanda e o ponto de equilíbrio

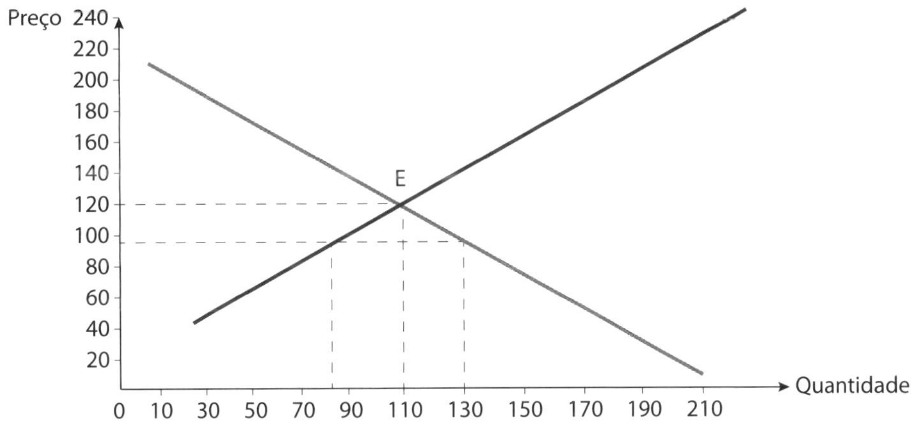

A Tabela 2.1, a seguir, nos ajuda a entender o significado desse ponto. Tomando, inicialmente, o preço unitário de R$ 50, note que a quantidade demandada é de 180 unidades, mas a quantidade ofertada é igual a 60, ou seja, há o que os economistas chamam de excesso de demanda (ou insuficiência de oferta) no montante de 120 unidades; em outras palavras, há muita demanda para pouca oferta. O que ocorre a partir daí?

Tabela 2.1 • Oferta e demanda do bem A

Preço ($)	Quantidade ofertada	Quantidade demandada	Situação de mercado	Preço
50	60	180	Excesso de procura (escassez de oferta)	Tende a aumentar
100	90	130	Excesso de procura (escassez de oferta)	Tende a aumentar
120	110	110	Equilíbrio entre oferta e procura	Fica estável (equilíbrio)
160	150	70	Excesso de oferta (escassez de procura)	Tende a diminuir
200	190	30	Excesso de oferta (escassez de procura)	Tende a diminuir

Assumindo que o mercado funcione somente com base na interação entre demandantes e ofertantes, o ajuste ocorre por meio do aumento de preços, uma vez que a escassez do produto no mercado o tornará progressivamente mais caro. É provável que esse cenário não lhe cause espanto; afinal, você já deve ter deparado com uma situação em que um produto em falta fica mais caro. Eis o mercado em ação...

Vejamos o que acontece quando o preço atinge R$ 100 por unidade. Nesse novo preço, mais alto que o anterior, a quantidade demandada se reduz para 130 unidades, mas a quantidade ofertada se eleva para 90. Esse é um resultado esperado, dado que, com preços mais altos, os consumidores são propensos a consumir menos, mas os produtores têm incentivos para produzir mais. Contudo, a esse preço, ainda há mais demanda do que oferta, em montante igual a 40 unidades, o que tende a pressionar, novamente, os preços para cima.

Quando os preços atingem o patamar de R$ 120 por unidade, observa-se um resultado curioso: a demanda pelo bem A diminui para 110 e a oferta aumenta para os mesmos 110, ou seja, nesse ponto, não há nem produto sobrando, nem produto faltando no mercado. Dito de outra maneira, a quantidade demandada e a quantidade ofertada são rigorosamente iguais, e o excesso de demanda (ou insuficiência de oferta) é exatamente igual a zero.

E se, eventualmente, o preço se elevasse ainda mais e atingisse o patamar de R$ 160 por unidade? Diante de um preço mais alto do que antes, os consumidores naturalmente teriam incentivo para consumir menos, ao passo que os produtores teriam incentivo para produzir mais, fazendo que, nesse caso, exista uma "sobra" de produto no mercado, em montante igual a 150 – 70 = 80 unidades. Se os preços se elevassem para R$ 200 a unidade, o excesso de produto no mercado tenderia a ser ainda maior, em 190 – 30 = 160 unidades. Em ambos os casos, o excesso de oferta tende a fazer o preço do bem cair, e com isso, *ceteris paribus*, ocorre uma convergência para o patamar de R$ 120 por unidade.

Você já deve ter notado o seguinte: R$ 120 por unidade representa um preço particular, pois, nesse patamar, os consumidores estão dispostos a consumir exatamente a mesma quantidade que as empresas estão dispostas a ofertar. Se os preços ficam acima desse patamar, o excesso de oferta pressiona, automaticamente, o preço para baixo, ao passo que se os preços estão abaixo desse nível, o excesso de demanda pressiona os preços para cima. Portanto, o ponto E representa o equilíbrio de mercado: assumindo a livre movimentação de preços, se a economia estiver nesse ponto, permanecerá aí e, se não estiver, convergirá para ele por meio da interação entre compradores e vendedores e o livre ajustamento dos preços e das quantidades, *ceteris paribus*.

O equilíbrio de mercado parece algo simples, mas, por meio dele, é possível entender muito do que observamos em nosso cotidiano. Em particular, podemos dizer que, ao preço de equilíbrio, os interessados em comprar o bem A conseguirão, efetivamente, comprá-lo e os dispostos a vender o bem A conseguirão, efetivamente, vendê-lo. Sem dúvida, mesmo ao preço de mercado, alguns optarão por não comprá-lo (por achá-lo muito caro, por exemplo), ao passo que outros optarão por não produzi-lo (por achar que o preço de equilíbrio não é suficiente para cobrir seus custos de produção), ou seja, o equilíbrio não implica que todos os compradores e vendedores de fato participarão do mercado. O equilíbrio também não tem a missão de definir se o preço de determinado produto é caro ou barato – ele não tem a pretensão de dizer que R$ 2,35 por dólar é um valor muito alto ou muito baixo; o equilíbrio apenas define o preço que iguala a oferta e a procura. Assim, o equilíbrio é apenas uma consequência da interação entre compradores e produtores.

2.3.2 Mudanças no equilíbrio de mercado a partir de alterações na oferta ou na procura

Já vimos que existem vários fatores capazes de deslocar as curvas de oferta e procura. O que ocorre com o equilíbrio de mercado, caso ocorram mudanças na oferta ou na procura?

Aumento da renda dos agentes

Vamos voltar à nossa Figura 2.6, que representa a interação entre oferta e demanda. Vamos assumir que esse mercado já esteja em equilíbrio e que, em certo momento, ocorre um aumento da renda dos agentes. Exceto o aumento da renda, vamos assumir *ceteris paribus*.

Agora, analisando a Figura 2.7, sabemos que a economia estava, inicialmente, no ponto E_1, em que o preço de equilíbrio era R$ 120 por unidade e a quantidade transacionada no equilíbrio era de 110 unidades. Contudo, o aumento da renda causa um deslocamento da demanda (de toda a função) para a direita, gerando um novo equilíbrio. Nesse ponto, o preço passa a ser R$ 140 e a quantidade de equilíbrio passa a ser 130 unidades. Por que isso ocorre?

Com o aumento da renda, os indivíduos são incentivados a consumir maiores quantidades do bem A. Contudo, é possível visualizar que, no preço antigo de equilíbrio, a quantidade da demanda é, agora, mais alta do que a oferta, ou seja, no preço de equilíbrio antigo, o aumento da renda causa excesso de demanda no mercado.

A partir desse ponto, passa a funcionar o sistema de ajuste de preços. O excesso de demanda pelo bem A tende a pressionar os preços para cima, estimulando as empresas a produzirem mais, mas levando os consumidores a demandarem menos, até que a economia atinja o novo ponto de equilíbrio E_2. Agora, o preço é mais alto do que antes e as quantidades transacionadas também. Note que, embora os preços tenham aumentado, houve aumento da quantidade consumida pelos agentes porque, em primeiro lugar, houve aumento de renda, e em segundo lugar, o aumento dos preços incentivou o aumento da produção nas empresas. O caso ilustrado na Figura 2.7 também poderia ser utilizado para ilustrar outros fatores que elevam a demanda pelo produto A. Se um bem B de uso complementar ao A[1] ficasse mais barato, tanto a demanda pelo produto B como pelo produto A sofreriam elevação. Esse aumento causaria uma elevação do preço e da quantidade de equilíbrio de mercado do produto A. Outro exemplo seria um produto C, substituto do A, tornando-se mais caro.[2] Naturalmente, haveria queda na procura pelo produto C e aumento na demanda pelo produto A e, portanto, em seu preço.

Figura 2.7 • Aumento da renda e influência sobre o equilíbrio de mercado

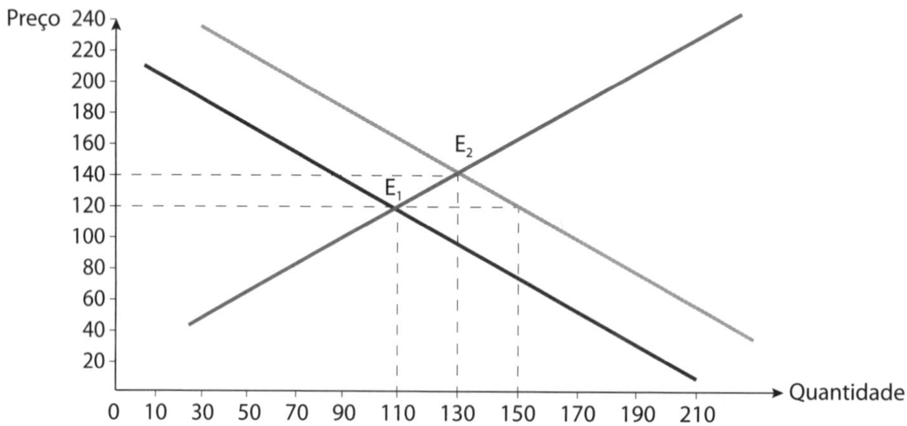

Vamos ilustrar, agora, o que ocorre com o equilíbrio de mercado caso ocorra alguma mudança no lado da oferta. Vamos supor que, em função de condições climáticas atípicas, os reservatórios das usinas hidrelétricas atinjam níveis muito baixos ocasionando uma forte redução no fornecimento de energia elétrica. Então, o Ministério de Minas e Energia solicita que as empresas reduzam seu ritmo de atividade (para diminuir o consumo de energia), e isso faz que ofertem menos produtos aos consumidores.

[1] Assuma que os produtos A e B sejam carvão e picanha, por exemplo.

[2] Assuma, por exemplo, que o produto A seja uísque e o produto C seja vodka. Em ambos os casos, beba com moderação.

A Figura 2.8 mostra que, inicialmente, ocorre um deslocamento da oferta para a esquerda, ou seja, para qualquer nível de preços as empresas estarão aptas a ofertar uma menor quantidade de bens. O que ocorre a partir daí? No nível de preço definido pelo equilíbrio E_1 anterior, há, agora, um excesso de demanda, ou seja, o preço de R$ 120 já não equilibra mais o mercado, enquanto os consumidores demandam 110 unidades a esse preço e os produtores ofertam apenas 70. Assumindo que o mercado é capaz de se ajustar livremente, esse excesso de demanda pressiona os preços para cima, incentivando progressivamente os consumidores a adquirir menos unidades do produto A, até que seja atingido o novo ponto de equilíbrio E_2. Agora, note que a quantidade transacionada no novo equilíbrio é menor (90 unidades) e o preço, mais alto (R$ 140) do que em E_1. Em suma, a redução da oferta reduziu a quantidade e elevou o preço de equilíbrio de mercado do produto A.

Figura 2.8 • Diminuição da produção e efeito sobre o equilíbrio

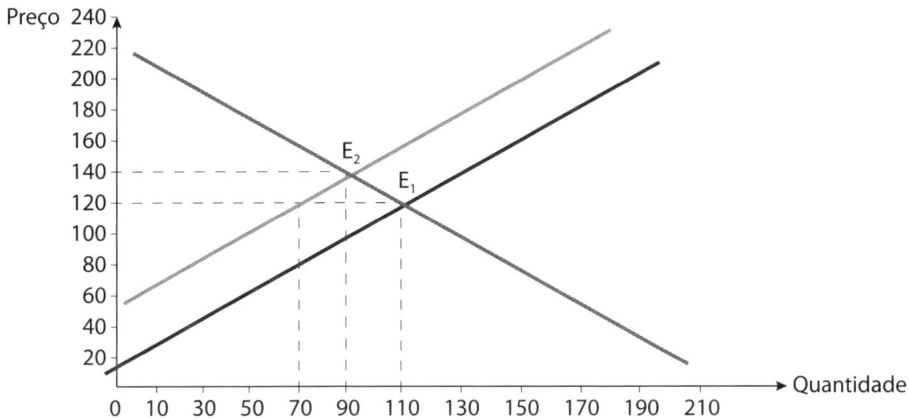

A Figura 2.8 também serve para ilustrar o efeito de outros fatores sobre a oferta. O mesmo ocorreria caso algumas empresas optassem por sair desse mercado, reduzindo a oferta do produto A, ou então, caso alguma matéria-prima utilizada na sua produção tenha se tornado mais cara, também causando retração em sua produção.

2.4 Interferência do governo no equilíbrio de mercado

Vimos que a livre interação entre consumidores e produtores tende a levar o mercado a se equilibrar naturalmente, ou seja, a livre interação ajusta os preços de tal forma que qualquer excesso de demanda ou de oferta se neutraliza ao longo do tempo, fazendo a oferta e a procura se igualarem.

Na prática, contudo, nem sempre o mercado funciona de maneira totalmente livre ou sem intervenções – em muitos casos, estas são realizadas pelo governo por meio de vários mecanismos. Um desses tipos de intervenção ocorre quando o governo estabelece valores máximos que os vendedores podem cobrar por um bem, a exemplo do que ocorria na época dos congelamentos de preços no Brasil, na década de 1980, ou do que vem ocorrendo mais recentemente na Argentina, por exemplo. Outro exemplo típico é quando o governo estabelece valores mínimos para alguns preços, como ocorre com o salário mínimo. Vejamos o que ocorre nesse caso particular.

2.4.1 Salário mínimo

O salário mínimo foi instituído no Brasil entre o final dos anos 1930 e início dos anos 1940, e estabelece o valor mínimo a ser recebido pelos trabalhadores de modo que possam satisfazer suas necessidades básicas de consumo. Assim, de um ponto de vista normativo, a instituição do salário mínimo parece ser uma medida benéfica adotada pelo governo, até porque parece não acarretar nenhuma consequência negativa para os trabalhadores. Porém, analisando estritamente o equilíbrio do mercado de trabalho, o que ocorre quando esse tipo de política é posta em prática? A Figura 2.9 apresenta um exemplo que nos ajuda a entender a situação. O eixo Y representa o valor do salário (lembre-se de que o salário também é um preço, neste caso, o preço do trabalho), ao passo que o eixo X representa o número de trabalhadores dispostos a trabalhar (oferta de trabalho) e a quantidade de trabalhadores que as empresas estão dispostas a contratar (demanda por trabalho).

Vamos supor que o governo fixe em R$ 800 o valor do salário mínimo mensal a ser pago pelas empresas brasileiras. Mas vamos assumir que o equilíbrio de mercado, ou seja, o preço decorrente da interação entre a oferta de trabalho (por parte dos trabalhadores) e a demanda por trabalho (por parte das empresas) gere um salário de equilíbrio de R$ 700 por mês. Lembre-se: no equilíbrio, não há nem excesso de oferta nem excesso de demanda. Em nosso exemplo, isso implica que aqueles dispostos a trabalhar recebendo R$ 700 por mês conseguem emprego, e que as empresas dispostas a pagar R$ 700 por mês conseguem contratar funcionários, gerando um equilíbrio de 6.500 pessoas empregadas. Lembre-se ainda que, no patamar do salário de equilíbrio, algumas pessoas podem optar por não trabalhar, assim como algumas empresas podem optar por não contratar trabalhadores. Logo, o equilíbrio não significa que todos os agentes façam necessariamente parte do mercado. Com isso em mente, o que ocorre no nosso exemplo?

Figura 2.9 • Equilíbrio do mercado de trabalho

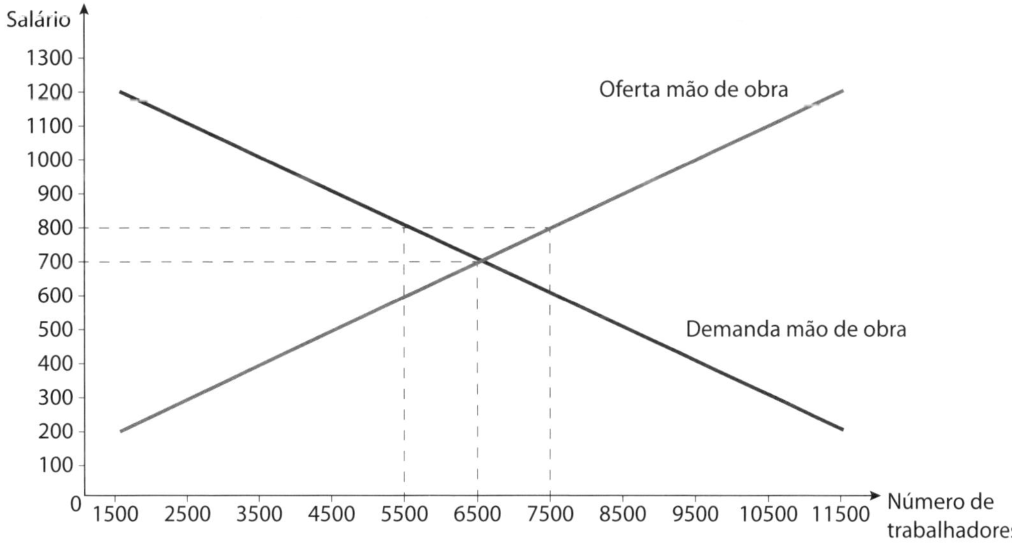

Vamos utilizar os conceitos de demanda e oferta que discutimos até aqui. Note que, por R$ 800, as empresas estão dispostas a contratar menos trabalhadores (5.500 pessoas) do que contratariam ao nível salarial de R$ 700. No entanto, uma quantidade maior de trabalhadores estará disposta a trabalhar por R$ 800 (7.500 pessoas) do que por R$ 700. A consequência é clara: com um salário maior que o de equilíbrio, haverá excesso de trabalhadores no mercado (igual a 7.500 – 5.500 = 2.000 pessoas) e, portanto, trabalhadores desempregados. Dessa forma, o estabelecimento de um salário mínimo maior do que o salário de equilíbrio traz um dilema, uma vez que os trabalhadores empregados receberão individualmente um salário maior, mas haverá alguns trabalhadores desempregados, mesmo aceitando trabalhar pelo salário vigente. Se o governo não realizasse tal intervenção, o mercado atingiria um equilíbrio em que todos aqueles dispostos a trabalhar por R$ 700 ao mês estariam empregados, mas recebendo individualmente um salário menor do que o definido pelo governo.

O leitor atento provavelmente está se perguntando o que ocorreria caso o governo estabelecesse um salário mínimo inferior a R$ 700 – vamos considerar R$ 600 o piso a ser pago por todas as empresas a seus trabalhadores. Nesse caso, como o salário de equilíbrio é superior ao estabelecido pelo governo, não haveria nenhuma restrição para que o mercado atingisse o nível de R$ 700 por mês. A instituição do salário mínimo, neste caso, não traria nenhuma consequência ao ajuste do mercado porque, no patamar de R$ 600, o excesso de demanda por trabalhadores elevaria automaticamente os salários ao nível de equilíbrio.

Este exemplo nos ajuda a entender, de forma neutra e imparcial, o funcionamento do mercado. Um salário de R$ 700 por mês obviamente não é suficiente para atender a todas as necessidades básicas de um trabalhador, e provavelmente você deve achar muito "injusto" que alguém o aceite. Note, contudo, que isso não é culpa do mercado: ele apenas nos diz que R$ 700 por mês é o salário que iguala a oferta e a demanda por trabalho.

Com base nisso, você talvez ache justo que o governo institua uma lei que obrigue todas as empresas a pagar um salário mínimo mensal de R$ 3.000, por achar que isso é o mínimo necessário para as pessoas satisfazerem suas necessidades. Volte ao nosso exemplo: nesse caso, haverá desemprego, ou seja, alguns ficarão sem receber nada, nem mesmo os R$ 700 que você achava injusto. Então, você insiste e diz que o governo deve instituir outra lei que obrigue todas as empresas a contratarem todos os trabalhadores, inclusive os desempregados, pagando R$ 3.000 por mês. Agora, algumas empresas terão um aumento de custo tão grande que, possivelmente, entrarão em falência, aumentando ainda mais a quantidade de desempregados e deixando de produzir produtos e serviços úteis à sociedade, o que vai piorar a situação.

Note que as leis podem ser úteis em alguns contextos, mas os exemplos indicam que, caso as consequências econômicas não sejam bem avaliadas, elas distorcem o funcionamento do mercado e pioram a situação da sociedade como um todo. Vamos deixar claro: o equilíbrio de um mercado é consequência da interação entre oferta e demanda e, se você o considera inadequado, então alguma ação muito bem estudada deve ser instituída sobre o comportamento da demanda, ou da oferta, para que um novo equilíbrio seja atingido.

O que poderia ser feito, então, para que as empresas contratassem mais trabalhadores, garantindo, assim, um salário mais alto (volte à Figura 2.9 e relembre que, se as empresas passam a contratar – demandar – mais trabalhadores, o salário também tende a aumentar, *ceteris paribus*)? Se você perguntar para um pequeno comerciante ou um pequeno industriário brasileiro o que o impede de contratar novos funcionários, ele muito provavelmente vai mencionar os altos encargos trabalhistas (custos com o pagamento de FGTS e INSS, entre outros) que, no Brasil, chegam a ser tão altos quanto o próprio salário pago ao trabalhador) ou, então, a baixa qualificação dos candidatos. Assim, tornar mais barata a contratação de funcionários ou melhorar o grau de escolaridade da população seriam medidas que beneficiariam os trabalhadores sem ser preciso instituir uma lei inapropriada para o funcionamento do mercado.

2.5 Considerações finais

Ao final de todas essas ponderações, cabe apresentarmos algumas considerações sobre o mercado. Para a maioria dos bens (produtos ou serviços), diz-se que o mercado é uma instituição eficiente porque a interação entre compradores e vendedores neutraliza todo excesso de oferta ou de demanda por meio do ajuste dos preços. Uma vez atingido o preço de equilíbrio, qualquer empresa consegue vender a quantidade que almejar e qualquer consumidor consegue adquirir a quantidade de produtos que desejar. Como vimos, no preço de equilíbrio, provavelmente existirão alguns consumidores que preferirão não consumir e algumas empresas preferirão não produzir. Contudo, essa possibilidade depende das características dos compradores e dos vendedores desse mercado, ou seja, da oferta e da demanda.

Além disso, intervenções no funcionamento do mercado podem até ter boas intenções, mas podem gerar resultados adversos, o que nos leva a constatar que qualquer medida que influencie o comportamento dos compradores e dos vendedores deve ser cautelosamente avaliada. As discussões apresentadas até aqui podem parecer simples, mas, com base no que foi exposto, você já pode entender com mais clareza muitos fenômenos econômicos com que deparamos no cotidiano. Com base neste capítulo, é de se pensar que todos os mercados sempre funcionem de modo totalmente livre, certo? A resposta é definitivamente não. Nos capítulos seguintes, apresentaremos alguns casos em que nem sempre um mercado totalmente livre é aconselhável.

Conceitos importantes do capítulo

- Bens complementares
- Bens de consumo saciado
- Bens inferiores
- Bens normais
- Bens substitutos
- Equilíbrio de mercado
- Função demanda
- Função oferta

CAPÍTULO 3

ELASTICIDADE: O QUE SIGNIFICA E PARA QUE SERVE?

Prosseguindo com a discussão apresentada no capítulo anterior, diz a teoria microeconômica clássica que a quantidade demandada de um bem é função de uma série de fatores, dentre os quais destacamos o preço do próprio produto ou serviço, a renda do consumidor e o preço dos bens complementares ou substitutos. Contudo, é natural considerar que determinado bem mostre uma sensibilidade específica com relação a cada um desses fatores (um aumento de 10% na renda de um indivíduo ou uma queda dos mesmos 10% no preço de determinado bem podem causar variações muito diferentes em sua demanda), assim como o fato de que idênticas variações de preços afetem de forma distinta a demanda por diferentes bens (um aumento de 10% no preço dos medicamentos pode causar uma redução muito pequena no seu consumo, mas um aumento dos mesmos 10% no preço de um espetáculo teatral pode causar uma redução expressiva na procura por ingressos). Então, como mensurar essa sensibilidade da demanda?

Existe um conceito bastante comum em Economia, denominado "elasticidade", por meio do qual essa sensibilidade é mensurada (você também pode usar o termo "sensibilidade" em vez de elasticidade, embora este seja mais difundido em teoria econômica).[1] O conceito de elasticidade é bastante comum e útil tanto para as empresas como para a administração pública. Nas empresas, o conceito de elasticidade permite que seus gestores mensurem quanto o consumo de certo produto é sensível aos fatores que definem sua demanda, e permite avaliar como os consumidores se comportarão caso essa empresa promova estratégias de descontos de preços ou de vendas específicas para grupos distintos de renda, por exemplo. Assim, pode ser interessante para uma empresa diminuir seus preços

[1] Dizem que, quando um graduado em Economia se defronta com uma pergunta, ele começa respondendo: "Depende". Quando conclui o mestrado em Economia, diante da mesma pergunta, ele se dá ao luxo de responder: "Depende das elasticidades".

(em, digamos, 10%), caso constate que a quantidade demandada sofrerá uma grande elevação (neste caso, a redução do preço é mais do que compensada pelo aumento na quantidade comprada pelos consumidores). Já para a administração pública, o conhecimento da sensibilidade da demanda a seus determinantes pode ser importante caso o governo deseje, por exemplo, instituir um novo imposto sobre a venda de certo produto uma vez que, ao aumentar o preço, o imposto pode gerar uma queda drástica do consumo desse bem.

Antes de avançarmos, é importante ressaltar que, para o cálculo da elasticidade da demanda, é necessário que um de seus determinantes varie e, a partir disso, avaliamos a magnitude da variação na quantidade demandada (sempre assumindo *ceteris paribus*). Além disso, a elasticidade sempre envolve dois aspetos importantes: seu sinal e sua magnitude, como veremos a seguir.

3.1 Elasticidade-preço da demanda

A elasticidade-preço da demanda (*EPD*) avalia como a demanda por um bem – vamos continuar definindo-o como bem A – varia quando ocorre uma variação em seu preço. Esse conceito é definido nesta fórmula:

$$EPD = \frac{\text{variação percentual na quantidade demandada}}{\text{variação percentual no preço}}$$

Em primeiro lugar, vamos falar do sinal da elasticidade-preço da demanda. Em geral, quando o preço de um bem aumenta, sua quantidade demandada diminui, e vice-versa. Logo, se a variação percentual no preço (o denominador) é positiva, a variação percentual na quantidade demandada (o numerador) é negativa. Com isso, o valor da *EPD* é negativo, *ceteris paribus*. Então, note que o sinal negativo da elasticidade-preço da demanda indica uma relação negativa entre o preço de um bem e a quantidade consumida pelos agentes; essa relação negativa é válida para a maioria dos produtos e serviços que conhecemos, embora existam exceções.[2]

Agora, vejamos a magnitude da *EPD*. Como já vimos a questão do sinal, vamos nos concentrar apenas em seu valor absoluto, quer dizer, vamos analisar o módulo da elasticidade. Existem três casos possíveis para a elasticidade-preço da demanda:

[2] Existe uma exceção denominada "bem de Giffen". Nesse caso, uma redução no preço reduz a demanda pelo bem. Não discutiremos esse tópico neste livro, mas pode você pode estudá-lo em livros específicos sobre Microeconomia.

3.1.1 Demanda elástica $|EPD| > 1$

Neste caso, as variações (proporcionais) na quantidade da demanda são relativamente maiores que as variações proporcionais dos preços. Em outros termos, podemos dizer que a quantidade do bem que é demandada pelos consumidores tem alta sensibilidade à variação de preços. Podemos pensar, por exemplo, em viagens internacionais (ou outros bens considerados não essenciais). No caso de um aumento de preço, é provável que os agentes reduzam mais do que proporcionalmente a demanda por esse item de consumo.

3.1.2 Demanda inelástica $|EPD| < 1$

Neste caso, a variação proporcional da quantidade demandada é relativamente menor do que a variação proporcional dos preços. Aqui, pode-se dizer que a quantidade demandada pelos consumidores do bem varia pouco, isto é, apresenta baixa sensibilidade à variação de preços.

Note que, no caso de uma demanda inelástica, pode ocorrer a situação bastante particular de a elasticidade-preço da demanda ser igual a zero. Isso implica que a variação de preços não causa nenhuma variação na quantidade demandada do bem em questão. O sal é um exemplo razoável: a não ser que você decida usar uma enorme quantidade de sal na comida só porque ele ficou barato...

3.1.3 Demanda de elasticidade-preço unitária $|EPD| = 1$

A elasticidade-preço unitária é um caso particular em que as variações percentuais no preço e na quantidade têm a mesma magnitude. Assim, se o preço de um produto aumenta 10%, a quantidade demandada se reduz também em 10%.

O que faz que alguns bens tenham demanda elástica ou inelástica em relação aos seus preços? Na maioria dos casos, é a disponibilidade de bens substitutos que define a elasticidade-preço da demanda, de tal modo que, quanto mais substitutos houver para um bem, mais elástica tenderá a ser sua demanda. Se um produto com vários substitutos disponíveis fica mais caro, a queda da sua demanda tenderá a ser proporcionalmente maior do que o aumento do seu preço, uma vez que os agentes têm várias alternativas possíveis para realizar a substituição. Podemos pensar no caso de bebidas não alcoólicas, como sucos, chás e refrigerantes, que possuem várias marcas e sabores à disposição do consumidor. No entanto, bens com poucos substitutos tendem a ter demanda inelástica, pois, mesmo que ocorra um grande aumento em seus preços, a demanda tende a cair muito pouco ou até permanecer a mesma. É o caso, por exemplo, da gasolina, que tem apenas um substituto direto:[3] o etanol, em carros flex.

Outro fator que também influencia o comportamento da elasticidade-preço da demanda é sua essencialidade ou importância. Quando um produto ou serviço é essencial, mesmo que seu preço se eleve bastante, a quantidade consumida tende a cair muito pouco (ou, até mesmo, a permanecer estável), justamente por ser importante para o consumidor. Medicamentos para doenças específicas ou alguns serviços médicos (como os de alta complexidade), para os quais existem poucos substitutos, são casos típicos. Esses fatores nos ajudam a entender por que os órgãos de defesa econômica, como o Conselho Administrativo de Defesa Econômica (CADE) e a Secretaria de Direito Econômico (SDE), são consultados quando uma empresa se funde ou é adquirida por outra, podendo, eventualmente, barrar o processo de fusão/aquisição. Se esse processo levar a uma concentração muito grande de mercado, este deixa de apresentar as características da concorrência perfeita e passa a apresentar características de monopólio, em que apenas uma empresa oferta determinado bem. Nesse cenário, os consumidores terão menos possibilidade de substituição de produtos (já que, agora, os bens antes produzidos por empresas diferentes passam a ser produzidos por uma só) e a nova empresa pode, eventualmente, praticar preços abusivos depois da fusão, lesando os consumidores. No Capítulo 6, discutiremos com mais profundidade as estruturas de mercado e os efeitos negativos de um mercado com poucas empresas em operação.

3.2 Elasticidade-renda da demanda

Já sabemos que, além do preço, a renda dos agentes também influencia o consumo de um determinado produto pelos consumidores. Tendo apresentado o conceito de elasticidade-preço da demanda, vamos falar de outro conceito relevante: a elasticidade-renda da demanda.O coeficiente de elasticidade-renda da demanda (*ERD*) mede justamente a sensibilidade da demanda em relação à renda, ou seja, a variação percentual da quantidade do bem adquirido em resultado de uma variação percentual na renda do consumidor, *ceteris paribus*. Novamente, note que, para o cálculo da elasticidade-renda da demanda, é necessário haver uma variação da renda para, a partir dela, calcularmos a variação do montante adquirido do bem. Assim como vimos no caso da elasticidade-preço da demanda, precisamos analisar tanto o sinal como a magnitude da elasticidade-renda da demanda:

---

[3] O GNV (gás natural veicular) não é um substituto direto, já que o consumidor precisa fazer uma alteração no automóvel para poder utilizar esse tipo de combustível.

$$ERD = \frac{\text{variação percentual na quantidade demandada}}{\text{variação percentual na renda do consumidor}}$$

- Se a elasticidade-renda da demanda (*ERD*) é negativa, o bem é inferior, ou seja, aumentos de renda levam a quedas no consumo desse bem, *ceteris paribus*. Como vimos no Capítulo 2, é o caso da demanda por carne de segunda, ou por passagens de ônibus.
- No caso de a elasticidade-renda da demanda (*ERD*) ser positiva, então um aumento da renda eleva o consumo do bem em questão. Este caso costuma ser separado em dois tipos:
- Se a elasticidade é positiva, mas menor ou igual a 1 ($0 < ERD \leq 1$), o bem é classificado como normal, isto é, a quantidade consumida varia em proporção menor ou igual à variação da renda. É o caso de itens como iogurte, carne de primeira, eletrodomésticos, cosméticos, cursos de idiomas e outros.
- Se a elasticidade é positiva e maior do que 1, o bem é classificado como superior ou de luxo; é o caso em que um aumento na renda do consumidor leva a um aumento mais do que proporcional no consumo do bem. Como você pode imaginar, é o caso de joias, vinhos, caviar e outros itens requintados.

3.3 Elasticidade-preço cruzada da demanda

O conceito de elasticidade-preço cruzada da demanda é muito semelhante ao da elasticidade-preço, mas, como o próprio nome sugere, estamos nos concentrando na influência que a variação do preço de um bem exerce sobre a quantidade consumida de outro bem – daí o termo "cruzada". Desse modo, a elasticidade-preço cruzada da demanda (que simbolizaremos por *EPAB*) mede a variação percentual na quantidade demandada do bem A com relação à variação percentual no preço do bem B, *ceteris paribus*. Sua fórmula é definida nos seguintes termos:

$$EPAB = \frac{\text{variação percentual na quantidade demandada do produto A}}{\text{variação percentual no preço do produto B}}$$

Vamos, então, analisar a *EPAB* em relação ao seu valor e sua magnitude.

Quando a *EPAB* é negativa, um aumento no preço do bem B causa uma queda na quantidade consumida do produto A. Como você deve supor, é o caso em que A e B são complementares, uma vez que o aumento no preço do produto B tende a causar queda de consumo tanto do próprio bem B como do produto A, pois são consumidos em conjunto. Lembrando o exemplo do Capítulo 2, é o caso de computadores e softwares, por exemplo.

Se a *EPAB* é positiva, um aumento no preço do bem B causa um aumento no consumo do bem A. A e B são, portanto, bens substitutos, ou seja, quando o produto B se tornou mais caro, ele teve seu consumo diminuído e substituído pelo bem A. Um exemplo é o caso da carne bovina e da carne de frango: é fácil observar que, quando os preços da carne bovina sobem, aumenta a demanda pela carne de frango.

Tanto no caso de bens complementares como no de bens substitutos, continuamos tendo os três casos possíveis para o valor absoluto (módulo) da elasticidade:

- Se $|EPAB| > 1$, a variação proporcional do preço do bem B é menor do que a variação proporcional na quantidade demandada do bem A;
- Se $|EPAB| = 1$, a variação proporcional do preço do bem B é exatamente igual à variação proporcional na quantidade demandada do bem A;
- Se $|EPAB| < 1$, a variação proporcional do preço do bem B é maior do que a variação proporcional na quantidade demandada do bem A.

3.4 Exemplos

Para esclarecer esses conceitos sobre elasticidade, vamos considerar alguns exemplos:

a) Imagine o caso em que o preço do bem A aumenta de R$ 20 para R$ 30 e a quantidade demandada do bem A se reduz de 100 unidades para 50 unidades.

Aqui, a variação de preço de um produto afeta a quantidade de sua demanda. Podemos, então, calcular a elasticidade-preço da demanda. Segundo a fórmula apresentada, temos:

$$\text{Variação proporcional no preço do bem A} = \frac{(\text{preço final} - \text{preço inicial})}{\text{preço inicial}} \times 100$$

$$\begin{array}{c}\text{Variação proporcional na}\\ \text{quantidade demandada do bem A}\end{array} = \frac{(\text{demanda final} - \text{demanda inicial})}{\text{demanda inicial}} \times 100$$

Em nosso caso, teremos:

$$EPD = \frac{[(50 - 100) / 100] \times 100}{[(30 - 20) / 20] \times 100} = \frac{-50\%}{50\%}$$

O sinal negativo indica que o preço e a quantidade demandada têm relação negativa. O módulo da elasticidade, igual a um, indica que temos um produto cuja elasticidade-preço da demanda é unitária. Então, a queda da demanda é exatamente proporcional ao aumento do preço desse bem.

b) Imagine, agora, outro cenário, em que o preço do bem B aumenta de R$ 30 para R$ 40 e a quantidade demandada do bem A se reduz de 100 unidades para 80 unidades.

   Aqui, a variação de preço de um bem afeta a quantidade demandada de outro, ou seja, podemos calcular a elasticidade-preço cruzada da demanda. Na fórmula apresentada, temos:

$$\text{Variação proporcional no preço do bem B} = \frac{(\text{preço final} - \text{preço inicial})}{\text{preço inicial}} \times 100$$

$$\begin{array}{c}\text{Variação proporcional na}\\ \text{quantidade demandada do bem A}\end{array} = \frac{(\text{demanda final} - \text{demanda inicial})}{\text{demanda inicial}} \times 100$$

Em nosso caso, teremos:

$$EPD = \frac{[(80 - 100) / 100] \times 100}{[(40 - 30) / 30] \times 100} = \frac{-20\%}{33{,}3\%} = -0{,}60$$

O sinal negativo da elasticidade sugere que os produtos A e B são complementares, ou seja, quando o produto B ficou mais caro (causando queda em seu consumo), a demanda pelo bem A sofreu queda porque A e B são consumidos conjuntamente. Além disso, o módulo da elasticidade, situado entre zero e um, indica que o produto A tem demanda inelástica frente às alterações de preço do produto B, ou seja, as variações do preço do produto B causam variações proporcionalmente menores nas quantidades consumidas do produto A.

Conceitos importantes do capítulo

- Elasticidade-preço da demanda
- Elasticidade-preço cruzada da demanda
- Elasticidade-renda da demanda

CAPÍTULO 4

COMO ENTENDER A ESCOLHA DOS AGENTES? A TEORIA DO CONSUMIDOR

No Capítulo 2, abordamos o conceito de equilíbrio de mercado, definido como a interação entre a demanda e a oferta. Em particular, vimos alguns pressupostos da teoria microeconômica sobre o comportamento dos indivíduos que desejam comprar um bem, por um lado, e o comportamento dos que desejam produzir e vender um bem, por outro.

Este capítulo tem como objetivo aprofundar a discussão sobre a demanda, apresentando a teoria do consumidor. Falaremos dos pilares conceituais da teoria econômica quando interpreta as decisões ótimas dos indivíduos a respeito de quanto consumir de certo bem, levando em conta as restrições que incidem sobre suas decisões. Trata-se de um capítulo relativamente complexo, que requer mais esforço que os demais. Assim, não estranhe caso você sinta alguma dificuldade durante a leitura. Novamente, tentaremos conduzir este capítulo sempre priorizando a intuição.

4.1 A teoria da utilidade

Vamos começar a discussão da teoria do consumidor com uma questão simples e objetiva: por que as pessoas consomem produtos e serviços? A resposta mais plausível é dizer que o consumo de certo produto ou serviço satisfaz uma necessidade, ou seja, gera o que os economistas definem como **satisfação**.

Vamos partir de dois pressupostos importantes, que serão válidos durante toda a discussão sobre teoria do consumidor: em primeiro lugar, assumimos que a satisfação gerada pelo consumo de um produto ou serviço é usufruída somente por aquele que o adquire (e arca com o custo). Isso equivale dizer que esse consumidor incorpora (ou internaliza) integralmente os custos e os benefícios derivados da compra do bem, que será denominado **bem privado** (no capítulo sobre falhas de mercado vamos estudar bens que não têm essa característica). Em segundo lugar, vamos assumir que as preferências dos agentes são dadas ou, como dizemos no linguajar popular, "gosto é gosto, cada um tem um" ou "gosto não se discute". Nada impede que você ache estranho seu amigo gostar de refrigerante sem gás, cerveja quente ou café gelado e sem açúcar, mas não vamos julgá-lo por isso, nem questionar suas opções.

De acordo com a teoria econômica, a satisfação usufruída pelo consumidor ao adquirir um bem pode ser medida pela chamada **utilidade**. Utilidade é o termo utilizado em Economia para avaliar (ou mensurar) a satisfação obtida pelo consumo de certo bem, por um determinado agente. Então, em vez de dizer que seu amigo obtém satisfação ao consumir café gelado e sem açúcar, podemos dizer que o consumo desse bem gera utilidade para ele. Também vamos assumir que é possível mensurar esta utilidade, não com fins métricos em si, mas apenas visando analisar se o nível de utilidade das pessoas aumenta ou diminui conforme elas fazem escolhas.

Vamos nos concentrar, inicialmente, no caso do indivíduo que consome apenas um bem. Segundo a teoria econômica, a utilidade gerada pelo consumo de certo bem obedece a dois pressupostos teóricos importantes:

- A utilidade total derivada do consumo de um bem aumenta conforme mais quantidades são consumidas, ou seja, quanto mais um indivíduo consome, mais satisfação ele obtém, *ceteris paribus*;
- A utilidade marginal (adicional) derivada do consumo de uma unidade marginal (adicional) desse bem decresce conforme a quantidade consumida aumenta, *ceteris paribus*.

A princípio, esses dois raciocínios parecem conflitantes, mas note que o primeiro se refere à utilidade total derivada do consumo de certo bem, ao passo que o segundo se refere à utilidade marginal referente à última unidade consumida (e não a todas). Com isso, queremos dizer que a utilidade total derivada do consumo do bem em questão cresce à medida que aumentamos o seu consumo, mas o valor acrescentado à utilidade total (ou seja, a utilidade marginal) pela última unidade consumida do bem é decrescente. Um exemplo tradicional para entender esse conceito é o consumo de algum alimento de sua preferência: o primeiro prato de uma feijoada trará bastante satisfação ao consumidor. O segundo também, mas menos do que o primeiro prato. O terceiro também trará satisfação, mas menos do que o segundo, e assim sucessivamente. Assim, a ideia é que conforme a necessidade do indivíduo vai sendo suprida, o consumo de unidades adicionais (marginais) gera cada vez menos satisfação adicional (marginal).

Com base nesse argumento, temos condições de definir um primeiro conceito essencial à teoria do consumidor: a **lei da utilidade marginal decrescente.** À medida que aumenta o consumo de determinado bem, a utilidade cresce a taxas decrescentes, *ceteris paribus.*[1]

Os dois pressupostos relativos à utilidade para o agente podem ser ilustrados graficamente, conforme a Figura 4.1. O eixo horizontal mede o número de unidades consumidas (pense em algo que você gosta, como porções de filezinho ou chope bem gelado), e o eixo vertical mede a utilidade total do consumo. Na Figura 4.2, a quantidade consumida continua sendo representada no eixo horizontal, mas, agora, o eixo vertical mede a utilidade marginal, ou seja, o acréscimo de utilidade decorrente do acréscimo das quantidades consumidas.

Figura 4.1 • Relação entre utilidade total e consumo de um bem

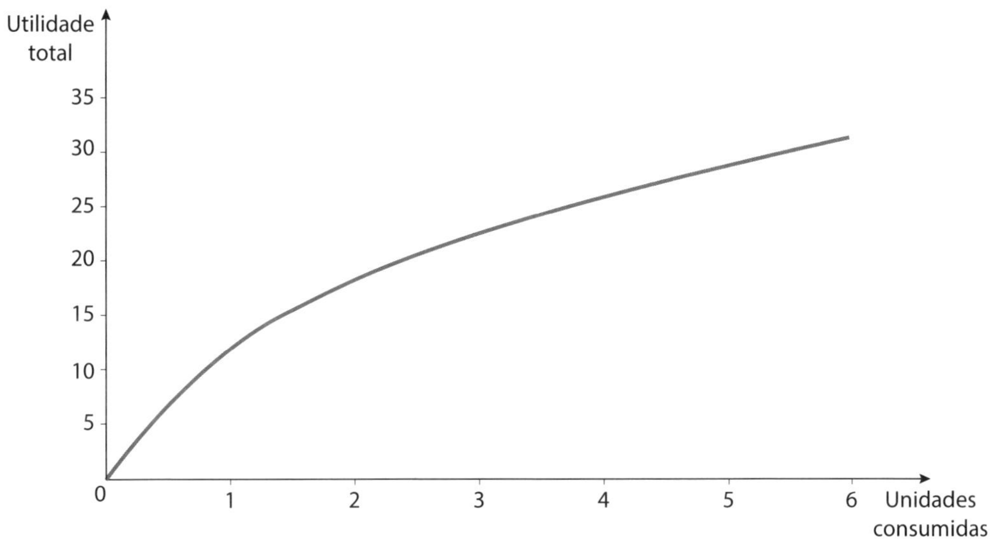

[1] Na internet há vários vídeos explicando e exemplificando a lei da utilidade marginal decrescente, como: http://www.youtube.com/watch?v=KOUJEyy48qY (em inglês).

Figura 4.2 • Relação entre utilidade marginal e consumo de um bem

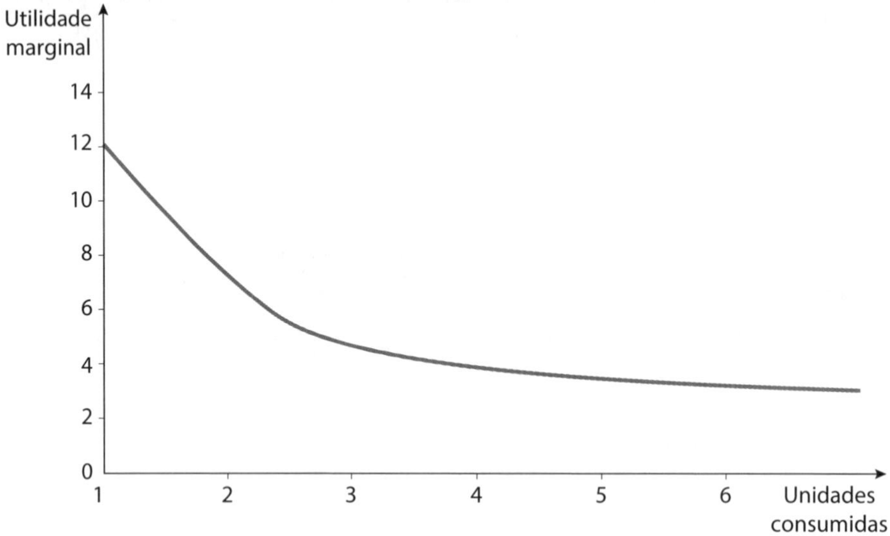

Essas figuras ilustram a explicação anterior: a utilidade gerada pelo consumo de um bem sempre aumenta, mas, conforme o consumo aumenta, a satisfação obtida com o consumo da unidade adicional vai se tornando cada vez menor.

4.1.1 A curva de demanda individual

Com base na lei da utilidade marginal decrescente, podemos avançar na exposição sobre a teoria do consumidor. Pensando sempre "na margem", vamos supor que uma pessoa está disposta a pagar um valor mais alto pelo consumo de uma unidade de um bem quanto maior for a utilidade gerada por ela, o que faz sentido: quanto maior a satisfação que você tem consumindo uma unidade de um bem, mais você deve estar disposto a pagar por essa unidade. Então, estamos presumindo que a satisfação gerada pode ser mensurada pelo máximo que tal pessoa está disposta a pagar. Assim, se ela está disposta a pagar no máximo R$ 10 pelo primeiro copo de chope e R$ 8 pelo segundo, então o primeiro copo gera mais utilidade ao consumidor do que o segundo, *ceteris paribus*. Note que isso nos permite definir uma métrica para a utilidade, ou seja, passa a ser possível medir o grau de satisfação de um indivíduo ao consumir uma unidade de certo produto. O valor máximo que uma pessoa se dispõe a pagar pelo consumo adicional de um bem é o que chamamos **preço marginal de reserva**, que mede, justamente, a utilidade marginal.

Figura 4.3 • Preço marginal de reserva e quantidade consumida

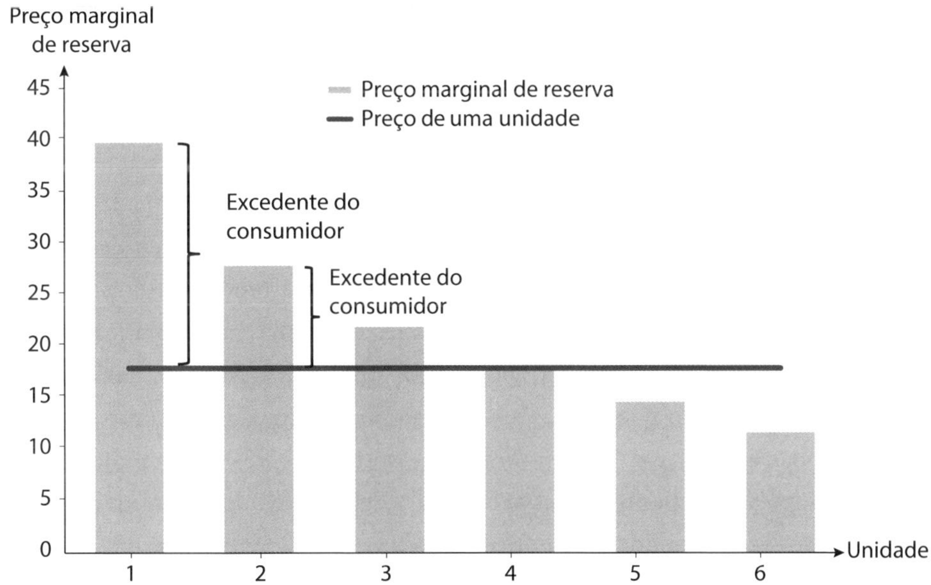

A Figura 4.3 ilustra o comportamento do preço marginal de reserva conforme a quantidade consumida aumenta. Em primeiro lugar, note que o preço marginal de reserva é decrescente em função da lei da utilidade marginal decrescente, quer dizer, como o consumo de unidades adicionais gera incrementos de utilidade cada vez menores, o indivíduo aceitará, naturalmente, pagar valores cada vez menores.

Imagine, agora, que o bem em questão seja vendido por determinado preço *p*. Chamamos esse valor de **preço efetivo** ou **preço de mercado**. O nosso consumidor, com certeza, comprará a primeira unidade, pois o preço máximo que está disposto a pagar por essa unidade é superior ao seu preço efetivo. Note que acontece a mesma coisa com a segunda e a terceira unidade, levando-o a consumi-las também. Com a quarta unidade, acontece algo curioso, pois o preço que o indivíduo está disposto a pagar é exatamente igual ao preço efetivo, ou seja, para ele é indiferente consumi-la ou não (vamos supor que consome). Contudo, a partir da quinta unidade, note que ele está disposto a pagar um valor inferior a *p*, levando-o, naturalmente, a não consumir a quinta unidade (e desta em diante). Generalizando, nosso consumidor comprará todas as unidades que tiverem seu preço marginal de reserva superior ou, no máximo, igual ao preço efetivo. Quando o preço marginal de reserva e o preço efetivo forem iguais, o indivíduo é indiferente ao consumo daquela unidade, pois está disposto a pagar exatamente o valor a ser pago para adquiri-la.

Note que, para as três primeiras unidades consumidas, o valor pago foi inferior ao preço marginal de reserva, ou seja, o indivíduo "saiu ganhando". O **excedente do consumidor** é justamente a diferença entre o que o consumidor está disposto a pagar e o que ele efetivamente paga por uma mercadoria. Note que, no caso da quarta unidade, o excedente seria zero (dado que o que ele efetivamente paga e o que aceita pagar são iguais) e, da quinta unidade em diante, o excedente é negativo, o que, naturalmente, o leva a não consumi-la.

Neste momento, você deve estar se perguntando: qual será a quantidade efetivamente adquirida pelo consumidor? Será aquela que iguala o preço marginal de reserva ao preço efetivamente praticado no mercado. Por exemplo, se o preço praticado for p_0 a quantidade consumida será q_0 e vejamos porquê: sabemos que o preço marginal de reserva, isto é, o preço máximo que o consumidor está disposto a pagar para consumir uma unidade adicional, é maior para todas as unidades consumidas até o consumidor atingir o consumo q_0. Depois desse ponto, o preço marginal de reserva é inferior ao preço cobrado pelo bem, então o consumidor opta por não consumir mais nenhuma unidade além de q_0. Portanto, a curva representada na Figura 4.4 nada mais é do que a **curva de demanda do consumidor**, ou seja, a curva que relaciona preço e a quantidade adquirida pelo consumidor.

Figura 4.4 • Relação entre preço marginal de reserva e quantidade consumida

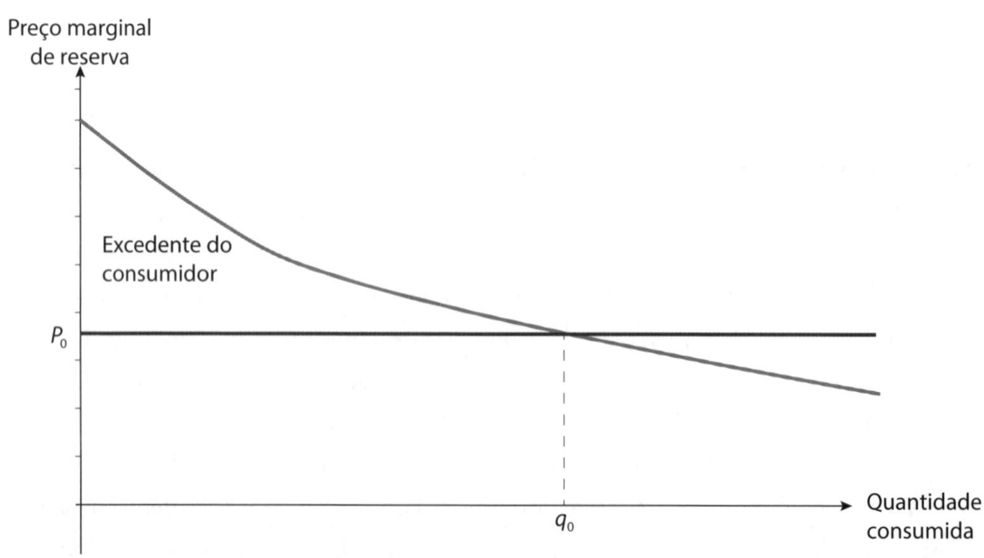

4.2 A teoria da escolha

Tendo discutido como a teoria econômica interpreta o grau de satisfação usufruído pelos indivíduos que optam por adquirir um produto ou serviço, avançaremos com a chamada "teoria da escolha". Aqui, o objetivo é estudar como os indivíduos realizam suas escolhas a respeito de quanto consumir do bem disponível, levando em conta seus recursos. Em outras palavras, a teoria econômica parte do princípio de que os consumidores são racionais, o que na teoria econômica da escolha significa que os indivíduos maximizam seu grau de satisfação respeitando sua respectiva restrição orçamentária.

Até aqui, nossa exposição foi conduzida presumindo que o indivíduo consome apenas um produto ou serviço. Para compreender a teoria da escolha, precisaremos abandonar esse pressuposto para entender quanto o consumidor decide consumir de cada um dos diversos bens disponíveis. Vamos supor, agora, que o indivíduo pode consumir dois bens (e não somente um). Embora simples, esse pressuposto é suficiente para nortear as próximas considerações. Assim, se antes você consumia porções de filezinho ou chope gelado, agora pode consumir ambos!

4.2.1 Cestas de mercadorias

Uma cesta de mercadorias pode ser entendida como a combinação de cada um dos dois bens consumidos pelo agente. A título de exemplo, a cesta I pode conter sete porções de filezinho e quarenta copos de chope; a cesta II, duas porções de filezinho e oito copos de chope, e a cesta III, oito porções e 55 copos de chope.

As cestas de mercadorias descritas na Tabela 4.1 também podem ser representadas como na Figura 4.5. O eixo horizontal representa o consumo de filezinhos e o vertical, o de copos de chope. Cada ponto no gráfico corresponde a uma cesta de mercadorias da Tabela 4.1.

Tabela 4.1 • Exemplos de cestas de mercadorias

Cesta de mercadorias	Porções de filezinho	Copos de chope
I	7	40
II	2	8
III	8	55
IV	10	20
V	5	15
VI	7	40

Figura 4.5 • Representação gráfica de diversas cestas de mercadorias

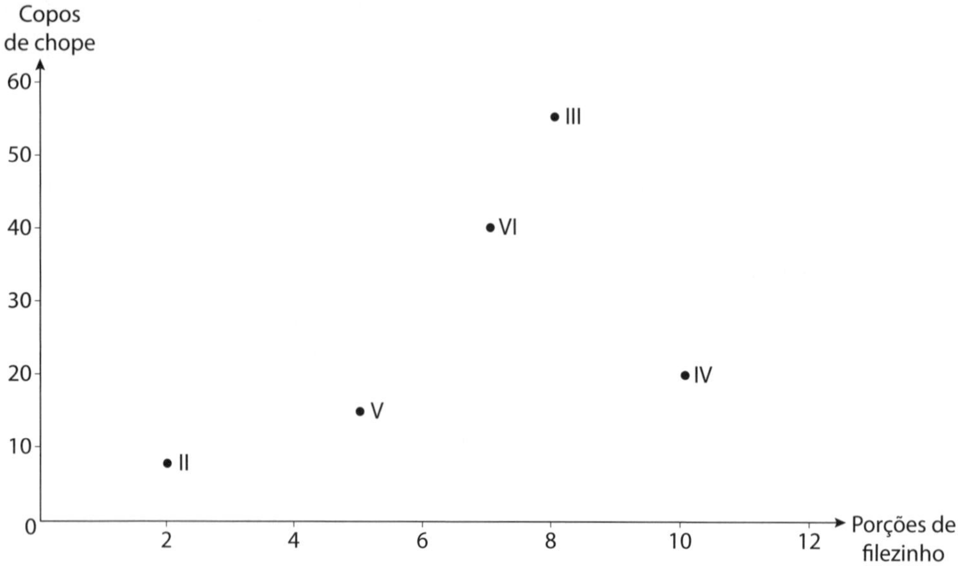

4.2.2 Curvas de indiferença

Em síntese, a curva de indiferença é uma combinação de cestas (isto é, diferentes combinações de porções de filezinho e copos de chope) que geram o mesmo grau de satisfação para o consumidor, ou seja, são combinações diferentes entre as quantidades de dois bens que mantêm o agente indiferente. Por isso, também podem ser denominadas "linhas de isoutilidade" (iso = igual), embora esse termo seja muito menos comum do que "curva de indiferença".

Vamos representar a curva de indiferença em um gráfico. Como a utilidade é função do consumo de filezinho e chope, teríamos de usar um gráfico de três dimensões em que cada eixo representaria, respectivamente, a quantidade de filezinho, a quantidade de copos de chope e o nível de utilidade obtido por nosso agente ao consumir os dois bens. Porém, para simplificar a leitura do gráfico, vamos representá-lo em apenas duas dimensões.[2] Assim, no eixo X, sempre teremos a quantidade de porções de filezinho e, no eixo Y, sempre a quantidade de copos de chope.

[2] No linguajar matemático dizemos que a curva de indiferença é uma curva de nível.

Figura 4.6 • Curva de indiferença

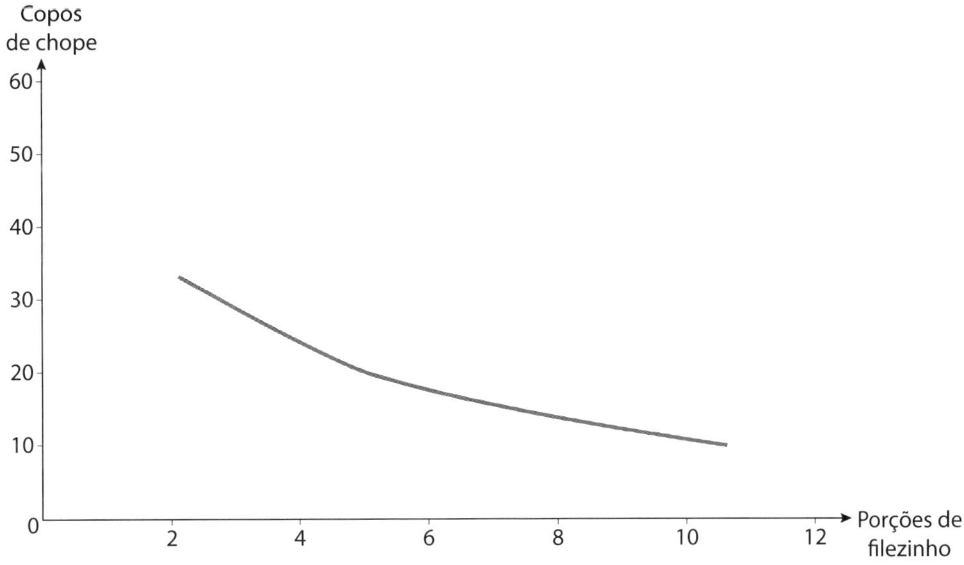

Como devemos interpretar uma curva de indiferença? Suponha que existem duas cestas para você escolher: na cesta A, você pode consumir três copos de chope e sete porções de filezinho e, na cesta B, quatro copos de chope e cinco porções de filezinho. Se essas duas cestas estão na mesma curva de indiferença, então escolher A ou B trará exatamente a mesma satisfação.

Note que, conforme avançamos para a direita e para cima, estamos atingindo níveis cada vez mais elevados de utilidade, pois estamos consumindo quantidades crescentes de um bem e/ou de outro, algo que o consumidor sempre preferirá. Na origem, quando a quantidade consumida de ambos os bens é zero, a utilidade obtida pelo agente é, naturalmente, a menor possível. Note, também, que a curva de indiferença exibe inclinação negativa, uma vez que, caso o consumidor consuma menos de um bem, deve consumir mais de outro para permanecer indiferente (trata-se de um mecanismo de compensação para que sua utilidade se mantenha inalterada).

O conjunto de todas as curvas de indiferença do consumidor é chamado **mapa de indiferença**. Como as curvas de indiferença são infinitas, é evidente que não podemos representar graficamente com precisão um mapa de indiferença. Assim, para representá-la de forma simplificada, escolheremos sempre apenas algumas de suas curvas de indiferença.

Figura 4.7 • Conjunto de curvas de indiferença representando um mapa de indiferença

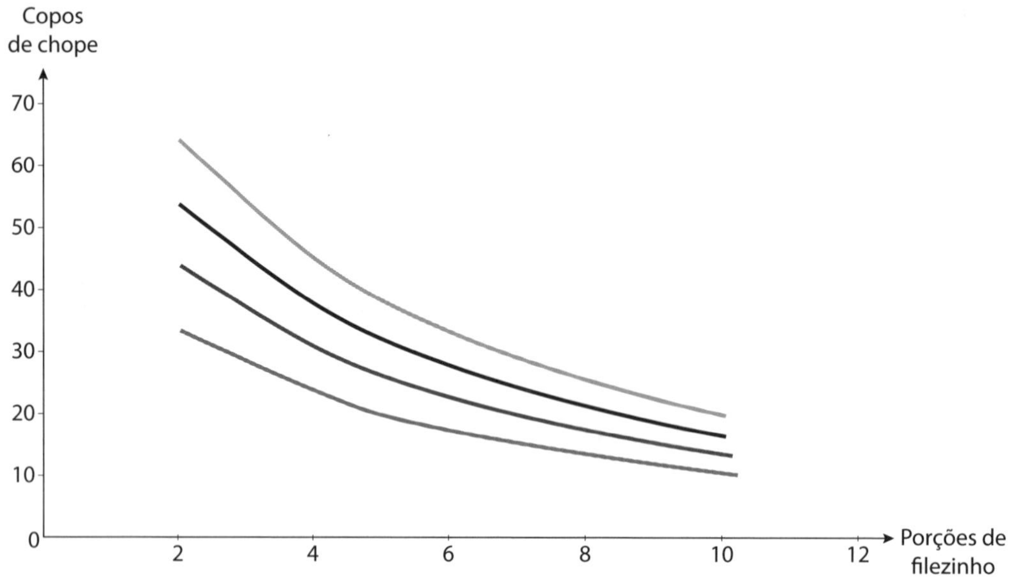

4.2.3 Taxa marginal de substituição

Com a curva de indiferença, sabemos que quaisquer combinações entre dois bens gera o mesmo grau de utilidade para o agente, além de sabermos, também, que a perda de consumo de um bem deve ser compensada pelo aumento na quantidade consumida do outro bem para que o indivíduo permaneça indiferente, ou seja, continue obtendo o mesmo grau de satisfação anterior. Assim, a **taxa marginal de substituição (TMS)** de um bem A por um bem B é a taxa pela qual o agente troca um bem pelo outro de modo a manter sua utilidade constante. Se, por exemplo, dois copos adicionais de chope compensam exatamente uma porção a menos de filezinho, então sua taxa marginal de substituição é de "dois para um".

Note que a inclinação da curva de indiferença diminui conforme diminuímos a quantidade de chope e aumentamos a de porções de filezinho. Por que isso ocorre? Intuitivamente, a ideia é que conforme o agente abre mão (abdica) de copos de chope, estes vão se tornando mais escassos e, portanto, mais valiosos. Assim, para que o indivíduo seja compensado por ter de abrir mão de algo cada vez mais escasso, ele deve receber quantidades cada vez maiores do outro bem em compensação – no nosso caso, cada vez mais porções de filezinho – para ficar igualmente satisfeito.

4.3 Restrição orçamentária

Num mundo sem restrições, você obviamente optaria por consumir uma quantidade infinita de cada um dos bens disponíveis, quer dizer, consumiria toda a quantidade disponível de chope e filezinho. Obviamente, essa possibilidade não existe, já que os indivíduos têm um montante limitado de recursos para utilizar na compra de produtos e serviços, ou seja, os agentes têm como limite sua renda disponível.

A restrição orçamentária representa a relação entre a quantidade consumida e seu respectivo preço, respeitando a renda do agente. Continuando com o pressuposto de apenas dois bens, A e B, ela pode ser representada por:

$$PA \times QA + PB \times QB \leq R$$

em que

PA = preço unitário do bem A
QA = quantidades consumidas do bem A
PB = preço unitário do bem B
QB = quantidades consumidas do bem B
R = renda (recursos disponíveis) do agente

Vamos supor que a renda (R) do nosso agente seja igual a R$ 400. Vamos supor, também, que o preço de um copo de chope (bem B) seja R$ 8 e que uma porção de filezinho (bem A) custe R$ 40. Se ele gastasse toda a sua renda em copos de chope, poderia comprar, no máximo, (R$ 400/R$ 8) 50 copos. Se decidisse gastar todos os seus recursos com porções de filezinho, poderia comprar no máximo (R$ 400 / R$ 40) 10 porções. Obviamente, nada obriga nosso agente a consumir apenas copos de chope ou apenas porções de filezinho, quer dizer, ele pode consumir um pouco de cada, sempre respeitando sua renda disponível.

A relação $PA \times QA + PB \times QB = R$ que demonstra a combinação entre o consumo dos bens A e B que esgotam a renda do agente é apresentada na Figura 4.8, em que a reta é chamada **linha de restrição orçamentária**. Nosso agente pode comprar todas as cestas que estão sobre a linha de restrição orçamentária. Também pode consumir todas as cestas que estão abaixo e à esquerda dessa linha (na área sombreada), mas vamos assumir que ele não fará isto, senão estará deixando de adquirir tudo o que sua renda permite e, portanto, não obterá a máxima utilidade possível. Em outros termos, vamos assumir que o indivíduo usa toda sua renda para atingir o maior nível possível de satisfação.

Figura 4.8 • Linha de restrição orçamentária

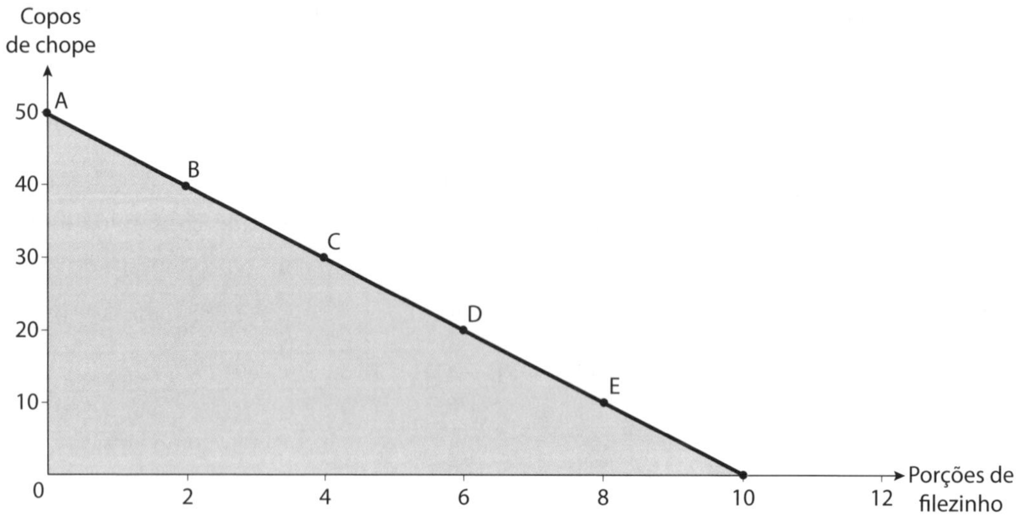

Observe que a linha de restrição orçamentária cruza o eixo horizontal quando o consumo de porções de filezinho é igual a 10 unidades, o máximo que o agente pode consumir quando aloca todos os seus recursos na compra desse bem. De maneira semelhante, a restrição orçamentária cruza o eixo vertical quando o consumo de copos de chope é igual a 50, ou seja, quando todos os seus recursos são utilizados na compra desse bem. Nos demais pontos, o agente combina os dois bens, comprando um pouco de cada.

4.4 Equilíbrio do consumidor

Vejamos, agora, como um consumidor deve escolher entre as diversas cestas de mercadorias que sua restrição orçamentária lhe permite consumir. A Figura 4.9 mostra a linha de restrição orçamentária, juntamente com o mapa de indiferença.

Das três curvas de indiferença apresentadas na figura, nosso agente certamente preferiria escolher uma cesta de mercadorias sobre a curva de indiferença I_2, por exemplo a cesta de mercadorias B. Todavia, sua restrição orçamentária não permite que nenhuma cesta de mercadorias sobre essa curva de indiferença seja acessível (lembre-se de que as cestas de mercadorias acessíveis se encontram ou na área escura, ou sobre a linha de restrição orçamentária). Como nosso agente terá de escolher apenas entre as cestas de mercadorias que sua renda permite comprar, ele procurará a cesta de mercadorias acessível que pertença à curva de indiferença mais alta possível.

Figura 4.9 • Linha de restrição orçamentária e mapa de indiferença sobrepostos

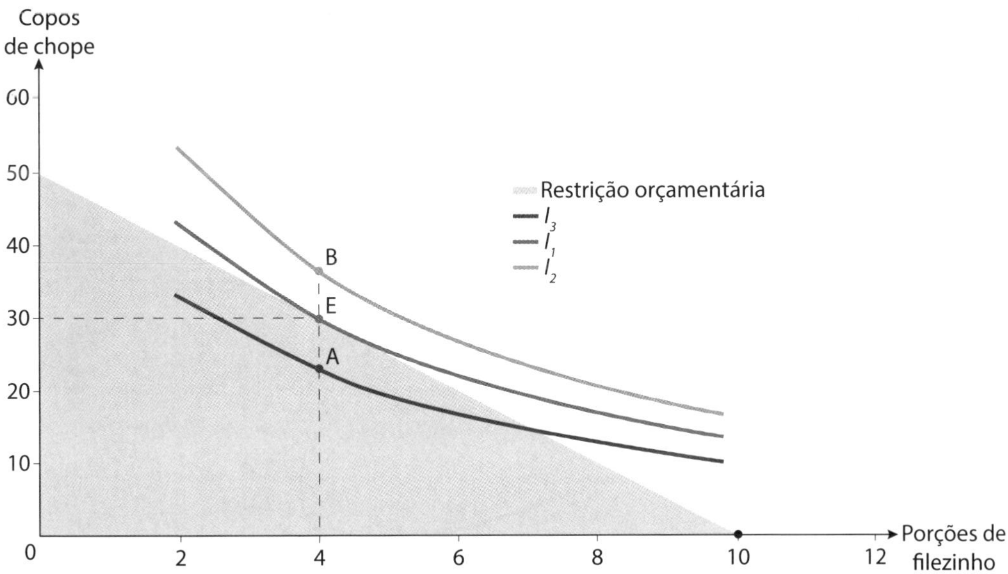

Podemos ver na Figura 4.9 que ele pode escolher uma cesta de mercadorias sobre a curva de indiferença I_3, por exemplo a cesta *A*, ou outra cesta qualquer sobre alguma curva de indiferença que passe pelo conjunto de cestas que podem ser compradas, isto é, que passem pela área escura ou pela linha de restrição orçamentária. A curva de indiferença mais elevada que ainda tem uma cesta de mercadorias acessível é aquela que toca em um único ponto, sem cruzar (só tangencia), a linha de restrição orçamentária.

No caso da Figura 4.9, a linha de restrição orçamentária é tangenciada pela curva de indiferença I_1 no ponto *E*. Esse ponto corresponde à cesta de mercadorias preferida pelo nosso agente entre todas as que ele pode comprar, pois qualquer outra cesta acessível pertencerá à curva de indiferença menos elevada e, por isso mesmo, pior. Assim, ele deve escolher, entre as cestas que pode comprar, a cesta *E*. A escolha do ponto *E* caracteriza aquilo que chamamos de **equilíbrio do consumidor**. Esse equilíbrio é caracterizado pelo fato de o agente ter escolhido a melhor cesta de mercadorias que poderia comprar, não tendo, por isso, nenhum motivo para refazer sua escolha.

O que ocorre caso a restrição orçamentária do indivíduo sofra mudanças?

Sempre que houver um deslocamento da linha de restrição orçamentária, um novo equilíbrio será atingido, pois a nova linha de restrição orçamentária permitirá que o consumidor escolha novas combinações dos bens. Ou seja, a nova restrição orçamentária será tangenciada por outra curva de indiferença em um ponto diferente do antigo equilíbrio.

A Figura 4.10 ilustra uma mudança no equilíbrio do consumidor decorrente de um aumento na renda.

Figura 4.10 • Efeito de um aumento da renda sobre o equilíbrio do consumidor

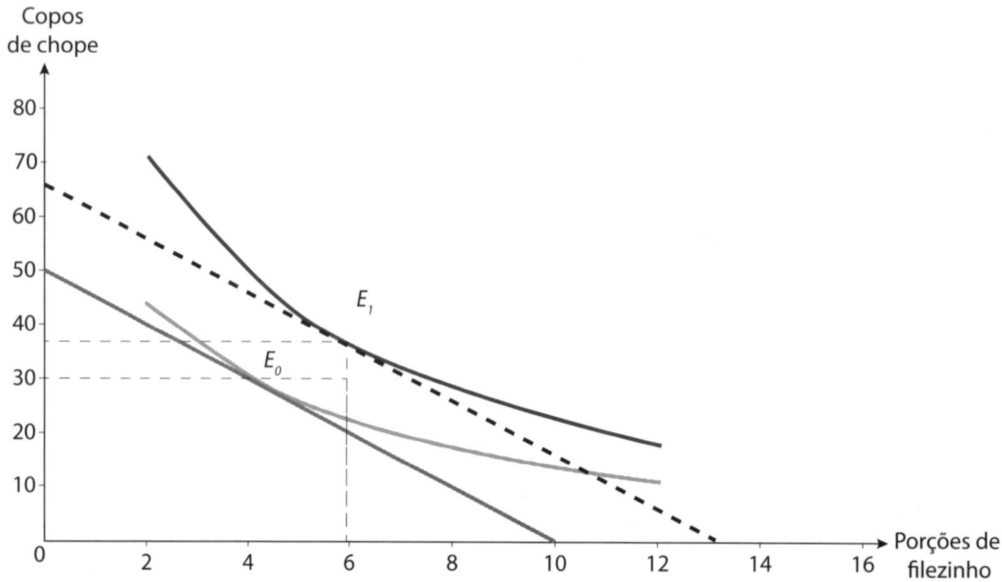

Com um aumento na renda do consumidor, a linha de restrição orçamentária se desloca paralelamente da linha contínua para a linha tracejada. O equilíbrio que antes era atingido na cesta de mercadorias E_0 passa, agora, para a cesta de mercadorias E_1. Note que com uma renda maior, o indivíduo consegue atingir um nível maior de utilidade, pois consegue adquirir mais copos de chope e mais porções de filezinho, *ceteris paribus*.

No caso de uma variação no preço de um bem, também haverá deslocamento da linha de restrição orçamentária, e um novo equilíbrio será atingido. A Figura 4.11 ilustra essa situação. Por exemplo, com uma redução no preço da porção de filezinho, a linha de restrição orçamentária se desloca da linha contínua para a linha tracejada, fazendo o equilíbrio passar da cesta de mercadorias E_0 para a cesta de mercadorias E_1. Note que o número máximo de copos de chope que o indivíduo consegue comprar não muda, pois a renda e o preço deste bem permanecem iguais. Contudo, o indivíduo consegue, com a mesma renda, comprar mais porções de filezinho porque este bem se tornou mais barato.

Figura 4.11 • Efeito de uma queda do preço de um bem sobre o equilíbrio do consumidor

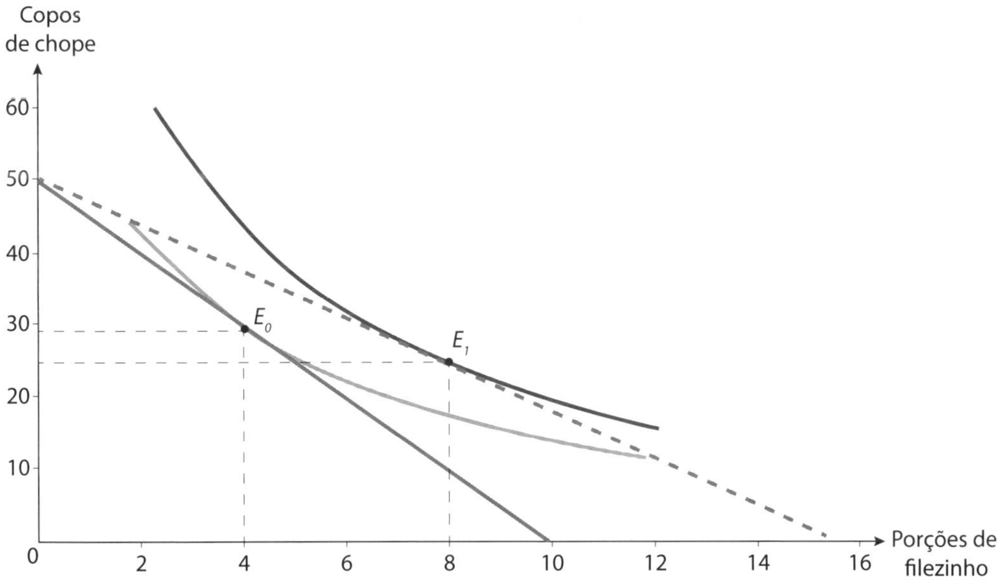

4.5 Considerações finais

O objetivo deste capítulo foi apresentar os principais fundamentos da teoria do consumidor. Talvez você tenha tido alguma dificuldade para entendê-los em função da abstração de alguns conceitos, mas são importantes porque constituem os pilares em função dos quais a ciência econômica interpreta as escolhas dos consumidores quando realizam as mais diversas aquisições de bens em seu cotidiano, desde as mais simples até as que envolvem valores maiores. Lembre-se de que o objetivo deste livro é transmitir as bases da teoria econômica, a saber, o modo como essa ciência encara alguns fatos do nosso cotidiano, segundo um prisma científico e formal.

Conceitos importantes do capítulo

- Cestas de consumo
- Curvas de demanda
- Curvas de indiferença
- Excedente do consumidor
- Lei da utilidade marginal decrescente
- Preço marginal de reserva
- Restrição orçamentária
- Taxa marginal de substituição
- Utilidade marginal
- Utilidade total

CAPÍTULO 5

COMO ENTENDER A DECISÃO DAS EMPRESAS? A TEORIA DA FIRMA

No capítulo anterior, discutimos a teoria do consumidor, e agora estudaremos a teoria da firma que, como o nome já diz, trata das decisões das empresas quanto à produção de certo bem (produto ou serviço). Se, na teoria do consumidor, o objetivo era compreender como um indivíduo racional maximiza sua utilidade condicionada à sua restrição orçamentária (que definimos como "equilíbrio do consumidor"), na teoria da firma o raciocínio equivalente é estudar como uma empresa racional maximiza seus lucros condicionando-os à disponibilidade de recursos para arcar com os custos dos fatores de produção (o que será definido como "equilíbrio da firma"). Guarde bem esse raciocínio, pois é nosso guia para a discussão apresentada neste capítulo.

Novamente, é importante deixar claro que nosso objetivo é apresentar como a teoria econômica interpreta as decisões das firmas, algo que talvez se torne um pouco abstrato. Por isso, levando em conta essa relativa complexidade, vamos continuar utilizando figuras e priorizando a intuição ao expor os conceitos da teoria da firma, como já fizemos nos capítulos anteriores. Você também notará que muitos conceitos vistos na teoria do consumidor têm equivalente na teoria da firma, o que facilitará seu entendimento.

Os princípios da teoria da firma podem ser separados em duas partes. A teoria da produção lida com os conceitos referentes à quantidade física de bens obtidos a partir do emprego dos fatores de produção. A teoria dos custos de produção relaciona a quantidade física de bens com os preços dos fatores de produção. Assim, a teoria da produção trata apenas de relações físicas, enquanto a teoria dos custos de produção envolve, também, os preços dos fatores de produção. A seguir, vamos falar separadamente desses dois tópicos da teoria da firma.

5.1 Teoria da produção

De acordo com a teoria econômica, produção é o processo de transformação dos fatores (*inputs*) adquiridos pelas empresas em bens (*outputs*) para venda no mercado. Conforme já descrevemos nos capítulos anteriores, o conceito de produção não se refere apenas aos bens físicos (ou materiais), mas também a serviços, como transportes, atividades financeiras, comércio, serviços médicos, e assim por diante.

Ainda de acordo com a teoria econômica, a produção de bens físicos ou serviços envolve dois *inputs* básicos: insumos e fatores de produção. Insumos são os itens consumidos durante o processo de produção de um produto ou serviço. A produção de chapas metálicas, por exemplo, é bastante intensiva em minérios e energia. A energia elétrica também permite o funcionamento do "motorzinho" do seu dentista e, portanto, também é insumo na produção de serviços dentários. Contudo, além dos insumos, é necessária, também, a utilização (ou contratação) dos fatores de produção, a saber, os elementos necessários para a transformação dos insumos em produtos ou serviços finais. Em outras palavras, a energia elétrica "precisa" do dentista para que algum serviço seja oferecido; nesse caso, o dentista é um fator de produção. A teoria da produção divide os fatores de produção em três grupos básicos: trabalho, capital e terra. Uma das principais diferenças (senão a principal) entre insumos e fatores de produção é que o emprego dos fatores de produção (seja capital, trabalho ou terra) envolve, necessariamente, uma remuneração por sua utilização, a chamada "renda". Assim, temos o seguinte:

- **Salário:** remuneração aos proprietários do fator de produção mão de obra (os trabalhadores);
- **Lucro:** remuneração aos proprietários do fator de produção capital físico, como prédios, máquinas, equipamentos;
- **Juro:** remuneração aos proprietários do fator de produção capital monetário/financeiro, aplicado pelas famílias nas empresas;
- **Aluguel:** remuneração aos proprietários do fator de produção terra.

A produção de bens envolve a combinação de capital, trabalho e terra, e o pagamento de suas respectivas remunerações é o custo produtivo, que será discutido a seguir. As maneiras como esses fatores são combinados constituem os **processos de produção**. Naturalmente, a produção de diferentes produtos ou serviços difere quanto à maior intensidade (maior utilização) de cada um desses dois fatores de produção – itens de consumo como eletrodomésticos, vestuário e equipamentos de informática são intensivos em capital (demandam muito maquinário em sua produção), ao passo que serviços, como os de um eletricista ou um professor, tendem a ser muito intensivos em trabalho (ou seja, demandam mais mão de obra). Assim, no primeiro caso, uma maior parte da renda obtida com a produção deve ser destinada ao pagamento de lucros, juros e aluguéis, ao passo que, no segundo, a maior parte da renda gerada remunera o trabalho via pagamento de salários.

A escolha do processo de produção a ser utilizado depende de sua eficiência. Um processo de produção é tecnicamente eficiente (tem **eficiência técnica**) quando, comparado com outros métodos disponíveis, utiliza menor quantidade de fatores de produção para produzir a mesma quantidade de bens. Por sua vez, um processo de produção é economicamente eficiente (tem **eficiência econômica**) quando, para a produção de certa quantidade de bens, é o método de produção mais barato (isto é, os custos de produção são menores), relativamente a outros métodos.

Há mais dois conceitos importantes em relação aos fatores de produção, relacionados à sua disponibilidade na economia. Curto prazo é o período de tempo em que há restrições para maior utilização de alguns fatores de produção, ou seja, alguns deles não estão totalmente disponíveis para utilização pelas empresas (também podemos dizer que alguns fatores de produção são fixos). No longo prazo, por sua vez, assume-se que deixam de existir as restrições para maior emprego dos fatores de produção, quer dizer, todos os fatores de produção podem ser empregados sem restrições (em outras palavras, todos os fatores de produção são variáveis). Em geral, no curto prazo, assume-se que o capital é o fator de produção fixo e que o trabalho é o fator de produção variável – ampliar as instalações de uma siderúrgica, de uma usina hidrelétrica ou de um pequeno consultório médico leva mais tempo do que contratar novos funcionários, por exemplo. Já no longo prazo, com os investimentos necessários, novas instalações e novas máquinas estarão disponíveis e, assim, seria possível ampliar o uso do fator de produção capital.

5.1.1 Função de produção

A **função de produção** é definida como a relação entre a quantidade de um bem produzido a partir da quantidade utilizada dos fatores de produção durante certo período. Essa definição, que supõe que o empresário utiliza a maneira mais eficiente de combinar os fatores (quer dizer, supõe-se válida a eficiência técnica), pode ser representada da seguinte maneira:

$$q = f(N, K)$$

em que:

q = quantidade produzida de um produto ou serviço

N = quantidade utilizada de trabalho

K = quantidade utilizada de capital

Para simplificar, vamos assumir, de agora em diante, que o fator de produção terra já está incorporado no termo K, quer dizer, K, de agora em diante, simboliza conjuntamente tanto o capital como a terra. Isso posto, a função de produção supõe que tanto a produção (q) como a quantidade de fatores de produção (N e K) são expressas ao longo de um dado período de tempo (quantidade semanal, mensal ou anual, por exemplo), e que a função (f) que unifica capital e trabalho na geração do produto final é constante ou, em termos mais formais, dizemos que a tecnologia de produção é exógena ou dada[1] – assumiremos isso para nos concentrar apenas na discussão dos efeitos de mudanças em N e K sobre q.

A função de produção guarda uma relação equivalente com a função utilidade da teoria do consumidor. Naquele capítulo, discutimos a ideia de que a utilidade (ou satisfação) obtida por um consumidor era derivada do consumo de produtos e serviços (para simplificar, havíamos trabalhado com dois bens). Agora, adotamos um raciocínio equivalente para analisar a produção gerada por uma firma a partir do emprego de fatores de produção (para simplificar, assumimos que existem dois fatores de produção: capital e trabalho).

5.1.2 Conceitos iniciais: produto total, produto médio e produto marginal

Vamos apresentar alguns conceitos básicos sobre produção e sua relação com os fatores de produção capital e trabalho:

- **Produto total:** é a quantidade do produto que se obtém com o emprego de N e K;
- **Produto médio:** é o resultado do quociente da quantidade total produzida pela quantidade utilizada de cada fator de produção N e K. Podemos definir, então:

produto médio do trabalho:

$$Pme_N = \frac{\text{quantidade do produto}}{\text{quantidade de trabalhadores}} = \frac{q}{N}$$

[1] Assumir que a tecnologia da função de produção é dada equivale a assumir, na teoria do consumidor, que as preferências são dadas.

produto médio do capital:

$$Pme_K = \frac{\text{quantidade do produto}}{\text{quantidade de capital}} = \frac{q}{K}$$

- **Produto marginal:** este indicador mede o acréscimo da produção decorrente da contratação de uma unidade adicional de um dado fator de produção.[2] Podemos definir:

produto marginal do trabalho:

$$Pmg_N = \frac{\text{acréscimo do produto}}{\text{acréscimo de um trabalhador}} = \frac{\Delta q}{\Delta N}$$

produto marginal do capital:

$$Pmg_K = \frac{\text{acréscimo do produto}}{\text{acréscimo de uma unidade de capital}} = \frac{\Delta q}{\Delta K}$$

5.1.3 A lei da produtividade marginal decrescente

Na teoria da produção, de acordo com a **lei da produtividade (ou rendimento) marginal decrescente**, a contratação de certo fator de produção eleva a produção total, mas a taxas decrescentes, *ceteris paribus*. Em outros termos, tudo o mais constante (especialmente a tecnologia produtiva e a quantidade dos demais fatores de produção), cada unidade de trabalho (ou de capital) adicional contratada pela empresa eleva a produção total, mas em ritmo cada vez menor. Seria o caso, por exemplo, de uma padaria que decide aumentar a contratação de padeiros: inicialmente, isso aumentará a produção de pães, mas, cada vez que um trabalhador adicional é contratado, *ceteris paribus*, menos fornos estarão disponíveis para cada padeiro adicional contratado, portanto, o produto adicional gerado será cada vez menor. Note que não estamos dizendo que haverá destruição de pães, pois neste caso, a produtividade marginal do trabalho seria negativa. Estamos dizendo que conforme são contratados novos padeiros, a produção adicional de pães é cada vez menor, tudo o mais mantido constante. Como você deve se lembrar, esse raciocínio equivale à lei da utilidade marginal decrescente, que vimos no capítulo sobre teoria do consumidor.

[2] Este indicador é equivalente ao conceito de utilidade marginal, conforme vimos no capítulo sobre teoria do consumidor.

5.1.4 Rendimentos ou economias de escala

Outro conceito importante na teoria da firma é denominado "rendimentos ou economias de escala", definido como o aumento da quantidade produzida frente a um aumento na quantidade utilizada de **todos** os fatores de produção.

Os rendimentos de escala podem ser classificados em três casos:[3]

- **Rendimentos crescentes de escala (ou economias de escala):** ocorrem quando a variação na quantidade do produto total é mais do que proporcional à variação da quantidade utilizada dos fatores de produção. Por exemplo, aumentando-se a utilização dos fatores de produção em 10%, o produto cresce 20%;
- **Rendimentos constantes de escala:** ocorrem quando a variação do produto total é, em termos proporcionais, exatamente igual à variação da quantidade utilizada dos fatores de produção. Por exemplo, aumentando-se a utilização dos fatores em 10%, o produto também aumenta em 10%;
- **Rendimentos decrescentes de escala (ou deseconomias de escala):** ocorrem quando a variação do produto é menos do que proporcional à variação na utilização dos fatores. Isso ocorre, por exemplo, quando uma elevação do emprego dos fatores em 10% faz o produto crescer em proporção inferior a 10%.

Os rendimentos crescentes de escala podem ocorrer, por exemplo, por meio de uma maior especialização do trabalho conforme o tamanho da empresa cresce, o que torna a mão de obra mais produtiva, como no caso de uma linha de montagem. Outra possibilidade decorre da chamada indivisibilidade na produção: certas unidades de produção só podem ser operadas em condições econômicas se possuírem uma escala ou tamanho mínimo. Empresas que demandam grandes investimentos iniciais, em geral, tendem a ser mais produtivas quanto maior a escala de operações. No entanto, uma das causas de rendimentos decrescentes de escala reside no fato de o poder de decisão e a capacidade administrativa das empresas nem sempre crescerem de forma suficiente conforme a contratação de fatores de produção se expande, o que diminui sua produtividade geral.

Você deve ter notado que o conceito de economia de escala é significativamente distinto da produtividade marginal decrescente, pois, neste último, alterava-se somente um dos fatores de produção, mantendo os demais constantes. A **lei dos rendimentos marginais decrescentes** tende a ser um fenômeno de curto prazo, quando a

---

[3] No linguajar matemático, estes casos são definidos por funções homogêneas. No caso de retorno constante de escala, por exemplo, tem-se o caso de uma função homogênea de grau um.

disponibilidade de alguns fatores de produção é fixa. A economia de escala, por sua vez, tende a ser um fenômeno de longo prazo, quando é possível aumentar a utilização de todos os fatores de produção.

Dando sequência à discussão sobre a teoria da firma, nos casos de curto prazo, vamos assumir a condição de produtividade marginal decrescente dos fatores de produção, ao passo que, no longo prazo, quando todos os fatores podem ser contratados livremente, vamos assumir o caso de rendimentos decrescentes de escala.

5.1.5 O conceito de isoquanta

Em termos técnicos, a **isoquanta** (iso = igual e quanta = quantidade) é definida como o lugar geométrico dos pontos que representam infinitas combinações de fatores de produção que geram a mesma quantidade produzida. Em outras palavras, a isoquanta expressa diferentes combinações possíveis entre capital e trabalho, capazes de produzir a mesma quantidade do produto ou serviço final. Como você deve imaginar, trata-se do equivalente à curva de indiferença (ou curva de isoutilidade), que vimos no capítulo sobre teoria do consumidor.

Em termos gráficos, continuaremos a utilizar um recurso semelhante ao já empregado no capítulo sobre teoria do consumidor. A produção será ilustrada num gráfico cujo eixo X representa a quantidade empregada do fator de produção trabalho e o eixo Y, a quantidade empregada do fator de produção capital. A quantidade produzida está representada no eixo omitido da visualização gráfica, mas que é representada justamente pela isoquanta (que, assim como a curva de indiferença, é uma curva de nível). Note, então, que, conforme nos distanciamos da origem (ou seja, conforme se elevam K e N), atingimos isoquantas que permitem gerar um maior nível de produção final de bens.

Graficamente, a isoquanta pode ser representada como na Figura 5.1. No caso ilustrado, temos as diferentes combinações entre capital e trabalho tais que geram 100 unidades do bem final.

Tal como a curva de indiferença, a **isoquanta** também tem como característica uma **inclinação negativa**, dado que uma menor contratação de trabalhadores deve ser compensada por um aumento no número de capital (máquinas, por exemplo) para que a mesma quantidade do bem final seja produzida (de forma análoga, uma menor quantidade de máquinas deve ser compensada por uma maior quantidade de trabalhadores). Sua declividade é denominada **Taxa Marginal de Substituição Técnica (TMST)** e representa a **taxa de troca** de um fator de produção por outro, de modo a manter o mesmo nível de produção.

Figura 5.1 • Isoquanta

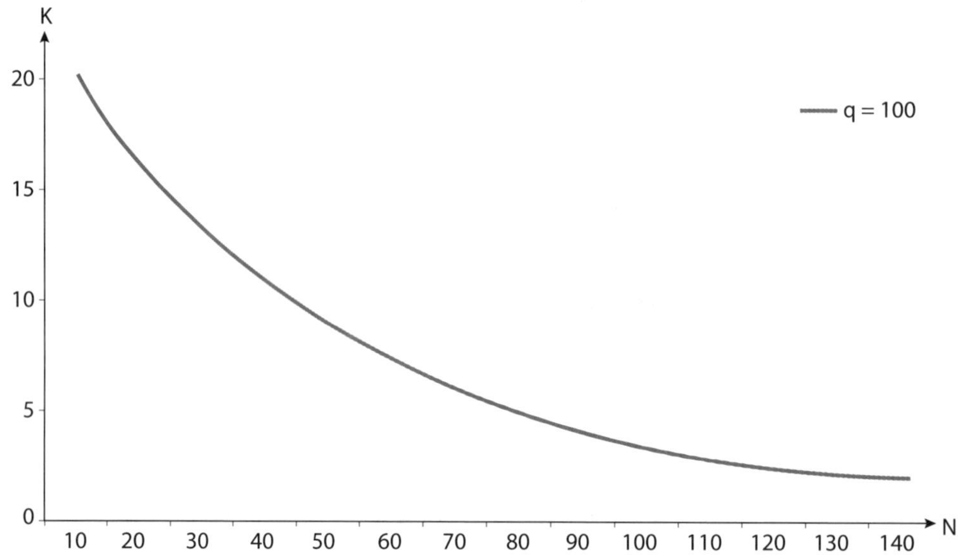

Como pode ser visto na Figura 5.1, à medida que aumentamos a quantidade de trabalhadores e reduzimos a de capital, a TMST (ou seja, a inclinação da isoquanta) diminui. Isso reflete a dificuldade crescente de se substituir um fator pelo outro, em função da produtividade marginal decrescente de cada fator de produção. Assim, se a quantidade de trabalho N aumenta em relação à quantidade de capital K, teremos trabalhadores menos produtivos (menor Pmg_N) e máquinas mais produtivas (maior Pmg_K). Esse raciocínio tem equivalência com a Taxa Marginal de Substituição vista na teoria do consumidor, que era a taxa com a qual o consumidor trocava um item de consumo por outro de modo a manter seu nível de utilidade inalterado.

Um conjunto de isoquantas, cada qual mostrando um nível de produção, representa uma **família de isoquantas**, ou **mapa de produção**, como está na Figura 5.2. Note que, quanto maior a quantidade de N e de K, maior é a produção possível de bens finais. No gráfico, são apresentadas diferentes combinações de capital e trabalho tais que geram 100, 200 e 300 unidades do bem final, respectivamente.

A escolha de uma isoquanta particular, que corresponde à escolha da quantidade que o empresário deseja produzir, dependerá dos custos de produção e da demanda pelo produto.

Figura 5.2 • Família de isoquantas ou mapa de produção

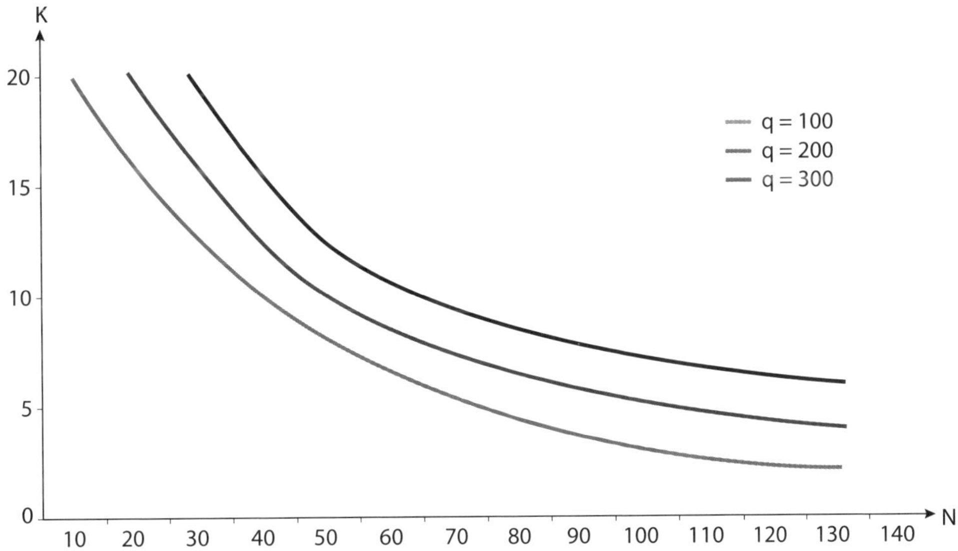

5.2 Custos de produção

O objetivo básico de uma firma é a maximização de seus resultados quando realiza sua atividade produtiva. Assim, ela procurará sempre obter a máxima produção possível, com base em um montante contratado de fatores de produção.

A otimização dos resultados da firma é alcançada quando se realizar um destes dois objetivos:

- maximizar a produção para um dado custo total (com o pagamento dos fatores de produção); ou
- minimizar o custo total para um dado nível de produção.

Em qualquer uma dessas situações, a firma estará maximizando ou otimizando seus resultados, e, assim, estará em uma situação que a teoria econômica denomina **equilíbrio da firma**.

5.2.1 Diferenças entre a visão econômica e a visão contábil dos custos de produção

Há algumas diferenças entre o ponto de vista dos economistas e o das empresas, o de contadores e o de administradores, quanto aos custos de produção. Os custos contábeis são os custos explícitos do processo produtivo e sempre envolvem um dispêndio monetário: pagamento de funcionários, pagamento de aluguéis, custeio de energia elétrica e compra de matéria-prima são exemplos típicos de custos contábeis. Já o custo econômico de produção significa os custos de oportunidade. Como já dissemos na introdução da seção sobre Microeconomia, estes são custos implícitos e que, no caso dos custos de produção, são estimados a partir do que poderia ser ganho caso o empresário alocasse seus recursos em outra alternativa e não na produção de bens. Um indivíduo que decide utilizar seus recursos para abrir seu próprio negócio (uma pequena metalúrgica ou um pequeno restaurante, por exemplo) naturalmente obtém lucros (contábeis), mas também tem como custo de oportunidade os ganhos que poderia receber caso empregasse esses mesmos recursos em outra alternativa, como uma caderneta de poupança, por exemplo, recebendo juros. Lembrando o que já apontamos, toda escolha envolve uma renúncia que representa o custo de oportunidade.

Para o economista, os custos das firmas devem incluir, além dos custos contábeis, os custos de oportunidade, refletindo, assim, os custos de todos os fatores de produção envolvidos na atividade. Como todos os recursos produtivos são limitados, o conceito de custo de oportunidade permite captar sua verdadeira escassez relativa. Assim, o conceito de custo adotado nesta discussão envolve os custos econômicos, ou seja, além dos contábeis, também os **custos de oportunidade**.

5.2.2 Custos totais de produção

Assumindo como exógenos (ou seja, não afetados pelas decisões da empresa) os preços dos fatores de produção, define-se como **custo total de produção** o total das despesas incorridas pela firma com o emprego dos fatores para obter determinada quantidade do produto.

Os custos totais de produção (CT) são divididos em custos variáveis totais (CVT) e custos fixos totais (CFT):

$$CT = CVT + CFT$$

- **custos variáveis totais (CVT):** representam a parcela dos custos totais que depende da quantidade produzida, ou seja, que muda conforme o volume de produção. Em contabilidade, são também chamados **custos diretos**. É o caso, por exemplo, dos custos com mão de obra, que são maiores ou menores a depender da produção de bens ser maior ou menor;

- **custos fixos totais (CFT):** correspondem à parcela dos custos totais que independe da quantidade produzida e, na contabilidade empresarial, são também chamados **custos indiretos**. São os decorrentes de gastos com os fatores fixos de produção, como despesas de aluguel de galpões, ou, então, os custos com a contratação de serviços de segurança, por exemplo.

Como na teoria da produção, a análise dos custos de produção também é dividida em curto prazo e longo prazo:

- **custos totais de curto prazo:** são caracterizados pelo fato de serem compostos de parcelas de custos fixos e de custos variáveis;
- **custos totais de longo prazo:** são formados unicamente por custos variáveis uma vez que, no longo prazo, não há fatores fixos de produção; até mesmo o tamanho de uma fábrica pode ser modificado no longo prazo.

5.2.3 Custos de curto prazo

Vamos expor, inicialmente, o caso de curto prazo, ou seja, supondo que uma firma realiza sua produção utilizando fatores de produção cuja utilização é fixa e variável. Em linha com discussões anteriores, vamos assumir que o estoque de capital seja o fator fixo e que o trabalho seja o fator variável. Portanto, nessas circunstâncias, só é possível elevar a produção mediante a contratação de novos trabalhadores. Como o custo fixo total permanece inalterado, o custo total de curto prazo variará apenas em decorrência de modificações no custo variável total (ou seja, por meio de alteração na quantidade de trabalhadores).

5.2.4 Custos médios e marginais

- **custo total médio (*CTMe* ou *CMe*):** é obtido por meio do quociente entre o custo total e a quantidade produzida:

$$CTMe = CMe = \frac{\text{custo total (em \$)}}{\text{quantidade total produzida de bens}} = \frac{CT}{q}$$

Ou seja, é o custo por unidade produzida, também chamado **custo unitário**.

- **custo variável médio (*CVMe*):** é o quociente entre o custo variável total e a quantidade produzida:

$$CVMe = \frac{\text{custo variável total (em \$)}}{\text{quantidade total produzida de bens}} = \frac{CVT}{q}$$

- **custo fixo médio (*CFMe*)**: é o quociente entre o custo fixo total e a quantidade produzida:

$$\text{CFMe} = \frac{\text{custo fixo total (em \$)}}{\text{quantidade total produzida de bens}} = \frac{\text{CFT}}{\text{q}}$$

- **custo marginal (*CMg*):** é dado pela variação do custo total em resposta a uma variação da quantidade produzida:

$$\text{CMg} = \frac{\text{variação do custo total}}{\text{acréscimo de 1 unidade na produção de bens}} = \frac{\Delta\text{CT}}{\Delta\text{q}}$$

Como o custo fixo total não se modifica com as variações da produção, no curto prazo o custo marginal é determinado apenas pela variação do custo variável total.

5.2.5 Formato das curvas de custos: a lei dos custos crescentes

Para a teoria econômica dos custos de produção, os custos produtivos podem ser representados pelas figuras 5.3 e 5.4, apresentadas em sequência.

Note que, com o aumento do volume produzido (medido no eixo X dos gráficos anteriores), os custos totais, com exceção dos custos fixos, só podem crescer.

O custo variável médio, o custo total médio e o custo marginal têm o formato em *U*: primeiro decrescem para depois crescerem. Isto ocorre porque, no início do processo de produção, supõe-se que a empresa trabalha com reservas de capacidade (muito capital e pouca mão de obra). Assim, inicialmente, o custo total cresce menos do que a produção, levando o custo médio e o custo marginal a decrescer. Contudo, após certo nível de produção, o custo total passa a crescer mais do que o aumento da produção, e os custos médio e marginal passam a ser crescentes. Observa-se que, como o custo fixo médio tende a zero, quando aumenta o volume de produção o custo total médio tende, no limite, a se igualar ao custo variável.

Finalmente, podemos notar que a curva do custo marginal corta as curvas do custo médio total e do custo variável médio no ponto mínimo das duas. Intuitivamente, se o custo marginal (adicional) superar o médio, o custo médio crescerá; da mesma forma, se o custo adicional for menor do que o médio, o custo médio diminuirá. Portanto, o custo marginal passa pelo ponto mínimo do custo médio (tanto total como variável).

Figura 5.3 • Curvas de custos totais

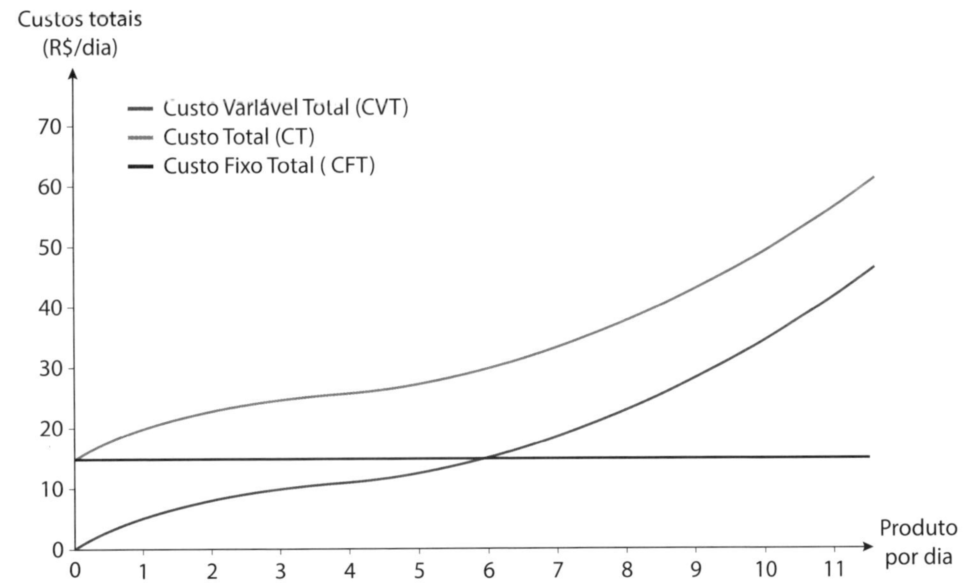

Figura 5.4 • Curvas de custo médio e custo marginal

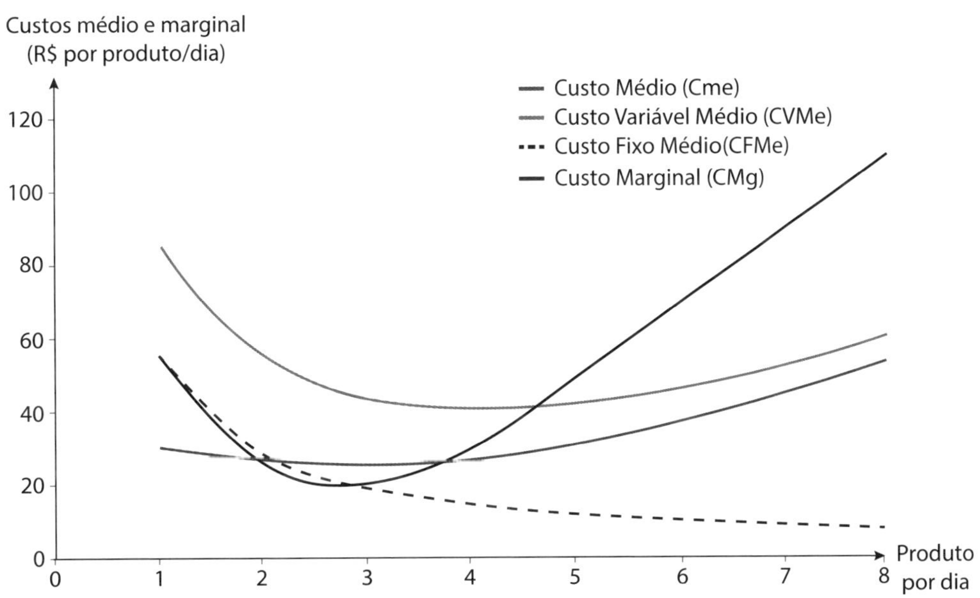

O trecho crescente das curvas de custo marginal, custo variável médio e custo total médio é explicado pela **lei dos custos marginais crescentes** que, no fundo, é a lei da produtividade marginal decrescente (citada na teoria da produção) aplicada à teoria dos custos da produção. Lembre-se de que, mantido o estoque de capital fixo, a contratação de novos trabalhadores faz a produção crescer, mas a taxas decrescentes. Assim, para que seja possível elevar a produção do bem final, é necessário contratar um número cada vez maior de trabalhadores para compensar a queda de sua produtividade, sendo, consequentemente, necessário assumir custos salariais cada vez maiores.

5.2.6 O conceito de isocusto

Assim como, *ceteris paribus*, o consumidor deve obedecer a uma restrição orçamentária (dada pela renda disponível para consumo), a empresa também costuma ter um orçamento definido a ser utilizado no custeio dos fatores produtivos.

Até aqui, assumimos que existem dois fatores de produção, o trabalho e o capital (já incluindo a terra), que precisam ser remunerados por suas respectivas rendas. A remuneração do fator trabalho, como você pode supor, é o salário (que vamos simbolizar pela letra w – o salário pago por mês, por funcionário), ao passo que a remuneração do capital será dada por uma taxa de rendimento que simbolizaremos pela letra r (1% ao mês, por exemplo). Lembre-se de que, como os custos econômicos envolvem os custos de oportunidade, o empresário dono do capital precisa levar em conta o retorno que receberia caso aplicasse seus recursos num fim alternativo. Assim, estamos assumindo que, caso ele os aplicasse numa caderneta de poupança ou em outra aplicação financeira qualquer, receberia uma taxa de juros igual a r, ou seja, r é a medida do custo de oportunidade do empresário.

Desse modo, dado o orçamento de que a firma dispõe para pagar os custos totais com os fatores de produção, e dados os preços da mão de obra (w) e do capital (r), podemos definir o **isocusto** como o conjunto de todas as combinações possíveis de trabalho N e capital K que mantém constante esse orçamento (custo total ou CT):

$$CT = w \times N + r \times K$$

A linha de isocusto está representada na Figura 5.5, e mostra o menu de opções quanto à contratação de fatores, de acordo com as possibilidades impostas pelos preços de mercado. Como os preços dos fatores de produção estão dados, a declividade da linha de isocusto será negativa. Isso ocorre porque, se a empresa deseja aumentar a contratação de um dos fatores de produção, deverá reduzir a quantidade utilizada do outro fator, para manter constante os custos totais.

Figura 5.5 • Linha de isocusto

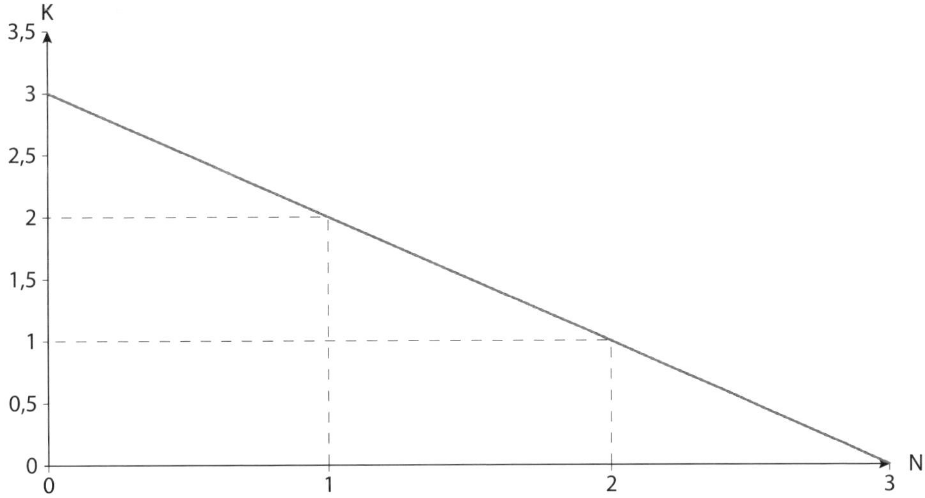

5.3 Maximização do lucro e equilíbrio do produtor

Tal como ocorre com o equilíbrio do consumidor, em que este encontra um ponto que maximiza sua utilidade condicionada à sua restrição orçamentária, o **equilíbrio do produtor** ocorre quando a empresa maximiza seus lucros levando em conta os recursos disponíveis para o custeio dos fatores de produção. Em outros termos, trata-se do ponto em que a empresa é capaz de compatibilizar o menu de alternativas dado pela tecnologia com o menu dado pelos preços dos fatores de produção, de tal modo que a empresa é eficiente do ponto de vista econômico, ou seja, maximiza seu lucro.

Inicialmente, considere que o lucro total pode ser expresso como:

$$LT = RT - CT,$$

em que:

RT = Receita total = $p \times q$

CT = Custo total = $w \times N + r \times K$

Novamente, w define o salário, r define a taxa de juros, N é o número de trabalhadores contratados, K é o estoque de capital utilizado, q é a quantidade de bens finais produzidos pela empresa e, finalmente, p define o preço pelo qual os bens finais são vendidos. Assim como w e r, assuma que p é exógeno, ou seja, a empresa toma como dado o preço de venda do bem que produz.

Como a firma visa obter o lucro máximo, ela sempre aumentará sua produção quando isso significar maior lucro. Contudo, sabemos que:

- para produzir mais, ela precisa contratar mais fatores de produção e, portanto, assumir custos produtivos adicionais;
- a produtividade marginal do capital e do trabalho são decrescentes, ou seja, para aumentar a produção, é necessário contratar cada vez mais fatores e, consequentemente, assumir custos adicionais cada vez maiores (custos marginais crescentes).

Assim, a empresa depara com a seguinte questão:

- se a receita adicional (marginal) for maior do que o custo adicional, o lucro marginal aumenta e a quantidade produzida deve ser aumentada, pois o lucro aumentará;
- se a receita adicional (marginal) for menor do que o custo adicional, a produção não será aumentada, pois o lucro cairá.

Portanto, a condição de maximização do lucro para a empresa é que a receita marginal iguale o custo marginal, ou seja:

$$RMg = CMg$$

Dessa forma, visando maximizar seu lucro total, e dado seu orçamento CT para o pagamento dos fatores de produção N e K, a empresa deverá escolher aquela combinação em que:

- a produtividade marginal do trabalho seja igual ao custo marginal de se contratar mais um trabalhador, ou seja, o salário;
- a produtividade marginal do capital seja igual ao custo marginal de se contratar mais uma unidade de capital, ou seja, a taxa de juros.

Tal como na teoria do consumidor, o ponto de maximização dos lucros da empresa ocorre quando a isoquanta mais alta possível (o maior nível de produção) tangencia a linha de isocusto.

Nesse ponto, a **Taxa Marginal de Substituição Técnica (TMST)**, que é a inclinação da isoquanta, iguala a inclinação da linha de isocusto. Isso significa justamente que, no ponto de equilíbrio, a firma está compatibilizando a taxa de substituição entre capital e trabalho permitida pela tecnologia com aquela permitida pelo preço dos fatores de produção w e r. Temos, assim, uma **combinação ótima de fatores** produtivos, ou seja, dados os custos, é a combinação que permite que a empresa maximize a quantidade produzida, e, portanto, sua receita e seu lucro total. Esse é o ponto de **equilíbrio do produtor**.

Figura 5.6 • Equilíbrio do produtor: maximização da produção

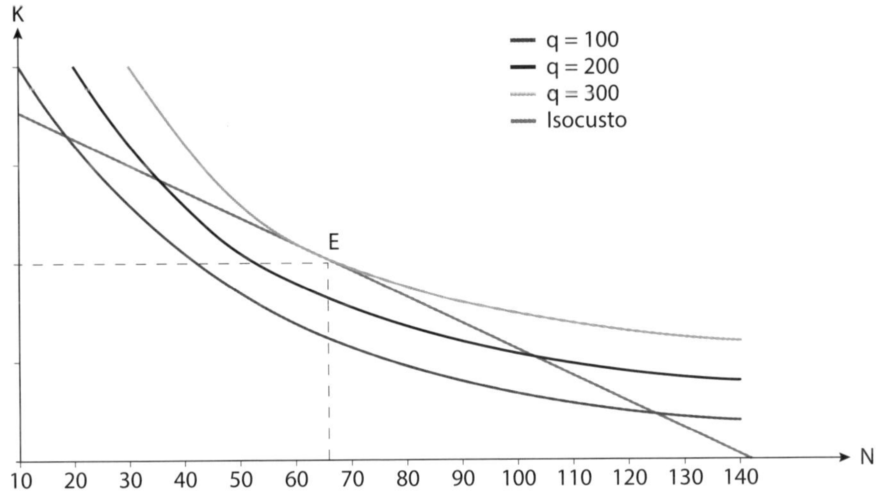

O equilíbrio do produtor também pode ser visto em termos da **minimização de custos**. Assim, dado o nível de produção que a firma deve atingir (por exemplo, para atender a uma encomenda), a maximização do lucro implicará a minimização de custos, pois a produção total e, logicamente, a receita total já estão determinadas. Dado um determinado nível de produção, ou seja, dada uma determinada isoquanta, a firma buscará a combinação de fatores de produção de menor custo total possível. Esse menor nível de custo total se encontrará exatamente no ponto em que a linha de isocusto tangencia a referida isoquanta. Como, novamente, a TMST é igual à inclinação da linha de isocusto, dados *w* e *r* e a função de produção, teremos o mesmo resultado anterior em termos de utilização de fatores.

5.4 Considerações finais

O objetivo deste capítulo foi apresentar os fundamentos da teoria da firma, dividindo-a em teoria da produção e teoria dos custos. A partir da explanação desses conceitos, abordamos o conceito de equilíbrio do produtor, ou seja, o ponto que maximiza os lucros da firma levando em conta os custos de contratação dos fatores produtivos. Também visamos mostrar que a teoria da produção tem um equivalente na teoria do consumidor, em que o objetivo do agente é maximizar sua utilidade condicionada à renda disponível para o consumo de vários bens. Perceber que a teoria do consumidor e a teoria da firma têm bases comuns, provavelmente facilitará o entendimento de ambas.

Nos próximos capítulos, falaremos das chamadas "estruturas de mercado", em que serão descritos os diferentes ambientes em que as empresas interagem e as diversas consequências para o funcionamento do mercado. Conforme você poderá constatar, os conceitos estudados na teoria da produção serão importantes para entender com mais precisão fenômenos com os quais deparamos cotidianamente.

Sugestões e links interessantes

Há um vídeo bastante ilustrativo da lei da produtividade marginal decrescente em: http://www.youtube.com/watch?v=CfioxJ4E_h4 (em inglês).

Conceitos importantes do capítulo

- Custo fixo
- Custo marginal
- Custo total
- Custo variável
- Custos econômicos
- Economias de escala
- Eficiência econômica
- Eficiência técnica
- Função de produção
- Isocusto
- Isoquanta
- Lei da produtividade marginal decrescente
- Lei dos custos marginais crescentes
- Produto marginal
- Produto médio
- Produto total
- Remuneração dos fatores de produção

CAPÍTULO 6

MUITAS *VERSUS* POUCAS EMPRESAS: AS ESTRUTURAS DE MERCADO

Nos capítulos sobre teoria do consumidor e teoria da firma, falamos respectivamente de como os consumidores decidem quanto consumir de certo bem visando maximizar sua utilidade, e também das decisões das empresas quanto à contratação de fatores de produção para a geração de produtos e serviços, sempre visando o lucro máximo. No caso das empresas, contudo, existem outros fatores que incidem sobre suas decisões de quanto produzir e qual preço cobrar pelo bem produzido. Neste capítulo, vamos abordar o conceito de estruturas de mercado, quer dizer, o tipo de ambiente no qual as empresas interagem entre si e com seus consumidores.

6.1 As diferentes estruturas de mercado

Especificamente, as estruturas de mercado se diferenciam em função de uma (ou mais) das seguintes características:

- a quantidade de empresas que produzem o bem: a existência de muitas empresas em um mercado imprime-lhe uma característica distinta daquele onde há poucos ou até um único produtor/ofertante;
- se o bem ofertado é diferenciado em relação aos concorrentes ou, dito de outro modo, se há diferenciação de produto: como você deve imaginar, produtos diferenciados, justamente por apresentarem peculiaridades, terão menos substitutos, o que naturalmente influencia sua demanda pelos consumidores;
- a existência de impedimentos à entrada de novas empresas concorrentes: se algum fator inibe ou restringe a entrada de novas empresas, esse mercado também tem

uma estrutura distinta daquele em que é fácil entrarem novos concorrentes/competidores.

Existem duas estruturas básicas que caracterizam a oferta em um mercado:

- **concorrência perfeita:** nesta, o mercado conta com um número grande de empresas, todas vendendo um produto idêntico (homogêneo), e não há barreiras à entrada de novas empresas. Como há um número grande o suficiente de empresas, uma empresa sozinha não tem capacidade de alterar os preços por si só: em meio a muitas empresas, se uma abandonar ou entrar no mercado, fará pouca diferença. Por isso, nesse mercado, todos os agentes são tomadores de preços (ou *price takers*);
- **monopólio:** neste caso, o mercado é definido pela existência de uma única empresa, então, o bem ofertado não tem substituto. Aqui, alguma barreira impede a entrada de concorrentes, o que viabiliza ou assegura a existência de somente uma empresa no mercado.

Entre estes dois extremos, contudo, existem estruturas intermediárias de mercado que, segundo a teoria econômica, formam dois grupos:

- **oligopólio:** é o caso em que um pequeno número de empresas domina o mercado, mas com produtos idênticos (ou seja, é possível substituir o bem produzido por uma pelo bem produzido pelo de outra(s)). Aqui também existe algum tipo de barreira à entrada de novas empresas concorrentes, o que justifica a existência das poucas atuantes;
- **concorrência monopolística (ou concorrência imperfeita):** trata-se da estrutura definida pela existência de muitas empresas atuando em um segmento do mercado, com produtos parecidos mas não idênticos (há alguma diferenciação). A entrada de novas empresas é livre, mas essas não ofertam exatamente o mesmo produto que a concorrência.

Evidentemente, a realidade é muito mais complexa e dividir os mercados nesses quatro grupos pode não ser suficiente para entendê-los perfeitamente. Nem sempre é simples determinar quantas empresas significam "muitas" ou "poucas", ou, ainda, se o produto que ofertam é "diferenciado" ou não. Em sua análise da realidade, o economista precisa compatibilizar o problema investigado com os modelos teóricos, pois só assim poderá escolher aquele que melhor descreve a situação que estiver estudando. A seguir, veremos em detalhes esses quatro casos.

Em linha com o capítulo sobre a teoria da firma, vamos continuar assumindo que o objetivo do empresário é sempre maximizar seu lucro total. Também vamos continuar assumindo que os custos produtivos já englobam os custos de oportunidade, diferentemente da abordagem contábil, que considera apenas os custos explícitos (lembrando: aqueles que envolvem desembolso financeiro). Assim, a remuneração do empresário pode ser medida pelo custo de oportunidade, ou seja, o que ele receberia se tivesse empregado seus recursos em outra atividade: o chamado **lucro normal**. Esse lucro reflete, portanto, o custo de oportunidade do capital empregado na atividade empresarial e é o valor que mantém o empresário na atividade, caso contrário, ele sairia do mercado e empregaria seus recursos de outro modo. Há, ainda, o **lucro econômico** ou **lucro extraordinário**. Aqui, o empresário recebe mais do que receberia quando se considera seu custo de oportunidade.

6.2 Competição ou concorrência perfeita

6.2.1 Funcionamento do mercado de concorrência perfeita

Para se determinar o ponto de produção ideal de uma empresa em concorrência perfeita (o ponto em que o lucro é máximo), é preciso determinar como se comporta a demanda desse mercado, o que permitirá uma previsão das receitas da empresa, e como se comportam seus custos, o que determina a oferta.

6.2.2 Demanda de mercado e demanda da empresa individual

No mercado de feijão, um produtor isolado não consegue alterar o preço de mercado (sua saída do mercado, por exemplo, traria uma alteração muito pequena na quantidade ofertada do produto, sem afetar seu preço).

Na concorrência perfeita, a empresa só pode vender ao preço de mercado, pois:

- se quiser vender a um preço mais alto, não venderá nada (como os produtos são homogêneos, os consumidores comprarão mais barato das outras empresas);
- não venderá a um preço mais baixo. Se isso acontece, todos os consumidores optarão por comprar desse produtor, mas, dada sua capacidade de produção, haverá escassez do produto, o que levará a um aumento dos preços até que se atinja o preço de mercado.

Em outras palavras, ao preço de mercado, o produtor individual de feijão pode vender toda a quantidade que desejar e puder produzir. Na Figura 6.1, a demanda de mercado, D_i, é negativamente inclinada, refletindo as preferências dos consumidores. No entanto, a demanda para uma empresa individual em mercados concorrenciais é uma reta horizontal.

Isso é o mesmo que dizer que a curva de demanda para a empresa individual é **infinitamente elástica**. Isso ocorre porque uma firma isolada não consegue alterar os preços; assim, quando os preços de mercado (p_0) se alteram, o único ajuste possível é por meio da quantidade produzida.

Figura 6.1 • Curva de demanda de mercado e da firma individual em concorrência perfeita

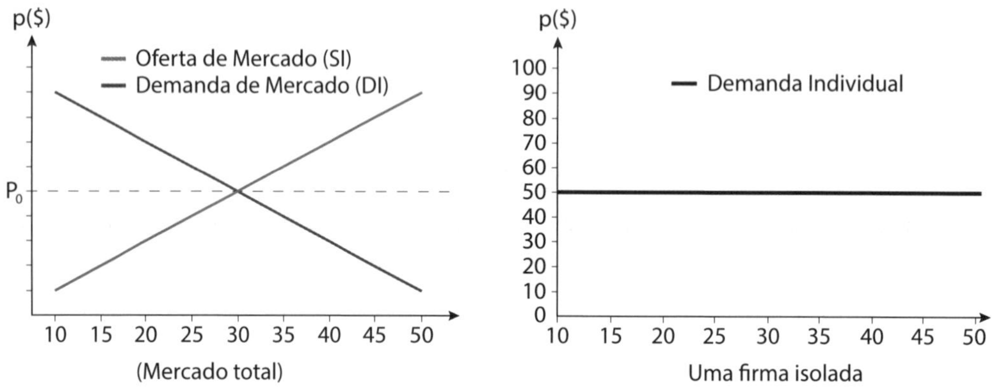

6.2.3 Receita da empresa competitiva

A **receita total** (*RT*) equivale ao faturamento total da empresa, que nada mais é do que o preço unitário de venda (*p*) multiplicado pela quantidade vendida (*q*). Então,

$$RT = p \times q$$

A **receita média (*RMe*)** é definida como a receita por unidade de produto vendida, ou **receita unitária**. Assim,

$$RMe = RT/q$$

Mas, como $RT = p \times q$, então

$$RMe = p \times q/q = p$$

ou seja,

$$RMe = p$$

Como a receita média é a receita por unidade de produto vendida, e como cada unidade de produto é vendida pelo preço p, então, a *receita média é sempre igual ao preço unitário de venda*. Note também que, na concorrência perfeita, a **receita marginal (RMg)** (que **é a receita adicional** obtida pela venda de mais uma unidade do produto) também é igual ao preço de mercado, pois o que se recebe por qualquer unidade vendida (inclusive a adicional) é o preço de mercado, p_0.

Graficamente, a Figura 6.2 ilustra as curvas de receita média e receita marginal da empresa competitiva, que são coincidentes entre si, com o preço de mercado e com a própria demanda da firma individual.

Figura 6.2 • Curva de demanda de uma firma na concorrência perfeita

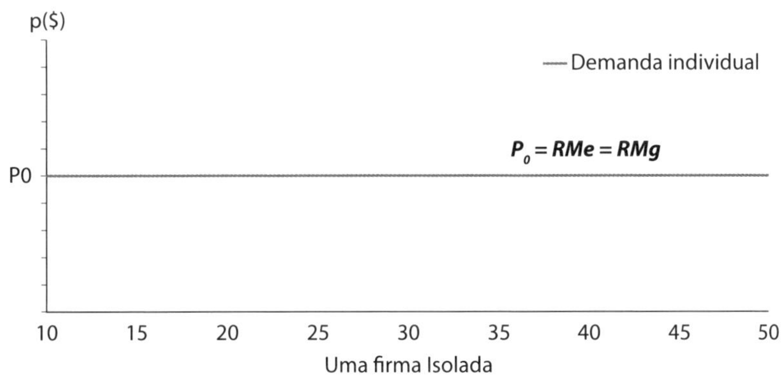

6.2.4 Custos de produção da empresa competitiva

As curvas de custos (Figura 6.3) são as que já vimos na teoria dos custos de produção.

Figura 6.3 • Curvas de custos de uma firma na concorrência perfeita

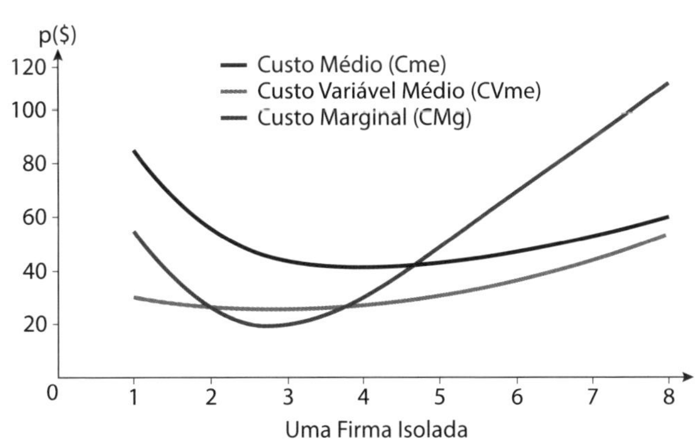

6.2.5 Equilíbrio da empresa em concorrência perfeita

Como já vimos, a condição de maximização do lucro para a empresa é que a receita marginal iguale o custo marginal, ou seja:

$$RMg = CMg$$

Esse resultado corresponde ao ponto X, na Figura 6.4, no nível de produção.

Figura 6.4 • Determinação da produção de lucro máximo

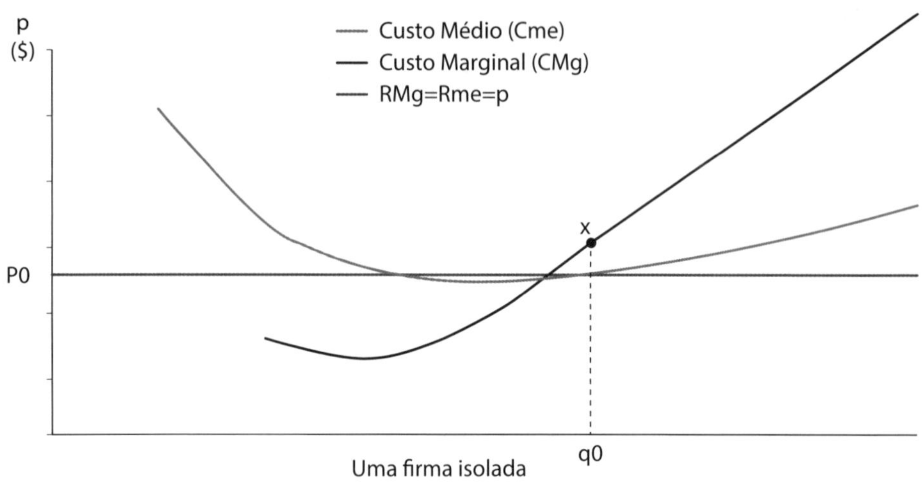

Como em um mercado competitivo $RMg = p_0$, um resultado importante para essa estrutura de mercado é que a maximização de lucro da empresa competitiva seja

$$p = CMg$$

Guarde este resultado: ele será importante quando falarmos de monopólio.

6.3 Monopólio

Como dissemos no início do capítulo, o monopólio é uma estrutura de mercado definida pela existência de uma única empresa produtora de certo bem (seja ele produto ou serviço), o que impossibilita os consumidores de substituí-lo por outro.

Existem alguns fatores que explicam a existência dos monopólios, ou seja, há fatores que explicam por que novos competidores, mesmo desejando fortemente, não conseguem fazer parte do mercado. Esses fatores são chamados "barreiras à entrada" e podem ser agrupados em:

a) **Monopólios criados pelo governo**

No Brasil, especialmente até meados da década de 1990, muitos serviços públicos eram, por determinação legal, ofertados por monopólios estatais, ou seja, por uma única empresa pública. Foi o caso da Petrobras, que atuava com exclusividade na exploração e no refino de petróleo. Outro exemplo foi o caso da antiga Embratel, que detinha o monopólio na realização de ligações telefônicas de longa distância (ligações DDD); lembramos, ainda das companhias telefônicas estaduais (como a Telesp, por exemplo), que detinham o monopólio na comercialização de linhas telefônicas. Ao longo dos anos 1990, muitos desses monopólios foram extintos com a privatização das empresas, além da abertura dos mercados à entrada de novos concorrentes.

b) **Monopólios por controle sobre insumos**

Uma das maneiras mais comuns para o surgimento de um monopolista é essa empresa possuir um recurso ou insumo escasso e essencial para a produção de um bem. Dessa maneira, a empresa proprietária desse recurso ou insumo consegue impedir o acesso de outras empresas, dificultando a produção de produtos concorrentes ao seu. Um exemplo clássico de monopólio por insumo é o do conglomerado DeBeers, a maior mineradora e comercializadora de diamantes do mundo. Durante muitos anos, a empresa atuou como monopolista no mercado, detendo a maior parte das minas de diamante.

c) **Economias de escala**

Os monopólios criados e sustentados por economias de escala são também denominados monopólios naturais. Os monopólios naturais são, normalmente, caracterizados por custos totais médios decrescentes, ou seja, os custos variáveis (e marginais, portanto) tendem a ser pequenos, mas os custos fixos tendem a ser bastante significativos – por exemplo, a necessidade de grandes investimentos iniciais para que o produto ou serviço possa ser efetivamente ofertado aos consumidores. Assim, uma empresa já existente acaba se tornando monopolista nesse mercado, uma vez que a necessidade de altos investimentos diminui drasticamente o interesse de concorrentes em fazer parte do mercado. Os monopólios naturais existem em mercados como os de serviços públicos locais de fornecimento de água e energia elétrica, por exemplo; note que são serviços que exigem um investimento inicial muito alto (custos com construção de galerias de água e esgoto, ou instalação de usinas geradoras e redes de transmissão de energia). Como você deve suspeitar, em função dos elevados investimentos iniciais, é necessário um grande horizonte de tempo para que o empresário obtenha retorno do seu investimento.

d) **Atentes**

Muitas empresas investem montantes significativos em pesquisa e desenvolvimento (P&D) de novos produtos. Você, provavelmente, deve estar imaginando os recursos investidos pela Pentium ou pela AMD no desenvolvimento de novos processadores, mas as atividades de P&D vão muito além disso. A indústria de cosméticos, por exemplo, é outro exemplo de um setor altamente intensivo em pesquisa. Mas o que motiva uma empresa a investir pesadamente nessas pesquisas? Como você deve supor, o retorno desse investimento não é garantido se a empresa não tiver assegurada sua prioridade sobre as invenções, ou seja, se não puder obter lucro a partir desses investimentos. É isso que a motiva a inovar seus produtos. O sistema de concessão de patentes visa garantir monopólio temporário do invento ao seu inventor e funciona como uma barreira à entrada de outras empresas, que ficam impedidas de produzir bem semelhante enquanto vigorar a patente. Assim, a duração da patente deve ser longa o suficiente para que o empresário tenha incentivo para realizar pesquisas (e obter retorno do investimento), mas não a ponto de inviabilizar a disseminação da sua inovação. Medicamentos são casos típicos da existência de patentes: os laboratórios gastam muitos recursos na pesquisa de novas drogas e, durante determinado prazo, são monopolistas em sua produção. Contudo, a partir da quebra da patente, outros laboratórios podem produzi-lo, o que tende a diminuir seu preço e ampliar o acesso para aqueles consumidores que antes não podiam adquiri-lo, caso do Efavirenz, medicamento utilizado no tratamento de pacientes com HIV.

6.3.1 Funcionamento de um mercado em monopólio

Já falamos sobre o funcionamento do mercado na concorrência perfeita; agora, vamos entender como funciona um mercado em que atua uma empresa monopolista.

Pelo ângulo da demanda, como a empresa monopolista detém todo o mercado, a demanda da empresa monopolista é igual à demanda total do mercado (Figura 6.5).

Pelo ângulo da oferta, contudo, há uma situação curiosa. Sabemos que a curva de oferta descreve a quantidade que a empresa deseja ofertar a cada nível de preços. Porém, no monopólio, o nível de preços não é dado. Ao contrário da empresa competitiva, que é tomadora de preços, a monopolista tem o poder de definir quanto deseja cobrar pelo produto. Claro que o monopolista desejaria escolher ao mesmo tempo um preço elevado e uma quantidade também elevada (para ter um lucro elevado), mas, como enfrenta a restrição natural da demanda de mercado, não pode decidir sobre as duas variáveis. Então, como o monopolista procede para maximizar seus lucros?

Figura 6.5 • Curva de demanda no monopólio

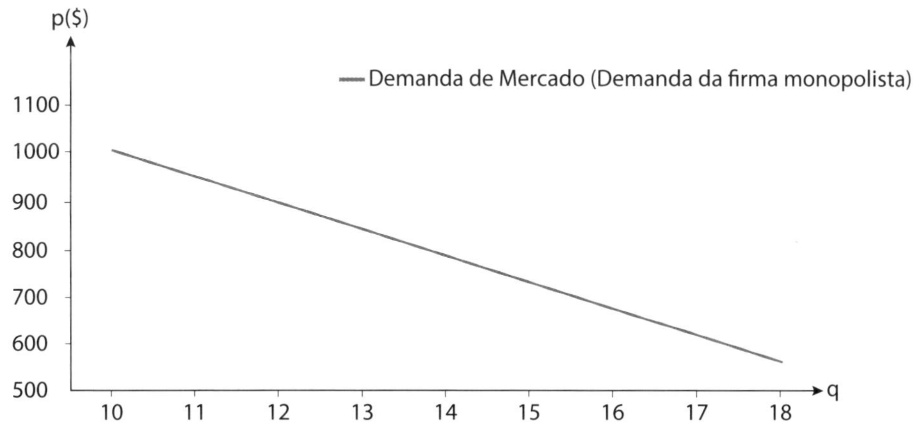

6.3.2 A receita marginal do monopólio

Ao contrário dos mercados de concorrência perfeita, no caso do monopolista, sua receita marginal não é igual ao preço determinado de maneira exógena. As decisões do monopolista influem no preço de mercado e, portanto, em sua receita marginal. Para ilustrar esse ponto, tome o exemplo dado pela Figura 6.6.

Figura 6.6 • Receita marginal para uma empresa monopolista

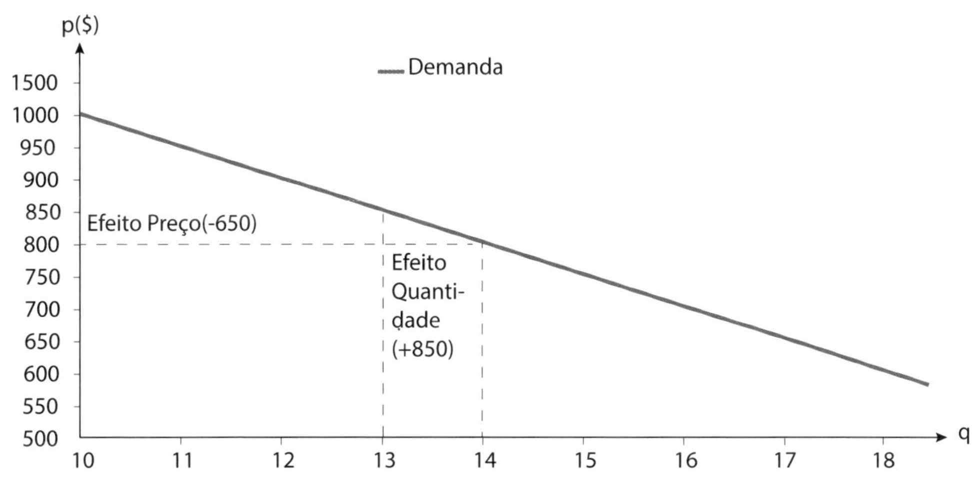

Ao decidir vender 13 unidades a \$ 850 cada, a receita total da empresa é \$ 11.050. Porém, caso o monopolista opte por produzir 14 unidades (apenas uma a mais), o preço de mercado será \$ 800 (preço que os consumidores estão dispostos a pagar por esse nível de produto), e a receita total será \$ 11.200.

Dessa forma, pode-se calcular a receita marginal da empresa (a receita por uma unidade adicional) para esses níveis de produção como a diferença entre a receita total de vender 14 unidades em relação à receita total de vender 13 unidades:

$$\text{RMg} = \frac{\Delta \text{RT}}{\Delta \text{q}} = \frac{\$11.200 - \$11.050}{1} = \$150$$

Note que a *RMg* do monopolista, para esses níveis de produção, é inferior ao preço de mercado. Isso não é mera coincidência. Para todos os níveis de produção, a *RMg* sempre será inferior ao preço de mercado. Isso porque, ao escolher níveis de produção diferentes, as decisões do monopolista têm dois efeitos opostos sobre a receita:

- efeito quantidade: uma unidade a mais vendida aumenta a receita total em montante igual ao preço pelo qual essa unidade é vendida (no nosso exemplo, a 14ª unidade é vendida por \$ 800).
- efeito preço: a fim de vender mais uma unidade, o monopolista reduz o preço de mercado de todas as unidades a serem vendidas, e não só da unidade adicional. Isso reduz a receita total de todas as unidades anteriores [no exemplo, 13 × (\$ 850 – \$ 800) = – 650].

Portanto, ao decidir vender uma unidade a mais, a empresa recebe uma receita adicional por essa unidade, dada pelo preço de mercado. Mas, para vender mais, deve reduzir seu preço, abrindo mão da receita igual à diferença entre o preço anterior e o novo, multiplicada pelo nível de produção anterior ao aumento.

Essa redução no preço de cada unidade vendida é a razão para que a receita marginal seja inferior ao preço de mercado. Como, no caso do monopólio, o preço de mercado coincide com a curva de demanda, esse resultado quer dizer que a receita marginal da empresa monopolista sempre se encontra abaixo da curva de demanda, como ilustra a Figura 6.7.

Figura 6.7 • Receita média e receita marginal para uma firma monopolista

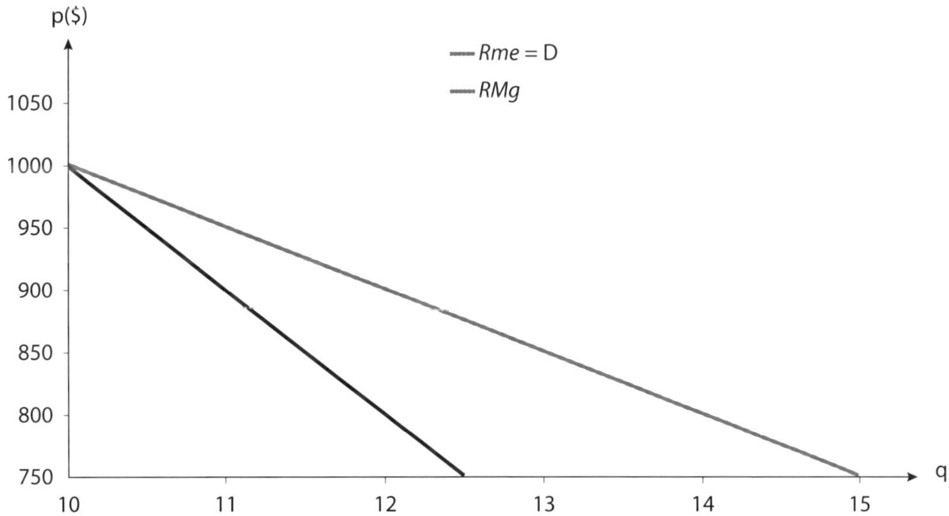

6.3.3 Maximização do lucro no monopólio

A condição de maximização do lucro exige que o monopolista escolha entre preço e quantidade, de tal modo que sua receita marginal iguale o custo marginal. Assim, a condição de maximização do lucro do monopolista (como de qualquer empresa em qualquer estrutura de mercado) é:

$$RMg = CMg$$

A Figura 6.7 ilustra o comportamento da *RMg*. Os custos de produção da empresa monopolista, por sua vez, são iguais aos custos produtivos da empresa em concorrência perfeita (o custo de produção independe de a empresa vender seu bem final num mercado mais ou menos concorrencial), valendo, portanto, a Figura 6.3, vista anteriormente. Como ilustrado a seguir, na Figura 6.8, o ponto em que $RMg = CMg$ ocorre a quantidade produzida é igual a $q^{\star}$.

Para verificar que esse é, de fato, o ponto de lucro máximo do monopolista, suponha que a empresa escolhe produzir uma quantidade menor do que $q^{\star}$. Nesse caso, o custo marginal será menor do que a receita marginal; então, o custo de produção de uma unidade adicional é menor do que a receita gerada por essa produção. A empresa consegue aumentar seu lucro aumentando sua produção. No entanto, suponha que a empresa escolhe uma quantidade maior do que $q^{\star}$. Agora, o custo marginal supera a receita marginal. A empresa aumenta seu lucro reduzindo o nível de produção. Portanto, $q^{\star}$ é o nível de produção compatível com o lucro máximo do monopolista.

Figura 6.8 • Maximização dos lucros de um monopolista

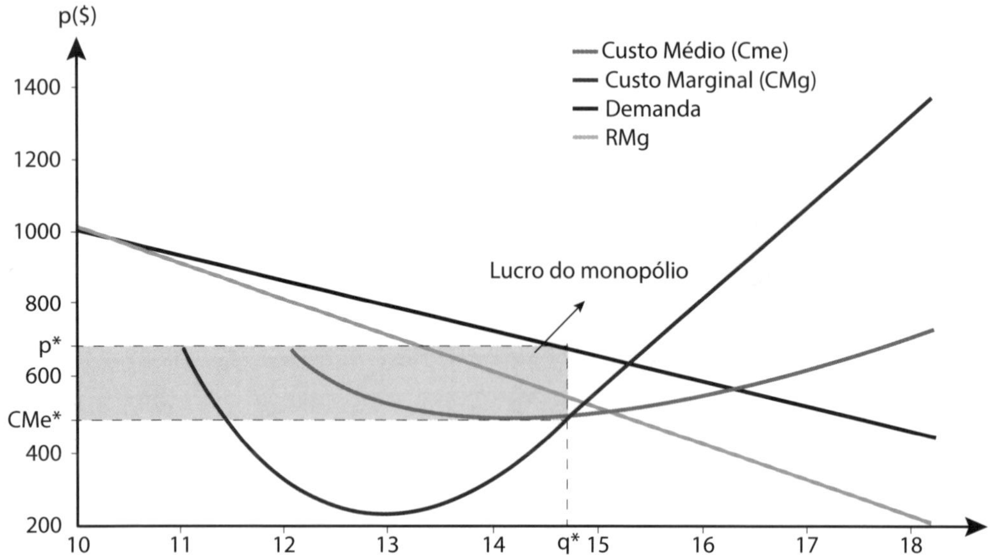

Note que, no caso de um monopólio, no nível de produção q^*, o preço p^* é superior ao custo marginal, ou seja, $p > Cmg$. Esse resultado é muito diferente do caso da concorrência perfeita, em que $p = Cmg$. Assim, no monopólio, o produtor consegue obter lucro extraordinário, ou seja, um lucro superior ao que obteria num mercado em concorrência perfeita. A ausência de competição tende a fazer que os monopólios pratiquem preços mais elevados e produzam quantidades menores do que o socialmente desejável; isso é o que os economistas definem como **ineficiência do monopólio**. No Capítulo 7, quando discutirmos as chamadas "falhas de mercado", vamos analisar com mais profundidade o que pode ser feito para minimizar essa ineficiência.

6.4 Oligopólio

O oligopólio é uma estrutura de mercado caracterizada pela existência de um pequeno número de empresas ofertando um produto homogêneo. Portanto, como há possibilidade de substituição entre produtos produzidos por empresas diferentes, existe algum grau de competição entre elas. Porém, diferentemente do mercado em concorrência perfeita, a existência de um pequeno número de empresas pode fazer (mas não necessariamente) que cooperem entre si, levando o mercado a se aproximar de uma situação de monopólio.

O oligopólio, assim como o monopólio, significa, basicamente, a existência de barreiras à entrada de novas empresas no setor. Por razões tecnológicas ou pela necessidade de investimentos iniciais elevados, alguns bens só podem ser produzidos por empresas de grande porte (por exemplo, a produção de automóveis, a extração de petróleo); portanto, esses mercados têm um pequeno número de empresas. Assim como no caso do monopólio, as empresas em mercados oligopolizados podem obter lucros extraordinários, ou seja, lucros superiores aos possíveis na concorrência perfeita (lucro que apenas remunera o custo de oportunidade do empresário).

6.4.1 Cooperação e competição em mercados oligopolizados

Uma característica importante dos mercados oligopolizados é que, em função do reduzido número de empresas, não necessariamente elas competem entre si. É também possível que se coordenem e passem a atuar de forma conjunta (cooperativa), formando o que os economistas chamam de "conluio". É a possibilidade de cooperação entre as empresas que torna possível a formação do **cartel**, uma organização de produtores dentro de um setor determinando a política a ser seguida por todas as empresas do grupo, e definindo, até mesmo, os preços a serem praticados e a repartição do mercado entre seus integrantes. Ao atuar de maneira cooperativa, os oligopolistas conseguem aumentar seus ganhos, reduzindo a quantidade ofertada e aumentando os preços de mercado. A Organização dos Países Exportadores de Petróleo (OPEP)[1] é, provavelmente, o caso mais tradicional de cartel: formada atualmente por doze países,[2] seu objetivo é coordenar e unificar as políticas de produção e venda de petróleo por parte de seus membros.

Como você deve imaginar, o sucesso do cartel depende da cooperação permanente entre seus membros, ou seja, devem existir incentivos ou punições suficientes para que os integrantes optem por cooperar em vez de adotar um comportamento competitivo. Quando um cartel define o preço a ser adotado por seus membros, cada uma das empresas se sente naturalmente tentada a diminuir um pouco o seu preço e a absorver toda a demanda do mercado em vez de dividi-la com os demais membros do cartel, ou seja, ela tem um incentivo para se "desviar", para se comportar de modo diferente do combinado. Assim, o sucesso do cartel também depende do número de empresas: em grupos pequenos, é muito mais fácil coordenar e monitorar as ações dos integrantes, de modo a garantir que todos ajam de forma conjunta, ou seja, que nenhuma empresa se "desvie".

---

[1] Vide http://www.opec.org/opec_web/en/.

[2] Angola, Arábia Saudita, Argélia, Catar, Emirados Árabes Unidos, Equador, Irã, Iraque, Kuwait, Líbia, Nigéria e Venezuela.

Existem casos particulares de oligopólio em que um ou mais ofertantes detêm uma parcela significativa do mercado e outras firmas menores seguem o comportamento das maiores, sem que haja um comportamento cooperativo definido de forma negociada. É o que aconteceu, por exemplo, com o mercado internacional de café entre o final do século XIX e o início do século XX. O Brasil era o maior produtor, chegando a ser responsável por mais de 70% da produção mundial do produto. Esse poder de mercado permitiu que fossem adotadas políticas de proteção ao café tais que o Brasil conseguia reduzir a oferta e manter estáveis os preços no mercado mundial. Essa política beneficiava o produtor brasileiro, mas também beneficiava os produtores de outros países, que dividiam entre si o restante do mercado, as chamadas empresas seguidoras.

Seja atuando de modo competitivo ou cooperativo, o importante a ser destacado é o fato de o pequeno número de empresas permitir que a decisão tomada por uma empresa tenha efeitos significativos sobre as demais. Note que essa é uma característica singular do oligopólio, uma vez que, no monopólio, as decisões tomadas por uma empresa recaem somente sobre si mesma, ao passo que num mercado em concorrência perfeita, onde atuam muitas empresas, as ações tomadas por uma têm efeito nulo sobre as demais (lembre-se de que, na concorrência perfeita, as empresas são *price takers*). No oligopólio, as empresas apresentam comportamento estratégico: elas podem decidir cooperar entre si, entrando em conluio, ou competir entre si, dependendo das informações que dispõem sobre a demanda do mercado e sobre a estratégia dos demais concorrentes.

6.4.2 Outros fatores que afetam o comportamento dos oligopólios

Assim como no caso dos monopólios, os oligopólios tendem a produzir menos do que a quantidade socialmente desejada do produto, por um preço maior. As empresas de um oligopólio podem decidir por uma ação cooperativa e obter ganhos como monopolistas, formando cartéis, ou a partir da tomada do controle acionário de uma empresa por outra. Por essas razões, o poder público pode decidir intervir em mercados oligopolizados, recorrendo às chamadas "políticas antitruste", que serão descritas com mais detalhes no Capítulo 7.

Além da legislação, outros fatores que afetam o comportamento das empresas em um mercado oligopolista são:

a) **Número de empresas:** quanto maior o número de empresas em um oligopólio, menor é o incentivo para que cada uma coopere com as demais. Além disso, como sabemos, um número maior de empresas dificulta a coordenação e a supervisão das ações do cartel. Assim, um grande número de empresas no setor é um indicador importante de que as barreiras à entrada são baixas.

b) **Poder de barganha dos compradores:** pode acontecer de os consumidores dos produtos de oligopolistas serem, também, grandes grupos ou corporações, como cadeias de lojas e distribuidores. Esses consumidores têm condições de barganha junto aos oligopolistas, dificultando conluios tácitos.

c) **Diferenciação do produto e liderança de preço:** quando existem mais de duas empresas, é possível que uma ou algumas sejam maiores que as demais. Caso entrem em conluio, não necessariamente precisam deter a mesma fatia de mercado. As empresas maiores, ou líderes (com a maior fatia de mercado ou custos menores) fixam os preços, ficando com a maior cota. É o chamado **Modelo de Liderança de Preços**, em que a empresa líder fixa um preço que lhe garanta um lucro de monopólio, e as demais consideram esse preço dado (como na concorrência perfeita).

6.5 Concorrência monopolística

Concorrência monopolística é uma estrutura de mercado caracterizada pela existência de um número elevado de empresas produzindo certo bem, quer dizer, as barreiras à entrada no mercado são relativamente baixas. Cada empresa produz um produto diferenciado, mas com substitutos próximos (os produtos não são totalmente homogêneos); ela detém poder para definir seus preços, já que os produtos não são exatamente iguais, e o consumidor tem opções de escolha, de acordo com sua preferência. Os consumidores são beneficiados pela existência de opções, pois, diante de um produto com características diferentes, não são forçados a adquirir um que não os satisfaz.

São exemplos desse tipo de estrutura de mercado o de medicamentos genéricos, o de cosméticos e o de convênios médicos ou odontológicos. Embora não explique totalmente a realidade, trata-se de um modelo mais próximo da situação real do que o do mercado de concorrência perfeita, que supõe produtos completamente homogêneos, ou seja, sem nenhuma diferenciação.

6.5.1 Diferenciação de produtos

A característica fundamental dessa estrutura de mercado em relação ao da concorrência perfeita é a diferenciação dos produtos. Essa diferenciação é definida por alguns fatores:

- **Qualidade:** alguns produtores diferenciam seus produtos dos da concorrência investindo em melhores insumos e atendimento aos consumidores;
- **Localização:** empresas de serviços, sobretudo, diferenciam seus serviços pela localização, buscando mais proximidade em relação a seus potenciais consumidores;
- **Tipo ou estilo:** como as empresas que atuam em concorrência monopolística sabem que não controlam todo, mas apenas parte do mercado, elas buscam atuar em nichos específicos, oferecendo produtos ou serviços para tipos específicos de consumidores. Existem, por exemplo, convênios médicos voltados para diferentes níveis de renda do consumidor, tornando-os diferenciados, mas com possibilidade de substituição. O mesmo vale para serviços bancários, que também oferecem atendimentos diferenciados para clientes de diversos níveis de renda.

Em mercados oligopolizados, é comum que os produtores tentem influenciar os consumidores a identificar seus produtos por meio da publicidade, que tem o papel de sinalizar aos consumidores as diferenças entre os produtos, ainda que exista margem de substituição. A publicidade tem, ainda, o papel de construir uma marca. Marcas estão associadas à diferenciação de produto pela qualidade ou por atributos particulares – alimentos orgânicos, por exemplo, apresentam características que podem fazer que o consumidor opte por ele (e aceite até mesmo pagar um pouco mais), mesmo tendo a oportunidade de substituí-los por não orgânicos. Diante da incerteza do consumo de um produto de marca desconhecida, o consumidor pode optar pela marca mais famosa ou por aquela com a qual tem mais afinidade.

Os críticos da publicidade e das marcas argumentam que as empresas as utilizam para criar poder de mercado, explorando a irracionalidade do consumidor. Seus defensores, no entanto, argumentam que, por meio delas, as empresas transmitem informações úteis sobre a qualidade dos produtos.

Embora a diferença entre concorrência perfeita e monopólio seja mais facilmente detectável (até por serem extremos opostos), a diferença entre oligopólio e competição monopolística é, aparentemente, mais sutil. Contudo, é possível elencar algumas características específicas de cada um desses grupos:

- é relativamente grande o número de empresas com poder concorrencial, porém com segmentos de mercados e produtos diferenciados, seja por características físicas, embalagem ou prestação de serviços complementares, por exemplo, pós-venda;

- a margem de manobra para fixação dos preços não é muito ampla, uma vez que existem produtos substitutos no mercado;
- há muitos compradores e muitos vendedores;
- os consumidores têm suas preferências definidas e vendedores tentam diferenciar seus produtos dos produzidos pelos concorrentes diretos, ou seja, os bens são heterogêneos;
- há barreiras de entrada, como diferenciação do produto, canais de distribuição (quanto mais controlada a distribuição no atacado e no varejo, mais difícil é a entrada de novos concorrentes), tecnologias etc.

6.6 Considerações finais

O objetivo deste capítulo foi apresentar as diferentes estruturas de mercado, ou seja, os diferentes contextos de interação entre as empresas. Esses contextos, que se distinguem uns dos outros pela existência de um número menor ou maior de empresas competindo num dado mercado, definem o poder dos produtores em influenciar os preços pagos pelo consumidor e, portanto, sua lucratividade. Procuramos, também, levantar os fatores que explicam essas diferentes estruturas, como a facilidade ou a dificuldade de acesso a novos competidores e a possibilidade de diferenciação de produtos que, em alguma medida, influenciam as decisões dos agentes.

Conceitos importantes do capítulo

- Concorrência monopolística
- Concorrência perfeita
- Lucro econômico
- Lucro extraordinário
- Monopólio
- Oligopólio

CAPÍTULO 7

NEM TUDO É PERFEITO: AS FALHAS DE MERCADO E AS FALHAS DE GOVERNO

Como já vimos, é possível concluir que o mercado que funciona livremente, quer dizer, apenas por meio da interação entre compradores e vendedores, sempre atinge o equilíbrio. Em outros termos, segundo os economistas de tradição clássica, o mercado deveria ser sempre operado pela "mão invisível", sem intervenções. Mas por quê?

Em economia, existe um princípio bastante importante e conhecido, chamado **eficiência ou ótimo de Pareto**, em homenagem ao economista franco-italiano Vilfredo Pareto. Originalmente, foi ele que definiu esse conceito segundo o qual a distribuição de determinado recurso entre diferentes agentes é dita eficiente (no sentido definido por Pareto) quando só é possível melhorar a situação de um indivíduo piorando a de outro, quer dizer, realizando redistribuição entre os agentes. Assim, se tivermos R$ 10 para dividirmos entre dez pessoas e alocarmos somente R$ 9 para elas, temos uma situação ineficiente (no sentido definido por Pareto), pois seria possível alocar R$ 1 para qualquer um dos dez indivíduos, evitando o desperdício deste recurso.

Segundo os economistas de perfil clássico, o equilíbrio de mercado definido pela livre interação entre compradores e vendedores seria eficiente, segundo Pareto, porque esgotaria todas as possibilidades de alocação dos recursos, garantindo que jamais houvesse recursos ociosos em certo mercado. Assim, o livre mercado garantiria que todos os recursos (que, em maior ou menor grau, são escassos) fossem alocados de forma a esgotar suas possibilidades de tal modo que só seria possível melhorar a situação de alguém necessariamente piorando a de outrem; em suma, só é possível realizar redistribuição.

Neste capítulo, vamos discutir as chamadas falhas de mercado, ou seja, aquelas situações em que mesmo um mercado que funciona de forma integralmente livre não consegue atingir eficiência econômica. Nesses casos, até os economistas da tradição clássica entendem que pode ser preciso algum tipo de intervenção normalmente, mas não necessariamente, com a atuação do governo. Ao final, vamos discutir, também, as chamadas "falhas de governo", ou seja, ainda que o governo veja a importância de sanar tais falhas, sua atuação não é perfeita e pode envolver custos que minimizam os benefícios advindos de sua interferência.

7.1 Falhas de mercado

No capítulo sobre teoria do consumidor, havíamos assumido que o agente consome o bem privado, ou seja, ele incorpora integralmente os custos e os benefícios derivados da opção de consumi-lo. Assim, se decide ir a um belo restaurante para comemorar o nascimento de seu filho, ele paga a conta e usufrui integralmente da utilidade derivada de sua ação.

Note que, nesse caso, o mercado privado consegue funcionar de forma adequada, pois a decisão do consumidor sobre quanto consumir de certo bem leva em conta sua utilidade, por meio da qual é possível definir sua disposição de pagar pelo jantar, assim como a decisão do dono do restaurante leva em conta seus custos de preparar o jantar e sua "função de produção", quer dizer, a maneira como mescla seus fatores de produção (os funcionários e os equipamentos do restaurante) a fim de preparar o jantar. Nosso consumidor paga pelo jantar e se beneficia da utilidade gerada. O dono do restaurante assume seus custos produtivos, mas fica com a receita e com o lucro da venda. Note que os dois agentes do nosso exemplo "esgotam" os custos e os benefícios da transação, realizada somente entre eles. Ninguém, além deles dois, assumiu algum custo ou benefício do jantar.

7.1.1 As externalidades

Vamos imaginar que, após terminar seu jantar festivo, nosso consumidor decida fumar um belo charuto cubano, tendo ao seu lado mesas com outros clientes do restaurante que, possivelmente, não se sentirão felizes por inalar a fumaça do charuto (ainda que seja cubano) consumido unicamente por nosso consumidor. Note que, nesse caso, ao optar por fumar o charuto, ele naturalmente usufruiu de sua utilidade, mas não internalizou totalmente os custos derivados de sua ação; ele assumiu apenas o custo da compra do charuto. Temos, assim, um caso de externalidade negativa do consumo, ou seja, ao consumir um bem, ele gerou consequências boas para si, mas ruins ou indesejáveis para outros indivíduos, cujas consequências ele não assumiu.

Você, provavelmente, está se lembrando de inúmeros exemplos de externalidades negativas com as quais já deparou na vida e, de fato, elas acontecem com bastante frequência. Um amigo seu que opta por não usar talco desodorante para os pés ou não tomar banho pode até estar fazendo aquilo que julga ser melhor para si (lembre-se de que as preferências são dadas, não vamos questionar as opções de seu amigo), mas ele, naturalmente, gera consequências ruins para seus parceiros de ioga ou de judô (especialmente no verão). Seu vizinho de condomínio que se acha um bom cantor também gera utilidade para si, mas gera externalidades negativas para você e seus familiares quando opta por realizar ensaios de sua banda (que acha que toca bem) num domingo à noite. O mesmo ocorre com a casa noturna ao lado de sua casa, cujo dono utiliza material de baixa qualidade no isolamento acústico (fazendo o melhor para si), e o som, não adequadamente isolado, atrapalha sua noite de sono. Note que há, nitidamente, uma diferença entre custos privados e custos sociais (ou coletivos).

Embora ocorram com frequência, as externalidades negativas, muitas vezes, acabam sendo ignoradas por gerarem danos pontuais (ou então porque, mesmo ele não tomando banho, você realmente gosta do seu amigo) ou de menor monta. O problema é que algumas delas alcançam proporções bastante sérias, e, então, algum tipo de intervenção se torna realmente necessário. A poluição, que é muitas vezes decorrente do processo de produção e consumo de diversos produtos e serviços, é um caso típico. Uma empresa pode até estar fazendo o melhor para si ao jogar resíduos no rio que passa ao lado, mas a população que faz uso dessa água (para beber, por exemplo) será prejudicada pela ação da empresa; ela internaliza os benefícios, mas não internaliza todos os custos derivados de sua opção.

Um indivíduo que dirige um carro bastante velho (ou "queimando óleo", como se diz informalmente) também pode estar fazendo o melhor para si, mas, sem dúvida, está prejudicando inúmeras pessoas ao lançar no ar uma quantidade excessiva de poluentes. Em cidades pequenas, esse efeito pode até ser reduzido, mas em grandes cidades como São Paulo, por exemplo, esse efeito é realmente elevado e acaba provocando sérios problemas de saúde (respiratórios, em particular) que elevam a demanda por atendimento público e, consequentemente, mais gastos nesse setor. Lembre-se, ainda, que um trabalhador internado por problemas respiratórios decorrentes da poluição também representa um custo (de oportunidade), pois deixa de produzir bens durante seu período de recuperação.

7.1.2 Qual a solução para as externalidades?

Lembrando o que dissemos no início deste capítulo, para corrigir as falhas de mercado é necessário algum tipo de intervenção. Vamos descrever alguns instrumentos existentes.

Voltemos ao exemplo da poluição gerada pelos automóveis: esse problema é tão sério que, há anos, grandes capitais internacionais realizam programas de inspeção veicular para que os proprietários de veículos que emitem poluentes em excesso sejam obrigados a pagar uma multa ou, então, retirá-los de circulação, experiência que também tem sido adotada em vários municípios do Brasil. Note que, ao receber a multa, o proprietário passa a internalizar, também, parte dos custos derivados da opção de fazer uso do carro poluente, ou seja, passa a assumir (ainda que apenas parcialmente) os custos da externalidade. Esse é um tipo de intervenção que faz o gerador da externalidade se encarregar (mesmo parcialmente) dos custos derivados de sua ação. Isso é o que os economistas chamam "**internalizar a externalidade**".

Em escala global, o Protocolo de Kyoto é outro exemplo de intervenção necessária para se controlar a emissão de poluentes, ou seja, minimizar as externalidades. Conforme a indústria de um país cresce, ela naturalmente gera empregos e renda, e seus consumidores são beneficiados com uma quantidade maior de bens. Contudo, a poluição gerada tem consequências ruins para os habitantes de outros países, como a destruição da camada de ozônio e o aquecimento global, por exemplo. Por isso, os países decidiram assinar tal acordo, que visa fazer reduzir a emissão de poluentes com a estipulação de metas a serem atingidas até certo ano. Como você deve imaginar, levar os países a reduzir seus níveis de emissão não é tarefa das mais triviais, pois isso implica reduzir o nível de produção de bens (portanto, gerando menos emprego e menos renda) ou desenvolver alternativas limpas, que, em geral, envolvem custos muito elevados. Além disso, é necessário que alguma punição minimamente severa seja aplicada àqueles que não atingem as metas, caso contrário ninguém tem motivo para cumpri-las.

No âmbito do Protocolo de Kyoto, foi instituído um instrumento criativo visando levar os países geradores de poluição a "internalizar as externalidades". Os chamados "créditos de carbono" são certificados emitidos por empresas que reduziram a emissão de gases do efeito estufa. Esse crédito pode ser negociado no mercado internacional, ou seja, comprar créditos de carbono no mercado corresponde a comprar uma permissão para emitir tais gases. O preço dessa permissão, negociado no mercado, deve ser, necessariamente, inferior ao da multa que o emissor deveria pagar ao poder público em caso de desrespeito às regras, de modo que comprar créditos de carbono no mercado significa, na prática, obter um desconto sobre a multa devida.

O Protocolo de Kyoto determina uma quantidade máxima de poluentes que os países desenvolvidos podem emitir, e estes, por sua, vez, criam leis que restringem as emissões. Assim, as indústrias que não conseguem atingir as metas de redução de emissões tornam-se compradoras de créditos de carbono. No entanto, as que conseguem diminuir suas emissões podem vender, a preços de mercado, o excedente de "redução de emissão" ou "permissão de emissão" no mercado nacional ou internacional. Assim, ao mesmo tempo em que estabeleceu um incentivo a gerar menos poluição, o mercado de créditos de carbono fez que o poluidor "internalize as externalidades" geradas por ele.

Além dessa, outra alternativa é a **negociação** entre as partes envolvidas. Segundo o chamado **Teorema de Coase**,[1] quando os direitos de propriedade são claramente definidos e o custo da transação entre as partes envolvidas é baixo, a negociação direta entre elas levará a resultados eficientes. Um exemplo disso é o caso da vacinação contra febre aftosa, uma doença contagiosa que ataca o rebanho bovino e exige o sacrifício do animal infectado, gerando grandes prejuízos aos fazendeiros. A vacinação contra a febre aftosa é obrigatória no Brasil, mas em países fronteiriços, onde esse controle é menos rigoroso, um animal infectado de um fazendeiro boliviano ou paraguaio pode colocar em risco os animais do produtor brasileiro – doença contagiosa não respeita fronteiras. Para remediar esse problema, muitos fazendeiros brasileiros optam por assumir o custo de vacinar não só seu rebanho, mas também o de fazendeiros de países vizinhos, ou seja, uma negociação direta entre as partes permitiu que fosse atingida uma solução para a externalidade negativa (derivada da opção do fazendeiro boliviano ou paraguaio de não vacinar seu rebanho). Note, também, que essa solução parece mais razoável do que instituir uma lei que obrigue o fazendeiro de outro país a encerrar suas atividades, pois, nesse caso, teríamos uma solução em que uma parte seria prejudicada ao extremo, o que, naturalmente, não é desejável.

Além das externalidades negativas, existem, naturalmente, as positivas, ou seja, casos em que você é beneficiado por alguma ação praticada por outro agente e cujo custo você não assumiu. Se você gosta de jazz e tem como vizinho um excelente saxofonista que acaba de adquirir um instrumento de ótima qualidade, ele gerará para você externalidades positivas. Conviver com pessoas civilizadas também gera externalidades positivas, pois minimiza muito a chance de você ter de encarar uma briga de trânsito, escorregar numa casca de banana que deveria ter sido jogada no lixo ou pisar nas fezes de um cachorro cujo dono não quis recolhê-las. Contudo, como as externalidades positivas não geram malefícios aos indivíduos (ou seja, não representam um problema), acabam não representando contextos para uma intervenção destinada a minimizar seus efeitos.

---

[1] Teoria desenvolvida pelo economista Ronald Coase, vencedor do Prêmio Nobel de Economia de 1991.

7.1.3 Bens públicos

Segundo a teoria econômica, os bens privados exibem duas características importantes, que ainda não foram explicitamente discutidas: **rivalidade** e **excludência**. O consumo de um bem privado é dito rival quando o consumo de uma parte diminui a parcela disponível para outro consumidor. Por sua vez, o consumo de um bem privado é dito excludente quando é possível excluir de seu usufruto aquele indivíduo que não assume os custos de sua compra. Assim, se você compra uma tigela de açaí (com os demais opcionais que quiser), só você extrai satisfação com essa aquisição e consumo; dada uma oferta de açaí, quanto mais você consumir, menos haverá para o consumo das demais pessoas.

Os bens públicos exibem justamente as características opostas. Dizemos que são bens não rivais e não excludentes. Logo, ainda que você consuma parte desse bem, outros também poderão fazê-lo e, uma vez ofertado, não é possível excluir outros indivíduos de seu uso, mesmo que estes não tenham assumido os custos da provisão. Vamos deixar uma coisa bem clara: bem público não é necessariamente aquele provido pelo setor público, ou seja, não é necessariamente provido pelo governo. Contudo, isso acontece muitas vezes, e há uma boa razão para isso.

Segurança pública e iluminação pública são os exemplos mais tradicionais de bem público: se você contratar uma empresa de vigilância privada para garantir a segurança de sua casa, seus vizinhos serão indiretamente beneficiados, mesmo que não tenham assumido os custos da contratação da empresa, e, de um ponto de vista estritamente individual, eles terão poucos incentivos a ajudá-lo no custeio depois que a empresa for contratada. De forma análoga, se você contratar uma empresa para instalar um poste de iluminação em frente à sua casa, seus vizinhos também serão beneficiados e terão poucos incentivos a arcar com parte dos custos, uma vez instalado o poste.

A pergunta natural que segue é: você assumiria os custos de aquisição de um bem público? Se assumi-los, uma vez que ele for ofertado, muitas pessoas naturalmente pegarão carona (as chamadas *free riders*) e serão beneficiadas com sua ação, mesmo não tendo assumido nenhuma parcela dos custos. Se todos pensarem dessa forma, não há nenhum incentivo individual para o custeio da provisão desse bem e, muito provavelmente, ele não será ofertado (que empresa ofertará um produto ou serviço que ninguém está disposto a pagar?), ainda que gere grandes benefícios aos usuários. Trata-se, naturalmente, de uma situação indesejável, em que dizemos que o mercado "falhou". Diante dos baixos incentivos individuais, como a provisão do bem público é realizada, então? Como essa falha de mercado é solucionada?

Você, com seu espírito de liderança e tendo estudado um pouco a questão dos bens públicos, pode ter a iniciativa de conversar com os vizinhos ou com seus colegas de condomínio e coordenar a tarefa de contratar a empresa de segurança (ou de iluminação) e dividir os custos com seus pares. De fato, em grupos pequenos, resolver esse tipo de problema pode até não ser difícil, e muito provavelmente você já teve a experiência de participar desses acordos. Mas, quando o número de agentes cresce, coordenar a provisão do bem e a divisão dos custos não é nada fácil. Além disso, quando o grupo cresce, há, naturalmente, mais probabilidade de um de seus membros atuar como *free rider*, ou seja, tirar proveito dos demais.

Em geral, uma entidade acima dos indivíduos e das empresas se responsabiliza por coordenar o processo de levantamento dos custos e de divisão entre todos os agentes beneficiados e, em muitos casos, se responsabiliza, também, por realizar a própria provisão. Como você deve imaginar, essa entidade é o governo que, por meio de taxas específicas ou de impostos, arrecada junto aos agentes (empresas e consumidores) os recursos necessários. Como exemplo, o custeio dos serviços de segurança pública (pagamento dos salários dos policiais, manutenção dos presídios, das delegacias e das viaturas, e assim por diante) é realizado com recursos arrecadados via impostos que, em maior ou menor grau, são pagos por todos os usuários do sistema de segurança. O custeio da iluminação pública, por sua vez, é realizado com base numa taxa paga por todos os usuários de energia elétrica – na sua conta de energia, muito provavelmente você encontrará essa taxa discriminada. São, portanto, mecanismos que garantem a provisão do bem público.

7.1.4 Monopólios

Você, provavelmente, se lembra de que, no capítulo sobre estruturas de mercado, explicamos que os monopólios também representam uma falha de mercado porque, comparativamente a um mercado em concorrência perfeita, produzem uma quantidade menor e cobram um preço maior, prejudicando os consumidores e gerando lucro extraordinário para a empresa monopolista, cenário definido como **ineficiência do monopólio**.

O governo pode desejar intervir em mercados monopolistas a fim de minimizar a ineficiência. Vamos identificar, aqui, algumas alternativas à disposição do poder público:

Aumentar a concorrência dos mercados monopolizados

Muitos países, inclusive o Brasil, dispõem de políticas que buscam limitar o poder de mercado de empresas monopolistas. Conhecidas como leis antitrustes, por meio delas é possível, por exemplo, impedir que uma empresa domine o mercado adquirindo outras empresas. Nitidamente, essa é uma área que envolve não só uma investigação puramente econômica, mas também aspectos legais importantes, uma vez que é necessário definir normas a serem seguidas pelas empresas, além de punições apropriadas para os casos de abuso por parte das empresas (essa área envolve forte interação entre Economia e Direito). No Brasil, o monitoramento das empresas com vistas a minimizar a ocorrência de poder de um monopólio é realizada por três órgãos do governo federal: o Conselho Administrativo de Defesa Econômica (CADE) e a Secretaria de Direito Econômico (SDE), ambas vinculadas ao Ministério da Justiça, e a Secretaria de Acompanhamento Econômico (SEAE), vinculada ao Ministério da Fazenda.

É importante ressaltar que nem toda fusão de empresas é feita com o objetivo de elevar o poder de monopólio das empresas fundidas (algo que, como sabemos, é prejudicial ao mercado). Algumas fusões ocorrem para aproveitar ganhos de escala entre as empresas fundidas (lembre-se do que mencionamos sobre economias de escala no capítulo sobre teoria da firma e da produção), reduzindo custos de produção, o que poderia beneficiar os consumidores. Os órgãos de defesa da concorrência devem analisar essa questão em sua decisão sobre as fusões de empresas e, eventualmente, exigir que as empresas fundidas tomem providências para assegurar a concorrência do mercado – muitas vezes, elas são obrigadas a vender parte de suas instalações ou de seu maquinário para outras empresas, por exemplo. É o que aconteceu quando foi criada a Ambev (em 1999), a partir da fusão da Antarctica e da Brahma: o CADE aprovou a fusão desde que algumas fábricas das duas empresas tivessem suas atividades suspensas.

Ofertando o bem (produto ou serviço) diretamente por meio de uma empresa estatal

Em vez de atuar para coibir práticas anticoncorrenciais por parte das empresas privadas, o governo pode preferir constituir uma empresa estatal para administrar o monopólio, ou seja, garantir que o Estado seja o provedor do produto ou serviço. Essa é a solução adotada para o serviço de abastecimento de água e esgoto em muitas cidades brasileiras, assim como ocorre com a prestação de serviços de transporte de correspondências pelos Correios. Neste caso, a empresa estatal cobra taxas pela prestação dos serviços para que a receita seja suficiente para manter suas operações, mas sem obter lucros extraordinários (até porque não é esse o objetivo do governo ao criar a estatal).

Regulando monopólios naturais

Outra maneira pela qual o governo pode limitar o poder de um monopólio se dá pela regulação de monopólios naturais, por exemplo, fixando o preço a ser cobrado pela empresa monopolista ou definindo limites para o reajuste da tarifa cobrada pelo serviço prestado.

No caso de um monopólio natural em que os custos totais médios são sempre superiores aos custos marginais (porque, como vimos no capítulo sobre estruturas de mercado, o monopólio natural é geralmente caracterizado pela necessidade de um elevado investimento inicial para a prestação dos serviços), a fixação do preço igual ao custo marginal sempre implicaria prejuízo para a empresa, desincentivando investimentos no setor; no limite, nenhuma empresa se interessaria em investir recursos pesados na construção de redes de coleta de esgoto para poder prestar esse serviço, o que não seria desejável. Nesse caso, o governo pode permitir que a empresa cobre um preço igual ao custo total médio, ou seja, o lucro econômico será igual a zero, mas o preço será superior ao custo marginal. Note que, nesse caso, a potencial ineficiência pode ser justificada pelo fato de que, de outro modo, o serviço sequer seria ofertado. Então, é preferível um preço mais elevado (do que aquele que seria observado em um mercado concorrencial) a nenhuma oferta do bem.

A área de regulação econômica tem forte interação com as leis antitruste e se desenvolveu fortemente no Brasil depois do processo de privatização dos antigos monopólios naturais operados pelo Estado – a privatização do sistema de telefonia é um exemplo bastante ilustrativo. Em conjunto com as privatizações, muitas agências regulatórias (como a Anatel, por exemplo) foram criadas justamente visando garantir que a empresa monopolista (a partir daquele momento, privada) auferisse um lucro condizente com a atividade realizada, mas, ao mesmo tempo, garantindo serviços de qualidade e preços que não lesassem os usuários. Tecnicamente, seria uma forma de garantir que os novos proprietários não se comportassem como um monopolista privado, algo que, conforme falamos no capítulo sobre monopólio, gera um resultado ineficiente.

7.1.5 Informação assimétrica

Embora este ponto não tenha sido discutido explicitamente ao longo dos capítulos sobre Microeconomia, todos os modelos e conceitos apresentados até aqui assumem que os agentes possuem o que os economistas chamam de "informação perfeita". Isso quer dizer que os consumidores e os ofertantes conseguem averiguar perfeitamente as características dos bens que transacionam, assim como conseguem averiguar todas as informações relevantes sobre as partes envolvidas na transação. Portanto, se você deseja comprar um automóvel usado, presume-se que consegue averiguar perfeitamente suas características (detalhes do estado do veículo, se tem multas não pagas e assim por diante) e consegue, portanto, definir um preço de reserva correto, ou seja, o máximo que você está disposto a pagar dadas as condições do bem. Se ele apresenta muitos defeitos (como pneus gastos ou uma quilometragem muito elevada), você, naturalmente, aceitará pagar um valor menor do que se ele exibisse boas características. O mercado funcionaria, então, de forma perfeita, pois os consumidores de produtos com boas características teriam, naturalmente, um preço de reserva maior do que para produtos com más características, e os ofertantes de produtos com boas características receberiam valores maiores do que os ofertantes de produtos com características indesejáveis; o mercado consegue distinguir e precificar adequadamente bens com qualidades ou atributos distintos.

Existe um campo importante e relativamente recente em teoria econômica chamado **economia da informação**,[2] no qual se trabalha com a possibilidade de alguns agentes terem mais informações do que outros, ou seja, aquilo que os economistas definem como **informação assimétrica**. Naturalmente, aquele que tem mais informações passa a ter uma posição privilegiada, o que pode gerar distorções no funcionamento correto do mercado.

Voltemos ao exemplo do mercado de carros usados. Suponha que certo modelo de veículo usado, em bom estado (vamos chamá-lo de "pêssego"), valha R$ 35 mil e que o mesmo veículo usado, mas em mau estado (vamos chamá-lo de "limão"), valha R$ 25 mil. Assumindo que a informação seja assimétrica, o comprador não sabe exatamente o estado do carro e então, para minimizar seu risco, opta por pagar o valor médio, ou seja, R$ 30 mil. O que acontece nesse mercado?

Como você deve supor, somente os vendedores de "limões" estarão dispostos a vender seus carros, pois os proprietários de "pêssegos" não aceitarão vender seus veículos por menos do que realmente valem. Assim, o mercado apresenta um problema: os agentes não conseguem precificar adequadamente os diferentes veículos e, no extremo, esse mercado deixa de existir: dado que no mercado só existem "limões", muito provavelmente nenhum consumidor optará por comprar um veículo nesse estado. Você também já deve imaginar que esse é um resultado ineficiente, pois, caso o mercado resolvesse o problema da informação assimétrica, o vendedor de "pêssegos" conseguiria vender seu carro pelo preço correto e o comprador teria em sua garagem um veículo usado em bom estado. Ambos sairiam ganhando, ou seja, a transação geraria uma melhora de Pareto.

---

[2] Os economistas George Akerloff, Michael Spence e Joseph Stiglitz, entre outros, são alguns dos pioneiros em Economia da Informação, cuja origem remonta às décadas de 1970 e 1980.

O mercado de veículos usados é o exemplo típico de informação assimétrica, mas existem vários outros que fazem parte do cotidiano. Um exemplo também bastante tradicional ocorre no mercado de seguros: quando um cliente (consumidor de apólices de seguro) decide fazer um seguro de seu automóvel, ele sabe muito mais sobre suas próprias características (se costuma dirigir embriagado e em alta velocidade, se é um motorista inexperiente e assim por diante) do que a seguradora (ofertante de apólices). Se a seguradora cobrar pelo seguro um valor médio, somente os motoristas "arriscados" aceitarão pagar o custo, pois os motoristas cautelosos pagarão um valor mais alto do que realmente deveriam. As seguradoras provavelmente entrariam em crise, com tantos motoristas "arriscados" em sua carteira de clientes, e, no extremo, nenhuma delas atuaria no mercado, gerando uma ineficiência que piorou a situação dos bons clientes e não gerou nenhum benefício em troca.

Outro caso típico é o mercado de crédito: num ambiente com informação assimétrica, um tomador de empréstimos sabe muito mais sobre si do que o banco (que concede o recurso ao tomador). Se o tomador é um sujeito "caloteiro", o banco deveria cobrar dele uma taxa de juros (custo do empréstimo) mais alta, justamente porque esse cliente é mais arriscado. Por sua vez, de um cliente bom pagador, o banco cobraria um juro menor caso a informação fosse perfeita. Contudo, num ambiente de informação assimétrica, se o banco cobrar uma taxa média de juros, somente o "caloteiro" aceitará tomar o recurso emprestado. Nesse caso, os bancos também teriam grandes prejuízos e, no extremo, poderiam até mesmo abandonar o mercado, gerando, novamente, uma ineficiência.

7.1.6 Como os agentes conseguem minimizar o problema da informação assimétrica?

Assim como há mecanismos para lidar com as outras falhas de mercado já apresentadas, existem mecanismos que permitem que a informação assimétrica seja minimizada, envolvendo, também, algum tipo de intervenção. No caso do mercado de veículos usados, por exemplo, as revendas exercem um papel importante: elas se especializam na avaliação do estado dos carros e, com base nisso, conseguem definir um preço correto. Assim, veículos em condições distintas de conservação serão negociados a preços distintos, que refletem adequadamente suas características, diminuindo as chances do consumidor ser lesado. No caso das seguradoras, como elas precisam saber com exatidão as características de seu cliente para poder definir o valor correto a ser pago pelo segurado, elas também se especializam na atividade de levantamento das características dos clientes e definição dos preços: se ele for mais propenso a causar acidentes (e gerar mais custos à seguradora), o valor a ser pago é naturalmente maior. Os bancos também se especializam no levantamento de informações sobre o cliente (a partir de seu histórico de transações bancárias, por exemplo), pois quanto mais fidedignamente o banco puder caracterizá-lo, mais correta será a taxa de juros a ser cobrada. Essa é a ideia do chamado "cadastro positivo", que registra a pontualidade que os indivíduos pagam suas contas e permite uma análise mais criteriosa dos clientes em busca de crédito.

Note que, em todos esses exemplos, especializar-se no levantamento de informações minimiza o problema da informação assimétrica e permite que o mercado funcione corretamente, melhorando a situação tanto do ofertante como do demandante. É certo, porém, que esse levantamento de informações envolve custos que precisam ser pagos pelo ofertante ou pelo demandante. Assim, quanto menor o problema de informação assimétrica, menores serão esses custos.

7.2 As falhas de governo

É relevante a discussão sobre a correção das falhas de mercado. Seguindo o raciocínio desenvolvido até aqui, as falhas de mercado são naturalmente indesejáveis, justificando soluções que, muitas vezes, envolvem a participação do governo. Em outros termos, o governo deveria existir para corrigir as falhas de mercado. Contudo, isso não necessariamente significa que o governo será de fato bem-sucedido na tarefa, ou seja, o governo pode não conseguir solucionar as falhas de mercado. Isso é o que muitos economistas chamam de "falhas de governo".

A existência do governo presume a existência de uma estrutura que lhe dê suporte – a "máquina pública" –, o que naturalmente envolve um custo que, em geral, é financiado com a arrecadação de impostos os quais, por sua vez, são cobrados a partir das atividades exercidas pelo setor privado. De seu salário (recebido em função de seu árduo trabalho), o governo retém uma parte sob a forma de imposto sobre a renda. Quando você compra uma geladeira ou um automóvel, também paga impostos que já estão embutidos no próprio preço do bem.[3] No Brasil, a chamada carga tributária (o total de impostos arrecadados pelo governo federal, estaduais e municipais) representa um montante bastante significativo, da ordem de 38% do PIB, muito maior do que se observa em outros países da América Latina e mesmo em países mais ricos do que o Brasil. Assim, ainda que

---

[3] O imposto sobre produtos industrializados (IPI) e o imposto sobre a circulação de mercadorias e serviços (ICMS), por exemplo.

a cobrança de impostos não represente uma falha de governo em si, é necessário deixar claro que a existência do governo envolve custos que são pagos pela própria sociedade.

Como o governo arrecada impostos (não vamos entrar no mérito de como ele faz isso ou se os impostos são altos ou não) e pode, então, financiar os custos de sua atuação, o governo pode minimizar as falhas de mercado auxiliando, por exemplo, na provisão de bens públicos. Suponha que ele queira comprar novos armamentos para a segurança pública. Como você já deve ter ouvido falar, quando o governo realiza a compra de algum material ou a contratação de algum serviço, precisa fazê-lo por meio de concorrência pública: o governo permite que várias empresas fornecedoras do produto ou do serviço desejado façam suas ofertas e o governo, visando sempre fazer bom uso dos recursos públicos, opta pela empresa que oferece o menor preço.

Na teoria, tudo parece funcionar bem e dentro daquilo que um bom cidadão almeja. Afinal de contas, dinheiro público é dinheiro do povo e deve ser muito bem gasto. Na prática, as coisas nem sempre funcionam tão bem. Você já deve ter ouvido falar de superfaturamento de obras públicas, de obras feitas com material de má qualidade, ou de suspeita de fraudes em licitações e, naturalmente, não deve ter ficado nada satisfeito. Quando isso acontece, ao tentar resolver uma falha de mercado, o governo acaba de alguma forma "falhando".

No caso dos monopólios, alguns críticos também argumentam que a incapacidade do governo em reconhecer e mensurar o custo do monopólio o impede de adotar medidas corretas para reduzir a ineficiência. Órgãos governamentais, como as agências regulatórias, podem ser dominados por **grupos de interesse** e, assim, ações que seriam adotadas para reduzir o poder de monopólio podem, na prática, ser adotadas com o objetivo de gerar renda para esses grupos. Já no caso dos monopólios operados diretamente pelo governo, o risco é o domínio da empresa estatal pela burocracia, que passa a fazer nomeações políticas para cargos importantes, o que faz a empresa não mais perseguir sua eficiência produtiva (preços baixos e boa qualidade do serviço prestado). Seus recursos são desviados para fins ineficientes. Essa é uma justificativa frequentemente utilizada para defender a privatização das antigas empresas estatais brasileiras.

Vamos deixar uma coisa clara: não estamos afirmando categoricamente que as falhas de governo são sempre maiores do que as falhas de mercado; se isso fosse verdade, a existência do governo visando corrigir as falhas de mercado acabaria piorando a situação. Estamos apenas dizendo que é preciso cautela ao presumir que o governo é perfeitamente capaz de solucionar as falhas de mercado, como a teoria parece presumir. As falhas de mercado são indesejáveis, mas corrigi-las via intervenção governamental está longe de ser uma tarefa trivial.

7.3 Considerações finais

Neste capítulo, tivemos como objetivo apresentar e discutir as falhas de mercado, que são aquelas situações em que nem sempre o mercado gera o melhor resultado para a sociedade. A teoria econômica, contudo, sugere formas de minimizá-las, e muitas delas envolvem a participação do governo, seja direta ou indiretamente. Contudo, é importante ter em mente que nem sempre o governo é bem-sucedido na resolução dessas falhas, pois, assim como existem as falhas de mercado, também existem as falhas de governo.

Conceitos importantes do capítulo

- Bens públicos
- Eficiência de Pareto
- Equilíbrio de livre mercado
- Excludência
- Externalidades
- Falhas de mercado
- *Free-rider*
- Informação assimétrica
- Monopólio
- Rivalidade
- Teorema de Coase

CAPÍTULO 8

QUANDO MINHAS ESCOLHAS DEPENDEM DAS SUAS E VICE-VERSA: A TEORIA DOS JOGOS

A teoria dos jogos tem como objetivo analisar problemas que envolvem a interação entre agentes, especialmente quando as decisões tomadas por um deles afetam as decisões dos demais. A **teoria dos jogos**, que pode ser definida como o estudo das decisões em situação interativa, não se restringe a problemas estritamente econômicos, sendo também bastante utilizada em análises de problemas políticos, sociais e até mesmo militares, pois visa analisar os resultados de diferentes comportamentos dos agentes quando interagem entre si.

Dada a importância das aplicações da teoria dos jogos, o termo "jogo" pode parecer um tanto inadequado – não há nada de divertido ou descontraído numa disputa militar, por exemplo. O importante a ser ressaltado é que esse termo é empregado justamente por transmitir a ideia de **interação**. Você se lembra de que uma característica importante do oligopólio é o fato de as empresas poderem tanto concorrer entre si como cooperar? Pois bem, uma firma oligopolista que almeja maximizar seus lucros deve estar sempre atenta às possíveis estratégias de seus concorrentes. Deve, também, decidir se adota uma estratégia mais agressiva ou se mantém uma postura mais conservadora, dependendo do que espera que sua concorrente (ou parceira) fará.

É preciso salientar que a teoria dos jogos, assim como toda a teoria econômica, trabalha com modelos (ou simplificações) que ajudam a entender um problema (ou seja, uma parte da realidade) e, para tanto, também assume vários pressupostos, como fizemos várias vezes nos capítulos anteriores. Além disso, já que existem vários tipos de jogos, o objetivo deste capítulo é apresentar os conceitos e os tipos de jogos mais básicos, para que, com base neles, o leitor tenha condições de se aprofundar no estudo dessa área.[1]

[1] Um ótimo curso básico está disponível em: https://class.coursera.org/gametheory-003/lecture (em inglês).

8.1 Conceitos iniciais

Em termos teóricos, o **jogo** é caracterizado por um conjunto de regras e resultados possíveis. Os **jogadores** são os agentes que interagem entre si, selecionando diferentes **estratégias**, quer dizer, diferentes possibilidades de comportamento baseadas no **conjunto de informações** disponíveis para cada um. Além desses elementos, a caracterização do jogo se completa com o conjunto de resultados possíveis (também chamados ***pay-offs***), decorrentes da interação das ações.

8.1.1 Representação de um jogo

Vamos discutir como é feita a representação de um jogo, utilizando como exemplo um dos casos mais conhecidos em teoria dos jogos: o **dilema dos prisioneiros**. Nesse jogo, duas pessoas suspeitas de terem cometido conjuntamente um crime são aprisionadas. Os policiais colocam os dois suspeitos em celas separadas, de modo que a comunicação entre eles não seja possível. Os dois suspeitos são interrogados separada e simultaneamente, e a cada um é perguntado se ambos cometeram o crime ou não. Para induzi-los a confessar, os policiais propõem a cada um (também simultânea e separadamente) o seguinte:

- se você confessar o crime e seu companheiro não confessar, a pena será máxima para o que não confessou (dez anos de reclusão), enquanto o que confessou terá a pena reduzida para apenas um ano;
- se ambos confessarem, a pena será atenuada para cinco anos de reclusão para cada suspeito;
- se ambos não confessarem, então ficam presos por três anos.

Por hora, vamos organizar os resultados possíveis numa representação denominada "matriz de *pay-off*", como a tabela apresentada na Figura 8.1. As estratégias (ou decisões) do Prisioneiro 1 são representadas pelas linhas superior e inferior que representam, respectivamente, confessar e não confessar, ao passo que as estratégias do Prisioneiro 2 são representadas pelas colunas esquerda e direita que representam, também respectivamente, confessar e não confessar. Assim, temos uma matriz de formato "2 × 2" (duas linhas e duas colunas), gerando quatro células.

Note que, em cada célula, há um par de valores: o primeiro deles sempre se refere ao *pay-off* usufruído pelo Prisioneiro (jogador) 1 e o segundo se refere ao *pay-off* usufruído pelo Prisioneiro (jogador) 2. Note que os valores negativos transmitem a ideia de que ficar preso é ruim e que, quanto maior o tempo aprisionado, pior para o agente. Dessa forma, caso o Prisioneiro 1 confesse e caso o Prisioneiro 2 também confesse (célula superior esquerda), o jogador 1 fica na prisão cinco anos e o jogador 2 também. Caso o Prisioneiro 1 confesse e o 2 não confesse (célula superior direita), o jogador 1 fica preso por apenas um ano, ao passo que o jogador 2 fica preso por dez anos. Por sua vez, caso o jogador 1 não confesse e o jogador 2 confesse (célula inferior esquerda), o jogador 1 fica preso por dez anos e o jogador 2, por um ano. Finalmente, na célula inferior direita temos o caso em que o jogador 1 não confessa e o jogador 2 também não confessa: agora, ambos ficam presos por, somente, três anos. Conforme ressaltamos no início do capítulo, note que os resultados variam dependendo de como os jogadores interagem entre si, ou seja, um jogador estará em situação melhor ou pior a depender de como o outro se comporta, e o contrário também é verdade. Essa é uma das grandes virtudes da teoria dos jogos.

Figura 8.1 • *Pay-off* do dilema dos prisioneiros

		Prisioneiro 2	
		Confessa	Não Confessa
Prisioneiro 1	Confessa	−5; −5	−1; −10
	Não Confessa	−10; −1	−3; −3

Você deve estar curioso para saber qual seria a melhor estratégia a ser selecionada por nossos prisioneiros ou, posto de outra forma, como se resolve esse jogo. Antes disso, vamos avançar um pouco na parte conceitual para entendermos qual o resultado mais provável.

8.2 Os conceitos de estratégia dominante e de equilíbrio de Nash e alguns exemplos

Depois de estabelecida a caracterização de um jogo e uma de suas formas de representação, cabe estudar a solução, ou seja, qual a melhor estratégia de jogo para cada jogador e qual o resultado possível. Em teoria dos jogos, existem vários conceitos de solução ou tomada de decisão. Aqui, analisaremos dois dos mais conhecidos.

8.2.1 Estratégias dominantes

Uma estratégia é dominante em relação a outra quando os resultados obtidos com sua utilização são melhores se comparados aos resultados obtidos com outra estratégia, qualquer que seja a atuação dos demais jogadores.

Voltando ao exemplo do dilema dos prisioneiros, existe uma estratégia dominante para o jogador 1? Note que, se o jogador 2 confessa, o Prisioneiro 1 pode ficar preso cinco anos se confessar, ou dez anos se não confessar. Ele, naturalmente, escolherá confessar. Mas, e se o jogador 2 optar por não confessar? Nesse caso, o jogador 1 ficaria preso um ano se confessasse e três anos se não confessasse, ou seja, ele novamente optará por confessar. Assim, qualquer que seja a decisão tomada pelo jogador 2, o melhor que o jogador 1 tem a fazer é confessar: confessar é, então, uma estratégia dominante para o jogador 1. De modo análogo, podemos verificar que a estratégia dominante para o jogador 2 também é confessar.

No exemplo do dilema dos prisioneiros, ambos os jogadores possuem uma estratégia dominante: confessar. Assim, temos uma situação em que o par de estratégias *confessar* & *confessar* (para os jogadores 1 e 2, respectivamente) representa uma situação em que nenhum dos dois tem incentivos para mudar de escolha, ou seja, o caso é definido como um "equilíbrio". O dilema dos prisioneiros, então, é um jogo que apresenta equilíbrio com estratégias dominantes. Contudo, essa é uma característica que não necessariamente existe em todos os jogos; há jogos em que não existem estratégias dominantes.

8.2.2 O "equilíbrio de Nash"

Outro conceito útil para se analisar um jogo é conhecido como o "equilíbrio de Nash", assim denominado em homenagem ao matemático John Nash, ganhador do prêmio Nobel de Economia, em 1994, por suas importantes contribuições à teoria dos jogos.

O conceito de equilíbrio (ou solução) de Nash ocorre quando a combinação de estratégias escolhidas leva a um resultado no qual nenhum dos jogadores individualmente tem motivos para mudar sua escolha, ou seja, esse jogador não poderia melhorar sua situação unilateralmente modificando a estratégia escolhida. Assim, é comum dizermos que, no equilíbrio de Nash, um jogador escolhe a melhor estratégia uma vez definida a escolha do outro jogador, e vice-versa.

No dilema dos prisioneiros, vimos que a solução por estratégias dominantes é a de ambos confessarem e, assim, ficarem presos por cinco anos. Note que *confessar* & *confessar* também é um equilíbrio de Nash. O prisioneiro 1 tem uma decisão melhor do que a de confessar, uma vez que o prisioneiro 2 confessou? Não, pois a outra opção seria não confessar e, se o fizesse, ficaria dez anos preso. Assim, para o prisioneiro 1, confessar é a melhor estratégia caso o prisioneiro 2 confesse. O mesmo ocorre para o prisioneiro 2, pois confessar é a melhor resposta que pode dar à estratégia de confessar escolhida pelo prisioneiro 1. Cada um deles, individualmente, não poderia ter agido de maneira melhor.

Você, provavelmente, está se perguntando sobre a opção *não confessar & não confessar* (para os jogadores 1 e 2, respectivamente), caso em que ambos ficariam presos três anos e que, em princípio, seria o melhor para ambos. Note, contudo, que o fato de os dois suspeitos estarem sem comunicação gera uma ameaça: se um deles confessar poderá ficar preso apenas um ano, enquanto o outro ficará preso dez anos. Assim, sabendo da possível traição de seu companheiro, ambos têm fortes estímulos a confessar o crime, procurando reduzir a pena nessa situação. Em outros termos, *não confessar & não confessar* não é uma solução pelo critério de Nash: o jogador 1 se arrepende de não ter confessado, pois, se o tivesse feito, ficaria apenas um ano preso, uma vez que o prisioneiro 2 não confessou. Dado que ele poderia ficar menos tempo preso, existem incentivos a mudar de estratégia e *não confessar & não confessar* não é um equilíbrio. Note, também, que os outros resultados possíveis têm o mesmo problema, pois sempre pelo menos um dos jogadores se arrepende da opção escolhida e tem motivos para mudar de estratégia.

No caso do dilema dos prisioneiros, notamos que confessar para o Prisioneiro 1 e confessar para o Prisioneiro 2 representa tanto um equilíbrio com estratégias dominantes como também um equilíbrio de Nash, mas devemos deixar claro que essa coincidência nem sempre ocorre. Há situações em que não existem estratégias dominantes, inviabilizando a solução do jogo por esse critério. Vejamos, agora, outro exemplo, chamado "guerra dos sexos" na teoria dos jogos.

Eduardo e Mônica formam um casal que se gosta muito. Ambos preferem sempre estar juntos, mas gostam de programas distintos. Eduardo gosta de ir (de camelo) ao jogo de futebol, ao passo que Mônica prefere ir (de moto) a espetáculos de balé. Vamos ilustrar essa situação com base numa nova matriz de *pay-off*, representada pela Figura 8.2

Figura 8.2 • *Pay-off* sem estratégia dominante

		Mônica	
		Futebol	Balé
Eduardo	Futebol	3; 2	1; 1
	Balé	−1; −1	2; 3

Novamente, temos uma tabela 2 × 2 definida pelas escolhas (estratégias) futebol ou balé para cada um dos dois jogadores. Em cada uma das quatro células, temos dois valores; o primeiro se refere ao *pay-off* usufruído por Eduardo e o segundo, ao *pay-off* usufruído por Mônica. Os valores apresentados podem ser entendidos como uma métrica de satisfação ou utilidade, ou seja, quanto maior o valor, maior a utilidade auferida. Obviamente, esses valores apenas auxiliam a modelar o problema, ou seja, não têm um valor matemático em si.

Se os dois forem ao futebol, ambos estarão felizes, porém Eduardo um pouco mais do que Mônica (3 e 2, respectivamente). Se os dois forem ao balé, também ambos ficarão felizes, mas Eduardo um pouco menos do que Mônica (2 e 3, respectivamente). Se Eduardo optar pelo futebol e Mônica pelo balé, estarão separados, mas ao menos assistindo ao que gostam, auferindo 1 e 1 de utilidade cada. Por sua vez, se Eduardo optar por ir ao balé e Mônica optar pelo futebol, ambos estarão no pior mundo possível: estarão sozinhos e com as alternativas menos preferidas, fazendo que cada um aufira -1 e -1 de utilidade (ou seja, não ficam felizes, e sim tristes).

Se cada um de nossos jogadores tiver de escolher individualmente (sem se comunicar com o outro, apenas imaginando o que o outro fará), percebe-se que nenhum deles possui uma estratégia dominante: se Mônica optar por futebol, o melhor que Eduardo pode fazer é optar também pelo futebol, mas se Mônica optar por balé, o melhor que Eduardo pode fazer é optar também pelo balé. Logo, Eduardo não tem estratégia dominante, isto é, não há uma estratégia que o deixe melhor, seja qual for o programa escolhido por Mônica. Seguindo o mesmo raciocínio, note que, para Mônica, também não há estratégia dominante: se Eduardo optar pelo futebol, o melhor para ela é escolher futebol também, mas, caso ele opte por balé, o melhor para ela também é optar por balé. Com isso, o jogo fica sem solução pelo critério de dominância de estratégias (diferentemente do que havíamos constatado no dilema dos prisioneiros).

Vamos analisar, então, a possibilidade de esse jogo exibir o equilíbrio de Nash, ou seja, o equilíbrio em que cada um faz o seu melhor, condicionado à escolha do outro jogador, e vice-versa, e ninguém consegue melhorar seu *pay-off* alterando sua escolha. Conforme o que já levantamos, se Mônica optar pelo futebol, a melhor escolha para Eduardo também é escolher futebol. Se Eduardo optar pelo futebol, a melhor escolha para Mônica também é optar por futebol. Como ambos estão fazendo seu melhor, condicionado à escolha do outro e vice-versa, então futebol para Eduardo e futebol para Mônica é um equilíbrio de Nash. Usando raciocínio análogo, é possível notar que balé para Eduardo e balé para Mônica também é um equilíbrio de Nash, ou seja, nesse jogo temos dois equilíbrios do mesmo tipo.

O que acontece com as demais possibilidades? Se Mônica optar por balé e Eduardo optar por futebol, Mônica pode melhorar sua situação optando por futebol ou, então, Eduardo pode melhorar sua situação mudando sua escolha para balé. Dado que há incentivos para mudar de estratégia, balé para Mônica e futebol para Eduardo não é um equilíbrio de Nash. Se você empregar raciocínio equivalente, balé para Eduardo e futebol para Mônica também não é um equilíbrio de Nash. Assim, temos um jogo com dois equilíbrios de Nash, embora não exista uma estratégia dominante, conforme já apontamos.

Vamos discutir um terceiro exemplo: suponha que uma empresa de seus país (empresa nacional) e uma empresa estrangeira, ambas produtoras de helicópteros executivos de luxo, estejam cogitando a possibilidade de investir, cada uma, no desenvolvimento de um novo produto. Contudo, como o mercado é limitado (a demanda é restrita) e como os investimentos no desenvolvimento do projeto são bastante elevados, caso ambas desenvolvam seus respectivos projetos, poderão ter lucros muito baixos ou até mesmo prejuízo com seus novos helicópteros. Vamos presumir que esses ganhos podem ser representados conforme a Figura 8.3.

Figura 8.3 • Matriz de *pay-off* do mercado de helicópteros executivos de luxo

		Empresa estrangeira	
		Desenvolve	Não desenvolve
Empresa nacional	Desenvolve	−10; 5	100; 0
	Não desenvolve	0; 120	0; 0

Neste caso, se a empresa nacional desenvolve o projeto e a empresa estrangeira também, a primeira obtém um prejuízo de 10 milhões e a segunda, um pequeno lucro adicional de 5 milhões.[2] Caso a empresa nacional desenvolva e a estrangeira não desenvolva, a primeira tem um lucro de 100 milhões e a segunda, lucro zero. Por sua vez, caso a nacional não desenvolva seu novo helicóptero, mas a estrangeira sim, a primeira tem um ganho nulo, ao passo que a segunda tem um lucro de 120 milhões. Finalmente, caso a nacional não desenvolva e a estrangeira também não, ambas têm lucros adicionais nulos.

Existe uma estratégia dominante para essas empresas? Analisando as alternativas da empresa nacional (linha superior ou inferior), caso a estrangeira desenvolva (coluna da esquerda), a nacional pode ter prejuízo de 10 milhões se desenvolver, ou lucro nulo se não desenvolver. Logo, ela optaria por não desenvolver. Contudo, se a estrangeira não desenvolver (coluna da direita), a nacional tem lucro de 100 milhões se desenvolver e lucro nulo

[2] Você pode supor que a empresa estrangeira tem mais recursos para desenvolver o projeto e, portanto, tem um prejuízo menor do que a empresa nacional.

se não desenvolver, levando-a a optar por desenvolver. Logo, para a nacional, não há estratégia dominante. Para a empresa estrangeira, por sua vez, caso a nacional desenvolva (linha superior), a estrangeira pode ter lucro de 5 milhões se desenvolver e lucro nulo se não desenvolver, o que a leva a escolher desenvolver. Por sua vez, caso a nacional não desenvolva (linha inferior), a estrangeira pode ter lucro de 120 milhões caso desenvolva, ou lucro nulo caso não desenvolva, ou seja, ela opta por desenvolver. Assim, para a estrangeira, a estratégia dominante é desenvolver seu novo projeto de helicóptero.

Qual é, então, a solução desse jogo? Como para a estrangeira o ideal é sempre desenvolver (coluna da esquerda), a empresa nacional optará por não desenvolver seu projeto (e ter lucro nulo), caso contrário, incorrerá em prejuízos. Note também que *não desenvolver & desenvolver* para a empresa nacional e a estrangeira, respectivamente, é um equilíbrio de Nash, ou seja, cada uma faz o que é melhor para si dado o que a outra faz (e vice-versa), não tendo nenhum motivo para mudar a escolha.

8.3 Um tipo diferente de jogo: os jogos sequenciais

Os jogos vistos até agora são definidos como simultâneos, quer dizer, aqueles em que os jogadores escolhem suas estratégias ao mesmo tempo. Há outro tipo de estrutura: os chamados **jogos sequenciais**, em que um jogador escolhe sua estratégia primeiro e só depois o segundo jogador faz sua escolha. Como você deve supor, essa simples modificação tem um impacto significativo no resultado final, já que o segundo jogador escolhe sabendo o que o primeiro escolheu.

Para ilustrar esse tipo de jogo, considere o seguinte exemplo: uma fábrica de motos (vamos chamá-la de empresa entrante) produz apenas modelos de grande porte e não *scooters* (motonetas), modelos que já são produzidos e vendidos com bastante sucesso por sua concorrente (vamos chamá-la empresa consolidada). A empresa entrante precisa decidir se lança ou não seu próprio modelo de *scooter* para competir com a fabricante consolidada; por sua vez, esta deve decidir se mantém o preço de sua *scooter* ou se o reduz para competir com um eventual novo lançamento da entrante. Vamos, então, supor que ocorra o seguinte cenário:

Se a entrante decidir lançar sua *scooter*:

- e a consolidada decidir manter seus preços, a entrante terá lucro de 22 milhões e a consolidada terá lucro de 38 milhões;
- se a consolidada decidir baixar os preços, a entrante ganha 20 milhões e a consolidada, 25 milhões.

Se a entrante decidir não lançar sua *scooter*:

- e a consolidada decidir manter seus preços, a entrante terá lucro de 10 milhões, decorrente das demais motos que já produz e vende, ao passo que a consolidada ganha 40 milhões;
- se a consolidada decidir baixar os preços, a entrante continuará com lucro de 10 milhões, ao passo que a entrante terá lucro de 30 milhões.

Como temos um jogo sequencial, vamos apresentar a matriz de *pay-off* de uma forma diferente, a **forma estendida**, apresentada na Figura 8.4. Note que a empresa entrante é quem joga primeiro, ou seja, define antes sua estratégia, e só então a empresa consolidada escolhe sua estratégia. Cada "nó" representa uma etapa do jogo em que uma decisão é tomada e os "ramos" representam as escolhas possíveis. Os valores entre parênteses se referem ao *pay-off* (no nosso caso, o lucro) a ser auferido pela empresa entrante e pela empresa consolidada (ou seja, o jogador que inicia o jogo e o jogador que toma a decisão depois), respectivamente.

Figura 8.4 • Matriz de *pay-off* em forma estendida do mercado de *scooters*

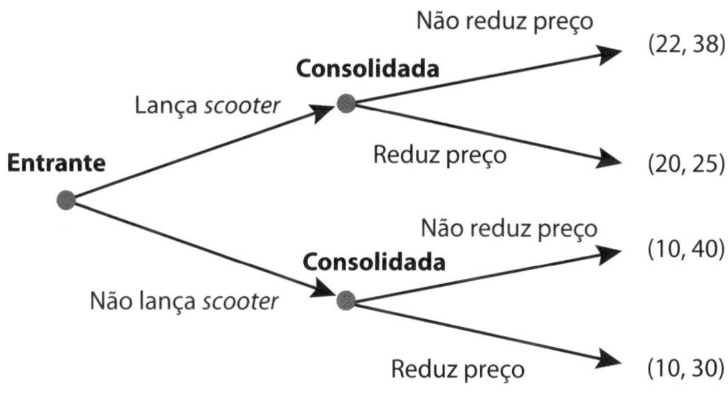

Vamos analisar esse jogo de modo mais específico. Note que quem joga por último é a empresa consolidada, e assim, os ganhos da entrante dependem de como a consolidada escolherá. Portanto, a entrante deve decidir o que fazer tendo em mente o que a consolidada fará em seguida. Vamos resolver esse jogo usando o chamado ***backward induction***, ou seja, resolvendo o problema do fim para o começo.

Note que, se a entrante lançar um novo modelo, a consolidada ganha 38 milhões se não reduzir seu preço, ou ganha 25 milhões se reduzir. Logo, ela opta por não reduzir. Por sua vez, se a entrante não lançar um novo modelo, a consolidada ganha 40 milhões se não reduzir, ou ganha 30 milhões se reduzir, levando a consolidada a novamente escolher não reduzir. Logo, para a empresa consolidada, o melhor a fazer é não reduzir seus preços, em nenhuma das situações.

Sabendo disso, qual a decisão ideal da entrante? Como a consolidada opta por não reduzir o preço, a entrante pode optar por lançar seu modelo novo e receber 20 milhões, ou, então, não lançar e receber 10 milhões. Assim, temos como resultado uma situação em que a entrante opta por lançar e a consolidada opta por não reduzir seu preço.

8.4 Considerações finais

O objetivo deste capítulo foi esboçar uma introdução à teoria dos jogos, apresentando sua caracterização e alguns conceitos básicos por meio de exemplos evidentemente simples, mas que permitem que você já tenha algum conhecimento sobre o assunto. No início do capítulo, salientamos que a principal aplicação da teoria dos jogos se refere ao entendimento de problemas em que a interação entre as partes envolvidas (e a existência de diferentes perfis para seu comportamento) pode gerar resultados distintos.

Existe uma série de outros refinamentos em teoria dos jogos. Nossos exemplos se aplicaram aos casos chamados ***one shot games***, jogos em que as partes envolvidas interagem apenas uma vez. Contudo, existe outra gama de jogos chamados "jogos repetidos", em que os jogadores interagem mais de uma vez. Nesse caso, a possibilidade de interações seguidas pode alterar de modo expressivo os resultados comparativamente ao caso em que os jogadores "jogam" apenas uma vez – no caso do dilema dos prisioneiros, por exemplo, a interação repetida entre os prisioneiros poderia levá-los a cooperar entre si (ou seja, ambos poderiam escolher não confessar), caso que não representava equilíbrio no jogo de interação única. Adicionalmente, os exemplos de jogos discutidos ao longo deste capítulo são do tipo não cooperativos, nos quais cada agente busca maximizar seu *pay-off* sem se preocupar com o bem-estar do oponente ou sem o estabelecimento de acordos. Existe outro tipo de jogo – o cooperativo –, que ajuda a entender por que as partes podem definir estratégias que gerem ganhos mútuos. Por fim, nossos exemplos presumiam que os jogadores poderiam escolher apenas uma dentre as estratégias possíveis, ou seja, eram jogos de "estratégia pura". Existe outro refinamento que permite que os jogadores atribuam probabilidades de escolha às alternativas existentes (no caso do dilema dos prisioneiros, um deles poderia confessar com 40% de chances e não confessar com 60% de chances, por exemplo): esses são jogos de "estratégias mistas".

Como a sofisticação matemática e a complexidade dos conceitos desses tipos de jogos ultrapassam os objetivos de um livro introdutório, os jogos não cooperativos disputados em uma única interação ainda são os mais utilizados como exemplos iniciais.

Sugestões e links interessantes

O filme *Uma Mente Brilhante* (*A Beautiful Mind*) relata a história da vida do matemático John Nash, que desenvolveu o conceito do "equilíbrio de Nash". Se você ainda não o viu, assista; vale muito a pena.

Conceitos importantes do capítulo

- Equilíbrio de Nash
- Estratégias dominantes
- Jogos sequenciais
- Jogos simultâneos
- Matriz de *pay-off*

CAPÍTULO 9

BEM-ESTAR SOCIAL[1]

Como já vimos nos Capítulos 2 e 7, um resultado é considerado **ótimo de Pareto** (ou ainda **eficiente de Pareto**) se, após a distribuição de todos os recursos disponíveis, só for possível melhorar a situação de um indivíduo piorando a de outro. Quando isso ocorre, toda a distribuição de recursos entre os agentes está exaurida e só é possível melhorar a situação de alguém dando-lhe algo "retirado" de outra pessoa, ou seja, fazendo uma redistribuição.

Em alguns momentos, temos de lidar com decisões coletivas em que está inter-relacionado o bem-estar de diferentes agentes. Ao longo dos capítulos anteriores, salientamos que essas situações acontecem pela limitação (ou escassez) de recursos, caso contrário, seria possível tornar todos os indivíduos infinitamente felizes. Quando uma família não tem recursos suficientes para mandar todos os seus filhos para uma escola particular, ela deve definir alguma forma de distribuir os recursos disponíveis entre todos. Ela pode optar, por exemplo, em enviar o filho mais inteligente, pois ele poderá fazer melhor uso do investimento, ou optar pelo oposto e enviar o filho com mais dificuldades de aprendizado, justamente para garantir que possa superá-las. Note que o pai e a mãe dessa família não estão tomando uma decisão puramente individual, mas sim uma decisão que envolve todos os membros do grupo, quer dizer, é uma decisão coletiva.

Uma decisão também é coletiva quando uma prefeitura dispõe de certa quantidade de recursos a ser distribuída entre dois grupos de moradores: um defende que os recursos devem ser direcionados para reformar o autódromo para que a cidade sedie uma corrida de stock car. Apesar de elitista (os indivíduos de baixa renda não conseguirão comprar ingresso), a alternativa é importante por atrair muitos turistas, gerando emprego e renda para os trabalhadores

[1] Este capítulo foi escrito em conjunto com Myriã Tatiany Neves Bast.

de hotéis e restaurantes da cidade. Outro grupo, contudo, defende que os recursos devem ser utilizados sob a forma de transferência de renda para as pessoas pobres da localidade, pois são as mais carentes e, portanto, o governo deve auxiliá-las. Você, prefeito da cidade, enxerga que os dois grupos têm justificativas razoáveis e gostaria de agradar a ambos, mas, sabendo que isso é impossível (o dinheiro é insuficiente para atender aos dois pedidos), faria o quê?

Sem dúvida, trata-se de uma discussão bastante delicada. Sendo uma ciência, a Economia deve estabelecer conceitos muito bem definidos que permitam analisar o assunto de forma neutra e imparcial, evitando que a análise seja feita com base em critérios subjetivos e pessoais. Neste capítulo, vamos discutir não como as pessoas realizam escolhas individualmente, mas sim como a sociedade faz suas escolhas, ou seja, como os indivíduos maximizam seu bem-estar **coletivamente**.

9.1 Funções de bem-estar social

Você pode estar se perguntando como é possível avaliar (ou mensurar e maximizar) a utilidade conjunta de uma sociedade, em que cada indivíduo tem preferências e necessidades particulares. Para entender os conceitos que serão apresentados, vamos considerar que o governo está interessado em maximizar o bem-estar de toda sua população, o que parece bastante razoável.

Logo surge uma questão: como maximizar a utilidade de todos os indivíduos conjuntamente num contexto de limitação de recursos? A ideia de agregar as utilidades individuais é uma questão antiga na teoria econômica e há algumas maneiras para se fazer isso. Provavelmente a maneira mais antiga de agregar utilidades individuais consiste em somar a utilidade individual de cada componente da sociedade:

$$\mathrm{W} = u_1 + u_2 + u_3 + u_4 + \cdots = \sum_{i=1}^{n} u_{\mathrm{i}}$$

em que W[2] é a função de bem-estar social, ou seja, o bem-estar de toda a coletividade, e u_i é a utilidade de cada membro i dessa sociedade . A função de bem-estar social é chamada **função benthamita**, em referência a seu criador, Jeremy Bentham, conhecido filósofo inglês.

Note que a função de bem-estar social atribui pesos iguais a cada membro i da sociedade. Assim, para você, prefeito, ambos os grupos de moradores da cidade (os que

[2] Medir o grau de satisfação das pessoas pode parecer estranho, mas note que estamos apenas representando a ideia de que o bem-estar da coletividade é dado pela soma do nível de satisfação de cada membro.

serão beneficiados com a reforma do autódromo e os que serão beneficiados com a transferência de renda) são considerados igualmente importantes. Porém, você poderia considerar que os funcionários de hotéis e restaurantes (que serão beneficiados com a corrida de automóveis) são mais importantes do que as famílias de renda baixa, dando preferência à reforma do autódromo. Logo, outra maneira de agregar utilidades individuais é atribuir um peso diferente para a utilidade de cada indivíduo:

$$W = \sum_{i=1}^{n} \propto_i \times u_i$$

em que $\propto_i$ é o peso atribuído ao indivíduo *i*, ou seja, indivíduos cujas preferências são vistas como prioritárias terão um peso maior no cálculo do bem-estar da coletividade.

É evidente que atribuir um peso a cada indivíduo depende muito do julgamento de quem está fazendo essa atribuição. Com isso, torna-se complicado pôr o método em prática – assumirmos que as famílias de baixa renda são menos importantes do que os funcionários de hotéis e restaurantes pode até ser razoável, mas não deixa de ser arbitrário.

Outra possibilidade de agregar as utilidades individuais em uma única função de bem-estar social seria beneficiar os menos favorecidos, ou seja, maximizar a utilidade desses indivíduos:

$$\text{W} = \text{mínimo}(u_1, u_2, u_3, u_4, \ldots)$$

Essa é a chamada **função de bem-estar rawlsiana**, em referência a seu criador, John Rawls, conhecido filósofo norte-americano.[3] No nosso exemplo, suponha que os indivíduos menos favorecidos são os de baixa renda. Nesse caso, o governo daria prioridade a eles e usaria os recursos disponíveis para beneficiá-los por meio do programa de transferência de renda, e não para reformar o autódromo.

Você deve ter notado que a construção e a escolha de uma função de bem-estar social é uma tarefa complexa, já que passa por julgamentos muitas vezes baseados em crenças ou preferências pessoais. Será que é mais justo maximizar a utilidade de todos, ou alguns indivíduos específicos devem ter prioridade? Além disso, esse tipo de função apresenta um problema técnico: ela considera que é possível comparar diferentes níveis de utilidade entre diferentes indivíduos.

Quando discutimos o conceito de utilidade na teoria do consumidor, vimos que mede a satisfação gerada pelo que determinado indivíduo consome. Esse agente pode

[3] Autor de um livro bastante conhecido, intitulado *Uma teoria da justiça*, em que esse princípio é apresentado.

escolher qual cesta de consumo lhe traz mais satisfação, ordenando (como em uma classificação) as diferentes cestas possíveis e escolhendo a de maior utilidade. No entanto, não podemos comparar a utilidade que uma cesta de itens traz para você com a que essa mesma cesta traz para seu amigo. Suas preferências são diferentes e o modo como vocês extraem satisfação delas também será. É por isso que dizemos que a utilidade tem apenas uma função ordinal, ou seja, o valor da utilidade serve apenas para comparar cestas para um mesmo indivíduo; a magnitude desse valor não tem nenhum significado formal.

9.2 Agregação de preferências

Apesar desses problemas, a função de bem-estar social pressupõe um princípio razoável: a escolha pública deve ser gerada com base nas preferências dos indivíduos, já que tentam agregar as utilidades individuais que, por sua vez, refletem preferências individuais. Esse princípio parece ter sentido, pois qualquer escolha que afete a sociedade deve refletir as preferências daqueles que serão afetados por ela – a ideia é não desrespeitar as preferências dos indivíduos. Logo, precisamos encontrar uma regra para a escolha social que respeite a preferência dessa sociedade em relação às alternativas existentes. Para a teoria econômica, essa regra deve apresentar algumas características desejáveis:[4]

1) As melhorias de Pareto são sempre desejáveis: a alternativa escolhida pela sociedade como a melhor, dentre todas as disponíveis, deve ser ótima no sentido de Pareto. Se todos preferem a reforma do autódromo, então a reforma é considerada socialmente preferida em relação ao programa de transferência de renda, ou seja, todos auferem mais utilidade com o autódromo reformado do que com a outra opção;
2) Deve ser possível ordenar as alternativas com base na preferência social, e essa classificação deve ser consistente: assim como um indivíduo deve ser capaz de ordenar suas cestas preferidas, quando pensamos no coletivo isso também deve ser verdade;
3) Além disso, deve valer a *transitividade*: a propriedade que deve valer para cada indivíduo e também para a preferência social. Para ilustrar o que é transitividade, vejamos este exemplo: se você prefere cinema em vez de teatro e, além disso, prefere teatro em vez de ir ao parque, então podemos dizer que você prefere cinema a ir ao parque, pela transitividade das preferências. No nosso exemplo de escolha pública, se os moradores do bairro preferem a reforma do autódromo à transferência de renda, e se todos preferem esse programa de transferência em vez da compra

4 Como proposto por Kenneth Arrow, famoso economista norte-americano.

de novos computadores para uma escola, então, podemos dizer que essa sociedade prefere a reforma do autódromo a novos computadores.[5]

4) A preferência social entre duas alternativas só deve depender dessas alternativas (propriedade conhecida como independência das alternativas irrelevantes): se a população deve escolher entre duas possibilidades, como a sociedade se posiciona em relação a uma alternativa que não entrou em discussão não deve afetar a decisão. Por exemplo, se a população deve escolher entre a reforma do autódromo e o programa de transferência de renda, essa decisão só depende de como a sociedade avalia essas duas possibilidades, sendo irrelevante a preferência por outra opção que não está em discussão (como a compra de computadores para a escola).

5) Não ditatorialismo: o resultado da preferência social não deve coincidir com a preferência de uma única pessoa, isto é, não é desejável que as escolhas sociais sejam baseadas ou coincidam com as preferências de um único indivíduo. Cuidado: estamos usando o termo "ditadura" do ponto de vista técnico-teórico, e não do ponto de vista político.

Todas essas características parecem fazer sentido se buscamos uma regra para a escolha social que reflita a preferência dos consumidores (e que, portanto, irá maximizar o bem-estar social). Porém, segundo um conceito bastante difundido em Economia, o **Teorema da Impossibilidade de Arrow**, encontrar uma regra que atenda ao mesmo tempo às quatro características é impossível. O teorema mostra que, se as características 1, 2 e 3 forem atendidas, então, esse sistema de escolha é uma "ditadura", pois coincide com a preferência de algum indivíduo.

Diante disso, a possibilidade de se construir uma regra de escolha social com base em preferências sociais é limitada. Mesmo assim, há caminhos para se encontrar um modo de realizar a escolha social usando critérios alternativos: um desses é o chamado **princípio da compensação**.

O critério da compensação parte da ideia de que uma melhora de Pareto é **socialmente desejável**, sempre que for possível realizar uma mudança que melhore a situação de algumas pessoas sem prejudicar ninguém. Contudo, sabemos que as mudanças quase sempre trazem benefícios para alguns e prejuízos para outros.

Nesse contexto, então, seria interessante se os beneficiados pela mudança pudessem compensar os que foram prejudicados, de tal modo que ninguém ficaria pior do que na situação anterior. Se, por exemplo, o autódromo fosse reformado, seria interessante que

[5] É interessante notar que a votação por voto majoritário não atende a essa propriedade.

os beneficiados pudessem compensar os indivíduos prejudicados pela não realização da transferência de renda.

Há algumas maneiras de julgar uma mudança empregando o princípio da compensação, entre elas o **critério de Kaldor**. Para entendê-lo, vamos dizer que a alternativa de reformar o autódromo é superior à alternativa de instituir o programa de transferência de renda se os "ganhadores" dessa mudança puderem compensar os "perdedores" após a troca, de modo a não deixar ninguém em situação pior do que a anterior. Se esse critério valer, então dizemos que há melhora ou um ótimo potencial de Pareto, quer dizer, existe a possibilidade de que todos melhorem de situação sem ninguém ser prejudicado, se a compensação de fato ocorrer.

Você deve ter notado que estamos falando de uma melhora possível, pois não há garantias de que ela ocorra após uma mudança. Um agente externo pode, então, contribuir para que a realocação de benefícios de fato aconteça. Em nosso exemplo, a prefeitura pode utilizar os recursos na reforma do autódromo desde que, por meio de um acordo com os dois grupos, os organizadores da prova distribuam parte dos lucros com a venda de ingressos para as famílias da comunidade carente. Caso ambos os grupos aceitem a proposta, isso significa que a compensação foi suficiente para melhorar a situação das famílias, mantendo viável a realização da corrida.

9.3 Considerações finais

Neste capítulo, nosso objetivo foi apresentar alguns conceitos da teoria econômica do bem-estar social. Em linha com outras discussões já propostas, esse é um tema delicado, uma vez que envolve critérios muitas vezes subjetivos e sujeitos a opiniões pessoais, dificultando o debate e a resolução de conflitos. É justamente por isso que a ciência econômica procura definir com rigor científico alguns conceitos importantes que podem auxiliar o equacionamento de problemas envolvendo distribuição de recursos limitados entre diferentes agentes. O governo pode exercer um papel importante nesse contexto, muito embora, conforme dissemos no Capítulo 7, também existam as falhas de governo. É por isso que a ciência econômica é tão elegante...

Conceitos importantes do capítulo

- Bem-estar social
- Critério de Kaldor
- Funções de bem-estar social
- Justiça social
- Princípio da compensação
- Teorema da Impossibilidade de Arrow

CAPÍTULO 10

MACROECONOMIA: CONSIDERAÇÕES INICIAIS

Dissemos, anteriormente, que este livro, além de capítulos sobre Microeconomia, contém, também, capítulos referentes a Macroeconomia. Nessa área da teoria econômica, como o próprio nome sugere, analisam-se problemas de natureza agregada que, em geral, afetam o país como um todo e não apenas grupos específicos de agentes. E, repetindo o que já apontamos, a Microeconomia e a Macroeconomia não devem ser vistas como áreas totalmente isoladas dentro da teoria econômica; são discutidas separadamente, porém, apenas por motivos pedagógicos.

Assim como na seção sobre Microeconomia em que apresentamos conceitos iniciais importantes para o entendimento dos capítulos, vamos adotar o mesmo procedimento nesta seção sobre Macroeconomia. Aqui, vamos introduzir algumas noções que visam preparar o leitor para entender com mais facilidade os problemas que apresentaremos adiante. Vale um alerta: citaremos uma série de conceitos que, de início, parecem desconexos, mas a relação entre eles ficará clara ao longo deste e dos demais capítulos.

10.1 Os agentes econômicos e sua atuação

Numa macroeconomia, convivem vários tipos de atores ou, em termos mais precisos, os chamados "agentes econômicos", cada um exercendo um papel. Para a teoria econômica, há quatro grupos de agentes: as empresas, as famílias, o governo e o setor externo.

10.1.1 As empresas

As empresas, que formam o primeiro grupo de agentes e têm a função de produzir produtos e serviços, podem ser chamadas de pessoas jurídicas. Você vai se lembrar de que, no capítulo sobre teoria da firma, já falamos que, para a produção desses bens, as empresas precisam de dois elementos básicos: insumos e fatores de produção.

Os insumos são os elementos consumidos durante o processo de produção de bens, ou seja, são convertidos em outros bens. Um exemplo típico de insumo são matérias-primas, como a borracha utilizada na produção de pneus, mas há outros elementos importantes, como a energia consumida na produção de eletrônicos e na movimentação do "motorzinho" do dentista, o combustível utilizado nos serviços de fretes, e a água consumida na produção de bebidas, por exemplo.

Também no capítulo sobre teoria da firma vimos que fatores de produção são os itens utilizados no processo produtivo e remunerados por seu uso. Segundo a teoria econômica, os fatores de produção são a mão de obra, a terra e o capital.

O emprego dos fatores de produção tem como contrapartida o pagamento de uma remuneração aos proprietários desses fatores. Segundo a teoria econômica, a soma dessas remunerações dá origem a uma definição importante em economia: a renda.

- **Salário:** remuneração aos proprietários do fator de produção mão de obra (os trabalhadores);
- **Lucro:** remuneração aos proprietários do fator de produção capital físico, como prédios, máquinas, equipamentos;
- **Juro:** remuneração aos proprietários do fator de produção capital monetário/financeiro, aplicado pelas famílias nas empresas;
- **Aluguel:** remuneração aos proprietários do fator de produção terra.

10.1.2 As famílias

Um segundo grupo importante de agentes econômicos são as famílias (ou pessoas físicas) que residem em determinado país. Segundo a teoria econômica, as famílias são as proprietárias dos fatores de produção que, por sua vez, são "concedidos" às empresas em troca do recebimento de uma renda, quer dizer, as famílias "emprestam" seus fatores de produção às empresas em troca do recebimento de salários, juros, aluguéis e lucros.

Mas o que as famílias fazem com a renda recebida? Naturalmente, é assim que as famílias adquirem os produtos e os serviços produzidos pelas empresas. Portanto, o **consumo das famílias** absorve uma parte de tudo que é produzido pelas empresas.

Na teoria macroeconômica, existem alguns modelos teóricos que investigam os determinantes do consumo das famílias. Por exemplo, um dos mais conhecidos é a função consumo proposta pelo economista inglês John Maynard Keynes[1], em seu livro clássico *A teoria geral do emprego, do juro e da moeda*, chamada "Lei Psicológica Fundamental". Segundo este modelo, o consumo das famílias aumenta conforme a sua renda disponível aumenta, mas em proporção inferior à unidade. Podemos representá-la matematicamente da seguinte forma:

$$C = C_0 + c_1 \times (Y - T)$$

Em que:

C_0= Consumo autônomo (parcela do consumo que independe da renda dos agentes)[2]

c_1: propensão marginal a consumir (valor situado entre 0 e 1)

Y = renda bruta das famílias

T = impostos pagos pelas famílias

Note que, conforme a renda disponível dos agentes (renda bruta das famílias deduzida dos impostos pagos pelas famílias ao governo) aumenta, o consumo também aumenta, mas como o termo c_1 é um valor situado entre 0 e 1, o aumento do consumo se dá em proporção menor do que um em relação ao aumento da renda. Se c_1 for igual a 0,9, por exemplo, para um aumento de R$ 1 da renda disponível, a família aumenta o consumo em R$ 0,90, poupando R$ 0,10.

É importante considerar que, além da renda, outros fatores podem influenciar o consumo das famílias. Alguns produtos de valor mais alto, como imóveis e automóveis, por exemplo, são comumente comprados pelas famílias a prazo, com a tomada de financiamento. Nestes casos, as famílias precisam assumir o pagamento de juros, e quanto maiores os juros que incidem sobre o valor do produto adquirido, menos as famílias tendem a consumir. O modelo proposto por Keynes considera apenas a renda e desconsidera o efeito dos juros sobre o consumo das famílias, mas conforme mencionado, existem outras teorias que estudam o consumo das famílias.[3]

---

[1] Do qual voltaremos a falar no Capítulo 14.

[2] Trata-se de um consumo de subsistência das famílias, isto é, mesmo que a família tenha renda disponível nula, ela consome, no mínimo, o valor C_0 para garantir sua sobrevivência.

[3] Como os modelos do Ciclo de vida de Modigliani, e da Renda permanente, de Friedman.

10.1.3 O setor externo

O terceiro agente de uma macroeconomia é o setor externo, que pode ser entendido como o complexo formado pelos demais países, assim como por instituições internacionais, como o Fundo Monetário Internacional (FMI) e o Banco Mundial, entre outros. E qual é a importância do setor externo?

O setor externo é importante por diversas razões. Uma delas é que, muitos bens consumidos por um país não são, necessariamente, produzidos nele, e o comércio internacional permite que a produção de certo bem por um país possa alcançar outros países, garantindo que todos possam consumir todos os produtos e serviços almejados; com isso, há uma melhora no bem-estar dos países envolvidos. Fatores naturais (climáticos e geológicos), por exemplo, dificultam a produção de certos alimentos no Brasil (como o caso do trigo, que precisa de temperaturas amenas), e as importações permitem que os residentes no Brasil possam consumi-los. No entanto, o Brasil é praticamente o único país do mundo com reservas de nióbio (um mineral crítico para a indústria siderúrgica) e a exportação desse produto permite que o Brasil possa ofertá-lo a outros países.

Existem alguns fatores que explicam o comportamento das nossas exportações. Entre os principais podemos citar que, em primeiro lugar, quando a economia internacional está em crescimento, é natural que haja uma maior compra dos produtos e serviços produzidos pelas empresas que estão em nosso país. Assim, quanto maior a renda externa, maior tende a ser as nossas exportações. Além disto, a taxa de câmbio também influencia o comportamento das nossas vendas ao exterior.[4] A taxa de câmbio é a taxa de conversão entre a nossa moeda (o Real – R$) e uma moeda estrangeira – nas transações internacionais, em geral, é considerado o dólar – US$. Os produtos produzidos no Brasil têm seu valor medido em reais, e quando são vendidos ao exterior, é natural que seja necessário convertê-lo pela taxa de conversão entre o real e o dólar. Assim, se a taxa de câmbio se eleva de 2 R$ por 1 US$ para R$ 3 por 1 US$, tem-se que um dólar é capaz de comprar mais reais e, portanto, mais bens produzidos no Brasil, elevando as nossas vendas de produtos e serviços aos estrangeiros. Caso tivesse ocorrido o oposto, um dólar seria suficiente para comprar menos reais e, portanto, seria suficiente para comprar menos bens produzidos internamente. Sintetizando estes dois fatores, podemos dizer, então, que quanto maior a renda externa e quanto maior a taxa de câmbio, tendem a ser maiores as nossas exportações.

---

[4] Discutiremos a taxa de câmbio com mais profundidade no Capítulo 14, sobre Macroeconomia Internacional.

No caso das importações de bens, por sua vez, teríamos o raciocínio análogo, mas "invertendo as posições". Um aumento da renda dos brasileiros aumentaria o consumo de produtos importados, ao passo que um aumento da taxa de câmbio tornaria os produtos importados (que têm seu preço mensurado em dólares) mais caros quando tivessem seus preços convertidos de dólares para reais, inibindo as importações. Caso a taxa de câmbio sofra uma queda, seriam necessários menos reais para comprar um dólar, tornando as importações mais acessíveis. Assim, quanto maior a renda interna e quanto menor a taxa de câmbio, tendem a ser menores as nossas importações.

O setor externo também é um ofertante significativo de fatores de produção. Uma empresa situada no Brasil pode precisar de trabalhadores com uma habilidade muito específica e pode, então, optar em contratar trabalhadores estrangeiros. Essa mesma empresa pode também tomar recursos emprestados em um banco no exterior para viabilizar a compra de novas máquinas ou até mesmo alugá-las de uma empresa estrangeira, especialmente quando essa máquina não existe no país em que a empresa opera. Uma empresa estrangeira que decide abrir uma filial no Brasil e traz recursos para a compra de terrenos e maquinário também é um exemplo de entrada de fatores de produção em nosso país. Assim, o setor externo é um agente importante para o Brasil não só por prover produtos e serviços, mas também fatores de produção e, por sua vez, o Brasil, também é importante para os outros países exatamente pelos mesmos motivos. O papel do setor externo será discutido em mais detalhes no capítulo sobre Macroeconomia Internacional.

10.1.4 O governo

O governo corresponde ao quarto grupo de agentes de uma macroeconomia. O termo "governo" deve ser entendido em sentido geral, correspondendo a toda a administração pública independentemente de nível, quer dizer, engloba o governo federal, os estaduais e os municipais. É importante ressaltar que empresas estatais (como a Petrobras, por exemplo) estão fora desse grupo (estão no grupo das empresas já discutido anteriormente).

Para funcionar, o governo adquire uma série de produtos e serviços, produzidos pelas empresas. Além da compra de materiais escolares e materiais hospitalares para garantir o funcionamento de hospitais e escolas públicas, o governo adquire itens como computadores e softwares, móveis de escritório e até mesmo o cafezinho consumido pelos deputados. Em suma, o governo é um grande consumidor da economia.

Além de consumir diretamente vários produtos e serviços, o governo realiza as chamadas transferências, por exemplo, o pagamento de aposentadorias e benefícios sociais como o seguro-desemprego e o Bolsa Família. Assim, ele também estimula o consumo agregado de forma indireta, por meio do consumo das famílias. Por fim, além de consumir e transferir recursos ao setor privado (famílias e empresas), o governo também pode subsidiar a produção das empresas. O subsídio é, em geral, um apoio monetário concedido às empresas visando fomentar o desenvolvimento de certa atividade econômica. Muitas vezes, o subsídio se dá sob a forma de isenção tributária, ou seja, o governo desobriga a empresa do pagamento de certos impostos – é o que acontece com taxistas, por exemplo, que não pagam IPI nem ICMS ao adquirir um veículo para exercer sua atividade.

Obviamente, o governo precisa ter recursos para arcar com seus gastos, transferências e subsídios. A maior parte desses recursos, como você deve supor, é arrecadada com a cobrança de impostos, mas esse não é o único instrumento disponível ao governo para obter receitas. No Capítulo 16 discutiremos com mais detalhes a atuação do governo.

10.2 Produção: o que é e como se mede?

Para que as empresas possam gerar produtos e serviços, elas precisam de insumos e, principalmente, de fatores de produção. O emprego e a utilização de fatores de produção dão origem ao pagamento da renda (salários, juros, aluguéis e lucros), utilizada pelas famílias (detentoras dos fatores de produção) para o consumo dos bens gerados pelas empresas. Por sua vez, o setor externo (os outros países) também atua como provedor de fatores de produção às empresas situadas em determinado país, além de ser provedora e consumidora de produtos e serviços por meio de importações e exportações. Por fim, o governo também atua como um importante consumidor da economia e, para poder pagar suas despesas, cobra impostos das empresas e das famílias.

Como você deve ter notado, a base dessa estrutura econômica, em que cada agente tem um papel de relevo, é a produção de bens (produtos e serviços), e isso ilustra o funcionamento das economias contemporâneas. Nesse sistema, em que a atuação de um agente influencia e é influenciada pela maneira como os demais atuam, é fundamental medir adequadamente o valor do que é produzido (em produtos e serviços), pois todos os bens, em algum momento, são divididos entre os agentes.

Cada país tem um órgão responsável por realizar o cálculo do produto e, no caso do Brasil, essa tarefa está a cargo do Instituto Brasileiro de Geografia e Estatística (IBGE), que conta com informações fornecidas por diversos outros órgãos e instituições do país.

O valor total da produção de bens gerados por determinada economia é o que os economistas chamam genericamente de "produto". Existem diferentes parâmetros para mensurá-lo: o mais conhecido deles é o Produto Interno Bruno (PIB), que você já deve ter ouvido falar, e que é até mesmo utilizado para se comparar a produção entre países ou Estados diferentes, por exemplo. Assim como é possível medir o valor da produção ou o produto da economia de um país, também é possível medi-lo para unidades menos agregadas, como uma região do país (o Nordeste, por exemplo), um Estado (Paraná, por exemplo), ou mesmo para municípios ou localidades muito pequenos. Basta que alguma atividade produtiva e (consequentemente) alguma renda seja gerada e consumida nele.

Devemos apontar duas questões fundamentais sobre medição do produto. As transações econômicas são atividades contínuas, isto é, são realizadas todo o tempo – é como se você estivesse assistindo a um filme, que exibe um movimento contínuo, e não apenas vendo uma foto, algo estático. Para medirmos o funcionamento de uma economia em relação ao valor do que ela produz, consideramos a produção gerada durante determinado intervalo de tempo. Isso é o que os economistas chamam de **fluxo**, ou seja, algo que ocorre durante certo período. De maneira geral, consideramos o período de um ano, mas essa escolha é arbitrária e depende da necessidade de cada circunstância analisada; é possível considerar, igualmente, transações ocorridas durante outros intervalos de tempo. O IBGE, por exemplo, divulga o PIB trimestralmente.

Outro ponto importante é que, no cálculo do produto, considera-se apenas o valor dos **produtos e serviços finais**, ou seja, que não foram utilizados como insumos no processo produtivo de outros bens. Tome como exemplo a produção de livros, que envolve insumos como papel e este, por sua vez, para ser produzido, precisa de insumos como a madeira de eucalipto. Como você deve imaginar, o preço final do livro já inclui os custos com a compra de papel pela editora, assim como o preço do papel já inclui o preço do eucalipto. Se somarmos o valor da produção de livros ao valor da produção de papel e ao valor da produção de eucalipto, estaremos contando mais de uma vez a produção de insumos intermediários – isso é o que se denomina "dupla contagem", e o valor da produção seria erroneamente superestimado. Logo, o cálculo do produto deve ser feito com bastante cautela, para que um insumo não seja contabilizado mais de uma vez.

Assim sendo:

PIB = valor da produção interna de produtos e serviços finais, durante determinado intervalo de tempo, em uma determinada localidade

10.3 Problemas conceituais na mensuração da renda e do produto agregado

Quando se mede o desempenho de uma economia relativamente à geração de renda e, por conseguinte, à produção de produtos e serviços, o que se quer fazer é avaliar a quantidade de itens disponíveis para consumo pela sociedade por meio da atividade econômica. Assim, costumam-se associar as taxas de crescimento do PIB ao crescimento do bem-estar, pois uma economia que gera mais produtos e serviços, possivelmente gera uma vida melhor para sua população. Entretanto, a associação entre produção (um valor mensurável) e bem-estar (um valor abstrato, portanto, não exatamente mensurável) só pode ser feita dentro de condições muito estritas. Discutiremos essa questão com mais rigor no capítulo sobre crescimento econômico e desenvolvimento econômico.

Um segundo tipo de problema que pode fazer a medida de produto nacional não ser um bom indicador de bem-estar são as chamadas externalidades, que já citamos anteriormente. Um processo produtivo, além dos bens tradicionalmente avaliados na contabilidade nacional, dá origem a uma quantidade quase infinita de subprodutos que, por falta de mercado, não são corretamente avaliados. O pior caso é representado pelas externalidades negativas, que geram prejuízo à sociedade e nem sempre podem ser mensurados de modo adequado. Por exemplo, não existe demanda para a fumaça expelida pelos veículos nem para a poluição gerada por uma fábrica, assim como não existe demanda para a poluição sonora gerada por uma casa noturna (que está produzindo um serviço de lazer), nem para a poluição visual gerada por uma empresa que vende propaganda em *outdoors*. Assim, a produção e o consumo de produtos e serviços pode gerar consequências indiretas indesejáveis para a sociedade, que nem sempre são considerados no cálculo do PIB.

10.4 Formação de capital: poupança e investimento

Os bens produzidos por uma economia podem ser empregados de diversas formas. De fato, enquanto itens como artigos de vestuário e alimentos são chamados bens de consumo, outros como o guindaste utilizado por uma construtora, o gerador de energia utilizado por um hospital, a moto utilizada por um entregador de encomendas e as ferramentas de um encanador são bens de produção ou, igualmente, bens de capital, e como o nome sugere são empregados para se produzir outros produtos ou serviços.

Quando uma sociedade consome toda a sua produção, há somente a produção de bens de consumo e, portanto, não há produção de bens de capital. Além disso, nenhuma parte dos bens de consumo é estocada pelas empresas para ser vendida no futuro. Esse fato traz à tona outros dois conceitos altamente relevantes no funcionamento de qualquer economia: poupança e investimento.

10.4.1 A poupança agregada

Em termos econômicos, poupança é a parcela da renda que não é consumida; pode-se também dizer que é o ato de não consumir em certo período, reservando parte da renda para ser consumida no futuro. Lembre-se de que existem quatro grupos de agentes: as famílias, as empresas, o governo e o setor externo. Pois bem, todos esses agentes formam parte da poupança agregada, quer dizer, formam parte de toda a poupança existente em um país. Mas como?

Pelo lado das famílias, a poupança surge quando uma parcela da renda recebida por elas (sob a forma de salários, juros, aluguéis e lucros) não é totalmente consumida. Pelo lado do governo, a poupança acontece quando o que é arrecadado sob a forma de impostos não é totalmente gasto (sob a forma de consumo do próprio governo mais os subsídios concedidos às empresas e as transferências de renda concedidas às famílias), ou seja, há formação de poupança pública quando o valor arrecadado pelo governo com impostos é maior do que seus gastos. Pelo lado das empresas, a poupança surge quando elas não distribuem todo o valor de sua produção aos proprietários dos fatores de produção (sejam eles residentes ou estrangeiros), vale dizer, quando não utilizam toda a receita da venda de sua produção no pagamento de rendas (no linguajar empresarial, esses são os dividendos ou lucros não distribuídos pelas empresas). Por fim, pelo lado do setor externo, a poupança é resultante da diferença entre o que o país adquire (importa) de bens do exterior em relação àquilo que ele vende (exporta) de bens para o exterior. No capítulo sobre Macroeconomia Internacional, discutiremos como o setor externo obtém saldo positivo ou negativo em relação às transações internacionais que realizamos.

10.4.2 O investimento agregado

De maneira intuitiva, compreendemos que investimento é a parte da produção que foi produzida, mas não consumida num determinado período, e que aumenta a futura capacidade de produção e/ou de consumo da economia. O **investimento** é composto do investimento em **bens de capital** (ou bens de produção, que são os bens necessários para a produção de outros produtos ou serviços, como as máquinas, por exemplo) e pelo **acúmulo de estoques** de produtos que não foram vendidos pelas empresas. Assim, quando um fazendeiro decide comprar mais um trator para trabalhar, ele está adquirindo um instrumento que permitirá produzir mais produtos (portanto, gerar mais renda) no futuro. O mesmo ocorre quando um laboratório médico adquire um novo tomógrafo ou quando um restaurante compra um novo fogão industrial. Também ocorre investimento quando uma empresa não vende toda a sua produção e estoca essa parte para ser vendida no futuro.

Há alguns esclarecimentos necessários sobre o conceito de investimento. O investimento é um ato realizado pelas empresas e, assim, tem um significado econômico bem definido. No linguajar cotidiano, dizemos comumente que um indivíduo investiu em ações ou em dólares, por exemplo, mas note que isso é uma ação que não aumentou efetivamente a capacidade produtiva da economia, ou seja, não estamos falando de investimento em sentido econômico puro. Uma segunda observação é que o investimento em ativos (máquinas e equipamento) usados não entra no investimento agregado, pois esse bem já foi computado como investimento no passado, quando foi adquirido como novo – quando uma transportadora compra um caminhão usado, o valor do caminhão não pode ser contabilizado novamente como investimento, pois já o foi no ano em que foi produzido. É outro procedimento necessário para se evitar o problema da "dupla contagem".

O investimento, especialmente no que diz respeito à aquisição de máquinas e equipamentos (bens de capital ou bens de produção) por parte das empresas, é determinado por alguns fatores, entre os quais podemos destacar a taxa de juros e a expectativa dos empresários quanto ao futuro da economia. Em geral, máquinas e equipamentos são itens bastante caros e nem sempre o empresário tem recursos suficientes para adquiri-los à vista. Assim, quanto maior a taxa de juros, mais caro é para o empresário tomar recursos emprestados para que os bens de capital sejam adquiridos, tornando o investimento menos atrativo. Note, também, que quanto maior a taxa de juros, maior é o custo de oportunidade do empresário em utilizar seus próprios recursos (caso tenha) na aquisição do bem de capital, dado que ele poderia, alternativamente, conceder os recursos emprestados a algum tomador recebendo a taxa de juros como remuneração. Por sua vez, quando os empresários têm expectativas pessimistas quanto ao futuro da economia, há expectativas pessimistas quanto à venda dos produtos e serviços gerados com a aquisição do novo bem de capital, desestimulando, portanto, a aquisição desse bem. Assim, podemos dizer que quanto maior a taxa de juros e quanto mais pessimista a expectativa de crescimento futuro da economia, menores serão os investimentos realizados pelos empresários.

Após essa descrição dos conceitos de poupança e investimento, você deve ter notado que há uma relação entre esses agregados econômicos. Quando os agentes (famílias, empresas, governo e setor externo) consomem toda a sua renda, há duas consequências:

- por um lado, não há poupança (por definição, poupança é a parcela da renda não consumida);
- por outro lado, não há nem acúmulo de estoques, nem a produção de bens de produção (dado que toda a produção foi absorvida sob a forma de consumo), ou seja, não há investimento. Posto de outra forma, isso significa que todos os fatores de produção foram empregados na produção de bens de consumo e que todos os bens de consumo foram efetivamente consumidos pelos agentes.

Com isso, chega-se a uma relação importante para se entender como funciona uma economia: **a poupança agregada (total)** é igual ao investimento agregado **(total)**. Note que o conceito relevante de poupança é a poupança total. Assim, mesmo que em um país a poupança das famílias, das empresas e do governo totalize zero, ainda é possível realizar investimentos recorrendo à poupança externa, por exemplo.

10.5 Oferta agregada e demanda agregada

Com base no que foi discutido até este ponto, é possível definir outros dois conceitos importantes em Macroeconomia. A **oferta agregada** corresponde à quantidade total de produtos e serviços disponíveis para o consumo dos agentes. Em uma economia fechada, isto é, uma economia que não realiza nenhum tipo de transação com o exterior, os bens disponíveis para consumo são somente aqueles produzidos internamente pelas empresas do país e neste caso, a oferta agregada corresponde somente à produção interna. Contudo, em uma economia aberta, os agentes podem consumir tanto os bens produzidos internamente como os bens produzidos no exterior e importados para o nosso país – neste caso, a oferta agregada envolve tanto a produção interna como as importações de bens.

A **demanda agregada**, por sua vez, corresponde à quantidade total de bens consumidos pelos agentes. Em linha com o discutido anteriormente, uma parte dos produtos e serviços é consumida pelas famílias sob a forma de bens de consumo. Outra parte da produção é utilizada pelas empresas sob a forma de bens de produção (bens de capital) e sob a forma de estoques. O governo, por sua vez, também consome uma parte da produção de bens e finalmente, em uma economia aberta, parte da produção é consumida pelos estrangeiros por meio de nossas exportações. Assim, a demanda agregada é composta pelo consumo das famílias, pelo investimento das empresas, pelo consumo do governo e pelas exportações de produtos e serviços.

Assim, podemos representar formalmente esses conceitos, da seguinte forma:

$$OA \equiv Y + Mps$$

$$DA \equiv C + I + G + Xps$$

Em que:

OA: Oferta agregada (ou total) de produtos e serviços
DA: Demanda agregada (ou total) por produtos e serviços
Y = Produção interna de produtos e serviços
Mps = Importação de produtos e serviços
C = Consumo das famílias
I = Investimento das empresas
G = Consumo do governo
Xp = Exportações de produtos e serviços

Note que nas definições de OA e DA, utilizamos a notação "≡", que denota identidade, e não simplesmente o símbolo de igualdade "=". A partir das definições apresentadas, e assumindo o equilíbrio da produção agregada (isto é, assumindo que toda a oferta total de produtos e serviços é igual a demanda total por produtos e serviços) é possível chegar a uma importante identidade macroeconômica, conforme segue:

$$OA = DA$$

$$Y + Mps = C + I + G + Xps$$

$$Y = C + I + G + Xps - Mps$$

Portanto, o valor da produção interna de produtos e serviços (Y) é dado pela somatória do consumo das famílias, do investimento das empresas, do consumo do governo e do saldo líquido entre exportações e importações de produtos e serviços.

10.6 Considerações finais

Este capítulo introdutório sobre Macroeconomia teve como objetivo organizar as bases ou a linha de raciocínio para os próximos capítulos, que discutirão temas e problemas macroeconômicos específicos. Continuaremos enfatizando a intuição, quer dizer, vamos evitar notações ou formalizações matemáticas mais pesadas, sem, porém, perder de vista a ideia de que o livro se propõe a apresentar conceitos e fundamentos essenciais em Economia para que você consiga entender como essa ciência analisa fatos do mundo real.

Conceitos importantes do capítulo

- Agentes macroeconômicos
- Aluguéis
- Bem de consumo
- Bem de produção
- Bem-estar
- Bens finais e bens intermediários
- Capital
- Crescimento econômico
- Demanda agregada
- Desenvolvimento econômico
- Empresas
- Famílias
- Fatores de produção
- Governo
- Insumos
- Investimento agregado
- Juros
- Lucros
- Oferta agregada
- Poupança agregada
- Produção de produtos e serviços
- Produto interno bruto
- Renda
- Salários
- Setor externo
- Trabalho

CAPÍTULO 11

PRODUÇÃO AGREGADA E EMPREGO DOS FATORES DE PRODUÇÃO

No Capítulo 10, em que foram apresentados alguns conceitos preliminares sobre Macroeconomia, foram apresentados os conceitos de Oferta Agregada, que corresponde à quantidade total de bens disponíveis para consumo, e Demanda Agregada, que corresponde ao total de bens consumidos pelas famílias, pelo governo, pelas empresas (sob a forma de aquisição de capital e formação de estoques) e pelo setor externo.

A partir desses conceitos, o objetivo deste capítulo é aprofundar a discussão sobre a produção agregada de uma economia. Vamos discutir os chamados "horizontes temporais" na definição da produção agregada, assim como os conceitos de desemprego dos fatores de produção. Para tal, vamos usar alguns conceitos já vistos nos capítulos sobre Microeconomia, em particular, no capítulo sobre teoria da firma, adaptando-os para um contexto macroeconômico. Isso quer dizer que não vamos analisar a produção de uma firma específica, mas sim o agregado de todas as firmas. Também vamos empregar alguns conceitos vistos no capítulo sobre funcionamento de mercado, também adaptando-os para uma discussão macroeconômica.

11.1 Os "horizontes temporais" e a definição do produto agregado

Conforme discutido no capítulo sobre teoria da firma, a produção de bens pelas empresas se dá via emprego dos fatores de produção capital e trabalho. Assim, havíamos empregado a seguinte notação:

$$q_i = f(\overset{+}{K_i};\ \overset{+}{L_i})$$

Em que q se refere à quantidade de bens gerada por uma determinada empresa "i" a partir do emprego de capital e trabalho por esta mesma empresa "i". O sinal "+" denota que aumento do emprego de capital (*K*) e/ou de trabalho (*L*) implica em aumento da produção de bens pela empresa. Podemos, então, utilizar o mesmo raciocínio para representar a produção total de bens de uma economia, ou seja, a produção gerada por todas as empresas, e não uma empresa isoladamente, da seguinte forma:

$$Y = f(\overset{+}{K};\ \overset{+}{L})$$

Em que *Y* se refere à produção de bens de todas as empresas existentes, e *K* e *L* se referem, respectivamente, à quantidade total de capital e de trabalho empregadas por todas as empresas existentes. Note que estamos tratando, agora, da economia como um todo: estamos falando do total de bens produzidos pela totalidade das empresas e da quantidade total de fatores de produção empregados pela totalidade das empresas.

Na Macroeconomia, diz-se que no "**curto prazo**" existem fatores de produção ociosos, ou seja, não utilizados pelas empresas. Isso implica que caso os agentes decidam consumir mais bens (ou seja, se há uma elevação da Demanda Agregada), as empresas conseguem suprir este aumento da demanda empregando (e, naturalmente, remunerando) esses fatores ociosos e elevando a produção de bens. No "**longo prazo**", por sua vez, todos os fatores de produção estão em plena utilização pelas empresas: todos os bens de capital (máquinas e equipamentos) e todos os trabalhadores já estão empregados na produção e, *ceteris paribus*, não é possível elevar a produção de bens. É importante ressaltar que não estamos preocupados em medir com exatidão quão curto é o curto prazo ou quão longo é o longo prazo. O termo "prazo" é aqui empregado apenas no sentido de definir perspectivas de análise econômica.

Vamos utilizar agora, outro instrumento já discutido anteriormente: o gráfico de oferta e demanda visto no Capítulo 2. Contudo, conforme já mencionado, vamos empregá-lo em um contexto macroeconômico da produção total de bens, ou seja, para todos os bens produzidos e consumidos por uma economia, e não por uma empresa ou um consumidor específico.

A Figura 11.1 se refere à um gráfico em que o eixo horizontal (abscissa) mensura a quantidade total de bens produzidos pelas empresas (Y), ao passo que o eixo vertical mensura o preço dos bens (P). Como estamos em um contexto agregado, Y mensura a quantidade total de bens produzidos, e P mensura o nível geral de preços de todos os bens produzidos nessa economia.

Figura 11.1 • Oferta agregada no curto e no longo prazo

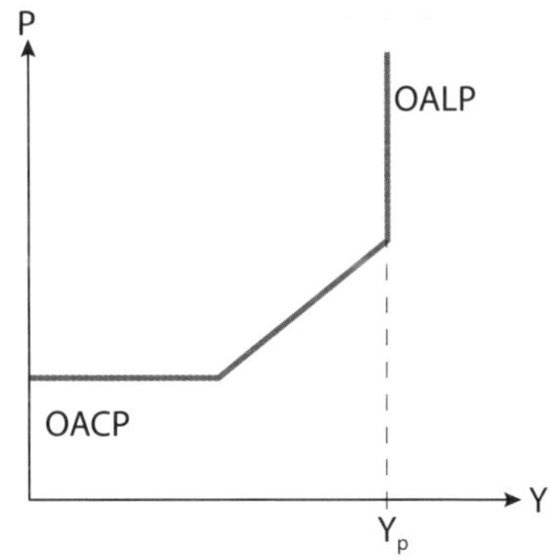

No curto prazo, a oferta agregada (ou total) de bens é totalmente horizontal (trecho denominado oferta agregada de curto prazo – OACP), refletindo o fato de que havendo fatores de produção ociosos, as empresas podem empregá-los para ampliar a produção de bens sem elevar os preços. Porém, quando todos os fatores de produção já estão empregados, a economia atinge seu limite produtivo (não é possível elevar a produção de bens) e assim, no longo prazo, a oferta agregada passa a ser vertical (oferta agregada de longo prazo – OALP), *ceteris paribus*. Essa quantidade máxima de bens que a economia pode produzir é simbolizada pelo termo Y_p, que denota o chamado **produto potencial** ou **produto de pleno emprego dos fatores de produção**. Por sua vez, o trecho de inclinação positiva da Oferta Agregada, que faz a ligação entre a Oferta Agregada de curto prazo (horizontal) e a Oferta Agregada de longo prazo (vertical) reflete o fato de que durante a transição entre o curto e o longo prazo, os fatores de produção vão sendo progressivamente empregados pelas empresas e vão, portanto, tornando-se progressivamente mais escassos. Neste trecho, note que até é possível elevar a produção de bens, mas as empresas são obrigadas a elevar seus preços diante de fatores de produção mais escassos e, consequentemente, mais caros: por exemplo, a escassez de mão de obra eleva progressivamente os salários.

Qual a implicação desses diferentes "prazos" para a determinação da produção agregada de bens em uma economia?

Para responder a essa pergunta precisamos, além da Oferta Agregada, da Demanda Agregada que, conforme já discutido no capítulo anterior, representa a soma do consumo das famílias, do investimento das empresas, do consumo do governo e do consumo do setor externo (nossas exportações de bens). Seguindo a demanda já vista nos capítulos sobre Microeconomia, vamos assumir que em um contexto macroeconômico ela assuma a mesma característica: quanto menor o preço dos bens, maior tende a ser a demanda. Assim, a Demanda Agregada pode ser representada graficamente conforme a Figura 11.2.

Figura 11.2 • Demanda Agregada

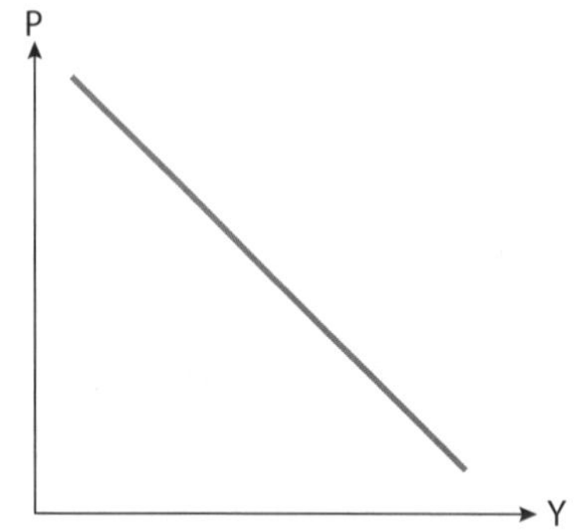

Dada a diferença do formato da Oferta Agregada entre o curto e o longo prazo, a quantidade de bens a ser efetivamente produzida pela economia (produto de equilíbrio) varia conforme esses casos. Para ilustrar este raciocínio, vamos assumir que a Demanda Agregada seja estimulada por meio, por exemplo, de uma elevação do consumo de bens por parte do governo – você pode imaginar que, visando estimular a produção das empresas e a geração de renda na economia, o governo amplie a compra de medicamentos para a rede pública de saúde ou compre mais materiais para a construção de moradias para a população de menor renda. Esses efeitos são ilustrados na Figura 11.3.

Figura 11.3 • Efeito da elevação da demanda agregada no curto e no longo prazo

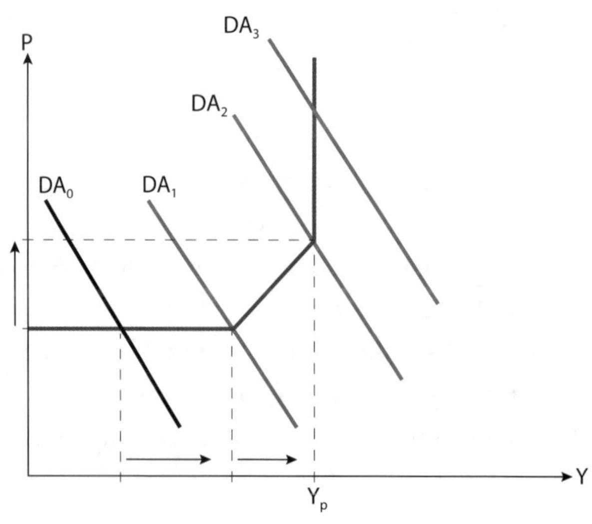

Políticas que estimulem a demanda agregada causam um deslocamento da Demanda Agregada para a direita. Assumindo que a economia tenha, inicialmente, uma demanda agregada dada por DA_0, ocorre um deslocamento de DA_0 para DA_1 e ocorre, como resultado de curto prazo, uma elevação da produção agregada de equilíbrio: esse resultado ocorre porque dada a existência de desemprego de fatores de produção, as empresas empregam novas máquinas e novos trabalhadores para suprir o aumento da demanda, elevando a produção de bens da economia e diminuindo o desemprego dos fatores de produção sem causar elevação do preço dos bens. Esse parece ser um resultado bastante desejável, mas vejamos o que ocorre nos demais trechos da Oferta Agregada.

O aumento do consumo de bens por parte do governo continua provocando um deslocamento da Demanda Agregada para a direita. No trecho em que a Oferta Agregada apresenta inclinação positiva, o deslocamento de DA_1 para DA_2 gera duas consequências: a produção de equilíbrio se eleva porque ainda há fatores de produção disponíveis, mas dado que já estão relativamente escassos, tornam-se mais caros, pressionando os custos produtivos das empresas e fazendo que elas elevem os preços dos bens produzidos. Há, portanto, uma consequência boa (elevação da produção de bens e redução do desemprego dos fatores de produção) e uma ruim (a elevação dos preços).

Por fim, no longo prazo, dado que a economia atingiu seu limite produtivo Y_p, a elevação da Demanda Agregada de DA_2 para DA_3 gera como resultado apenas uma elevação dos preços dos bens, sem causar nenhuma elevação na produção de bens (até porque ela já está em seu limite). Note, portanto, que nenhum resultado positivo foi atingido por meio dessa política governamental.

Se políticas de estímulo ao consumo de bens não conseguem provocar aumento da produção quando a economia atinge seu limite produtivo, o que pode ser feito para aumentar a produção de bens a partir de então?

Nessa situação, a única forma de estimular o aumento da produção é atuando sobre a capacidade produtiva da economia, ou seja, sobre a Oferta Agregada. Assim, o governo poderia adotar políticas que estimulassem a capacitação dos trabalhadores via investimentos em educação ou, então, melhorando a qualidade da infraestrutura da economia (investimentos na geração e distribuição de energia elétrica ou na construção de uma estrutura de transporte mais rápida e econômica). Políticas que elevem a **produtividade do capital** e/ou a **produtividade do trabalho**, isto é, políticas que tornem o capital e/ou o trabalho mais produtivos, fazem que a Oferta Agregada de longo prazo sofra um deslocamento para a direita, transmitindo a ideia de que é possível elevar a produção máxima da economia. Esse efeito é ilustrado na Figura 11.4, e será tratado com mais profundidade no Capítulo 12, quando discutiremos os determinantes do crescimento econômico.

Figura 11.4 • Efeito de elevação da produtividade do capital ou do trabalho no longo prazo

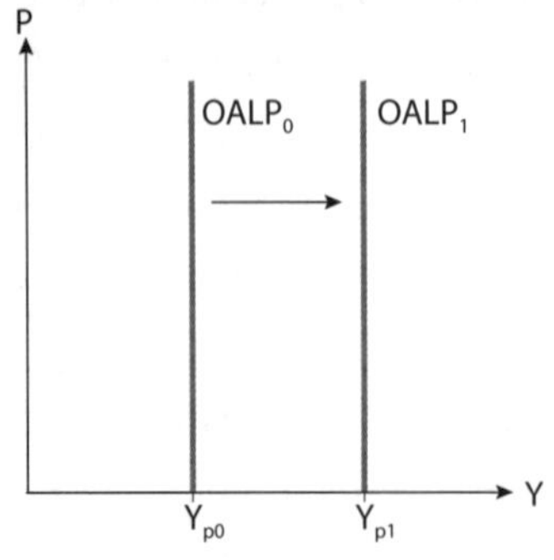

11.2 O *trade-off* entre inflação e desemprego

No trecho em que a Oferta Agregada apresenta inclinação positiva, vimos que uma elevação da Demanda Agregada eleva a produção das empresas e diminui o desemprego dos fatores de produção, mas gera, como consequência, um aumento dos preços, ou seja, inflação.[1] Essa relação é estudada pela chamada **Curva de Phillips** e é ilustrada na Figura 11.5.

Figura 11.5 • A curva de Phillips e o *trade-off* entre inflação e desemprego

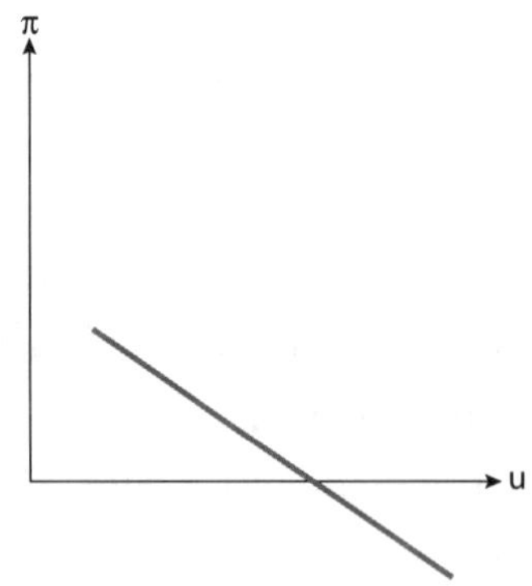

O eixo horizontal da figura mensura o nível de desemprego do fator de produção trabalho (ou seja, desemprego de trabalhadores), que é simbolizado pela letra u.[2] O eixo vertical mensura, por sua vez, a taxa de inflação, simbolizada pela letra grega π. Note que temos uma relação negativa: quando o desemprego da mão de obra diminui (e a produção de bens pelas empresas aumenta), há um aumento dos preços da economia.

---

[1] Discutiremos com mais profundidade o conceito de inflação no Capítulo 13.

[2] Do Inglês, *unemployment*.

11.3 Desemprego dos fatores de produção: como se mede?

Seguindo as discussões feitas até este trecho do capítulo, a existência de fatores de produção ociosos permite que seja possível elevar, no curto prazo, a produção de bens por parte das empresas. Conforme a economia se aproxima do pleno emprego, tem-se um aspecto positivo – a ociosidade dos fatores de produção diminui, diminuindo o desperdício dos recursos produtivos –, mas também um negativo, dado que a economia se aproxima do seu limite produtivo e corre o risco de ter dificuldade de suprir a demanda dos agentes. Portanto, é necessário acompanhar com atenção o grau de ociosidade do trabalho e do capital. Mas como isso é mensurado?

No caso do fator de produção trabalho (mão de obra), a taxa de desemprego é a medida mais conhecida para se mensurar a percentagem de trabalhadores que não estão em atuação nas empresas. Tecnicamente, diz-se que essas pessoas procuram, mas não encontram emprego. Existem vários órgãos que calculam a taxa de desemprego no Brasil, sendo a calculada pelo IBGE a mais conhecida e oficialmente considerada pelo governo.[3] A Figura 11.6 apresenta o comportamento dessa taxa nos últimos anos no Brasil – em 2014, por exemplo, ela era igual a 5,30%.

Figura 11.6 • Taxa de desemprego – regiões metropolitanas – IBGE

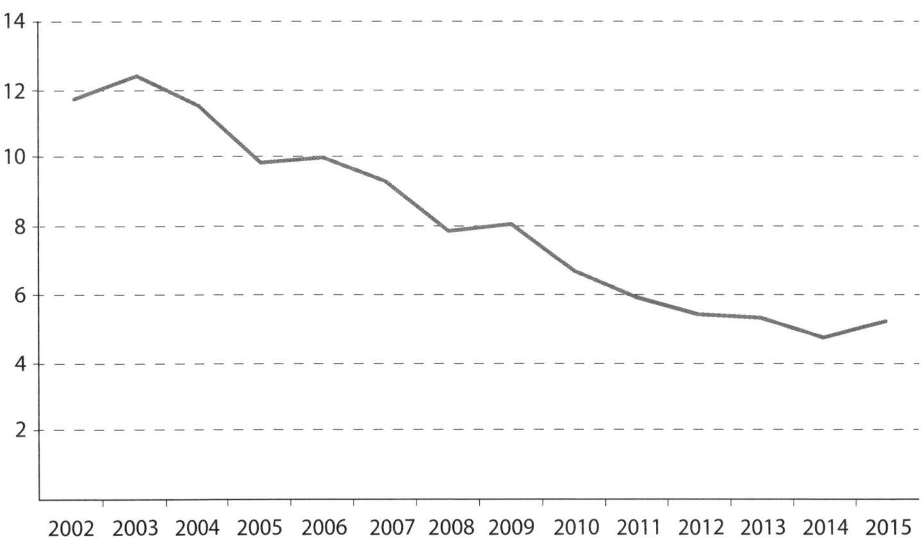

Fonte dos dados: Ipeadata e IBGE

[3] Há outros institutos que também calculam a taxa de desemprego, como o Departamento Intersindical de Estatística e Estudos Socioeconômicos (DIEESE).

No caso do fator de produção capital, também é possível mensurar seu grau de ociosidade. Uma das medidas mais conhecidas é o grau de utilização da capacidade instalada da indústria.[4] A Figura 11.7 apresenta o comportamento dessa taxa no Brasil nos últimos anos – em 2014, por exemplo, ela foi igual a 81.16%, o que indica total de máquinas e equipamentos existentes nas indústrias do país, 81,16% estavam em efetiva operação e o complemento, 18,84%, estavam ociosas.

Figura 11.7 • Taxa de utilização da capacidade instalada da indústria

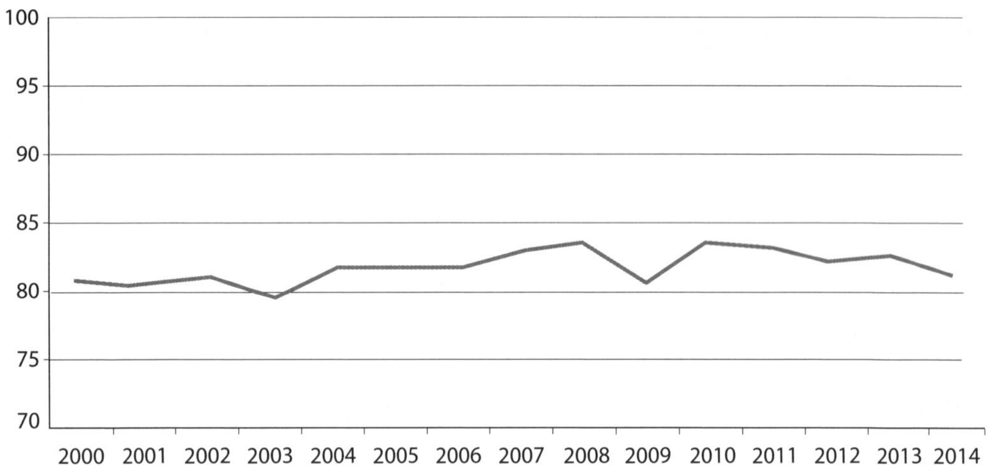

Fonte dos dados: Ipeadata e CNI.

Entre as diversas preocupações dos economistas, uma delas é o desemprego dos fatores de produção, pois representam recursos que, se estivessem empregados, poderiam gerar produtos e serviços para a população e rendimento para os empresários e para os trabalhadores – o desemprego da mão de obra é especialmente preocupante dado o enorme custo social que gera para a sociedade. É por isso que os economistas procuram não só desenvolver métodos que permitam que a economia esteja sempre o mais próximo possível do chamado pleno emprego dos fatores de produção, mas também métodos que façam que a produtividade dos fatores de produção se eleve continuamente, pois só assim é possível ter crescimento econômico continuamente.

[4] Calculada pela Confederação Nacional das Indústrias (CNI).

11.4 Considerações finais

Neste capítulo, apresentamos os conceitos de Oferta Agregada de curto e de longo prazo e como a produção de bens se comporta nestes dois horizontes de tempo. Se a economia apresenta fatores de produção ociosos, políticas de estímulo à demanda agregada até conseguem elevar a produção agregada, mas quando a economia chega em seu limite produtivo, essas políticas só geram um resultado adverso: a elevação dos preços. No longo prazo, apenas políticas que estimulem a produtividade dos fatores de produção é que conseguem elevar a quantidade de bens que uma economia consegue produzir. Assim, é necessário empregar com cautela as políticas mais adequadas (que estimulem a Demanda Agregada ou a Oferta Agregada) visando elevar a produção de bens da economia, pois conforme já discutido anteriormente, isso permite elevar o bem-estar dos agentes.

Sugestões e links interessantes

Conforme discutimos ao longo do capítulo, algumas instituições calculam índices referentes ao grau de ociosidade dos fatores de produção. O IBGE e o DIEESE são alguns dos que calculam o desemprego da mão de obra, ao passo que a Confederação Nacional da Indústria (CNI) calcula a taxa de utilização da capacidade das indústrias. Os sites em que estes dados podem ser obtidos são:

- http://www.ibge.gov.br/home/estatistica/indicadores/trabalhoerendimento/pme_nova/default.shtm;
- http://www.dieese.org.br;
- http://www.portaldaindustria.com.br/estatisticas/.

Conceitos importantes do capítulo

- Curto prazo
- Demanda Agregada
- Longo prazo
- Ociosidade de fatores de produção
- Oferta Agregada
- Pleno emprego de fatores de produção
- Produto potencial
- Produtividade do capital
- Produtividade do trabalho

CAPÍTULO 12

MELHORANDO A VIDA DAS PESSOAS: CRESCIMENTO E DESENVOLVIMENTO ECONÔMICO

Melhorar a vida das pessoas é, certamente, o objetivo mais importante da ciência econômica. Tanto na perspectiva macroeconômica como na microeconômica, o objetivo da ciência econômica é garantir que todos os agentes empreguem os recursos disponíveis (todos eles limitados, em maior ou menor grau), de tal forma a maximizar seu bem-estar. Quando isso não ocorre, a ciência econômica tem como tarefa definir e viabilizar alternativas ao uso dos recursos por meio das quais seja possível melhorar a situação da sociedade.

Quando analisamos as sociedades mais desenvolvidas do planeta, há algumas características em comum: a população tem acesso à alimentação em quantidade e qualidade adequada; as famílias residem em moradias de bom padrão, com acesso fácil a serviços públicos e boas condições de infraestrutura (provisão adequada de energia, telecomunicações, transporte e saneamento básico); os serviços de educação e saúde são de boa qualidade; os índices de violência são baixos e a expectativa de vida é elevada. Por sua vez, os países de baixo desenvolvimento econômico e social caracterizam-se, basicamente, pela situação oposta: muitos indivíduos encarando fome, residindo em moradias inadequadas, elevadas taxas de mortalidade infantil, baixa expectativa de vida, elevado analfabetismo, baixo acesso a infraestrutura, elevada concentração de renda, degradação ambiental e instabilidade política, entre outras características.

Percebe-se, então, que o desenvolvimento econômico envolve uma ampla gama de fatores, e justamente por isso existe uma grande dificuldade em mensurá-lo e compará-lo entre diferentes países. Nesse contexto, um dos indicadores mais vezes associado ao desenvolvimento econômico é o crescimento do produto agregado: pode parecer um pouco materialista, e não estamos dizendo que o crescimento da produção de bens seja suficiente para melhorar a vida das pessoas, mas, em termos gerais, a sociedade que produz maior quantidade de bens, como alimentação, moradia, hospitais e escolas, tem mais condições de gerar bem-estar à sua população.

Contudo, e obviamente, o crescimento econômico não necessariamente gera desenvolvimento econômico, até porque são conceitos distintos: o **crescimento econômico** é a ampliação quantitativa da produção de bens (ou seja, do PIB) de modo continuado ao longo do tempo. Já o **desenvolvimento econômico** é um conceito mais amplo, associado à melhoria das condições de vida da população. Assim, apesar de os dois conceitos não serem rigorosamente a mesma coisa, estão fortemente inter- relacionados: note que o conceito de desenvolvimento é mais amplo e engloba o conceito de crescimento econômico, ou seja, para o desenvolvimento de um país ocorrer, é necessário, mas não é suficiente, que ele cresça.

12.1 O crescimento econômico

Como apontamos na introdução deste capítulo, um dos desafios da ciência econômica é garantir que os países consigam crescer permanentemente de modo a atingir e garantir boas condições de vida para sua população. Mas, então, por que alguns países crescem pouco e outros crescem muito? Em que os governantes falham em conseguir gerar crescimento econômico? E o que a ciência econômica tem a dizer sobre isso?

Conforme discutimos nos capítulos anteriores, a produção de bens depende da disponibilidade de fatores de produção e assim, é natural pensarmos que o crescimento econômico depende da quantidade de trabalhadores e de capital disponíveis para utilização na produção. Também já discutimos que, no longo prazo, que é quando a economia utiliza todos os seus fatores de produção, somente políticas que estimulem a oferta agregada via aumento da produtividade do trabalho e do capital é que conseguem elevar a produção de bens da economia. Vamos, então, discutir a importância de cada um desses fatores.

12.1.2 O fator de produção trabalho

Já observamos que o fator de produção trabalho se refere à quantidade de trabalhadores disponíveis em uma economia, ou seja, quanto maior o volume de trabalhadores disponíveis, mais produtos e serviços ela tende a produzir. Há, contudo, uma ressalva importante: da mesma forma que uma maior quantidade de trabalhadores permite que uma economia tenha maior produção agregada, também há maior quantidade de pessoas consumindo os bens gerados, ou seja, a renda agregada até pode ser maior, mas não podemos afirmar que a renda por habitante também será maior. Diante disso, o que pode ser feito para garantir que um aumento do número de pessoas aptas a trabalhar implique um aumento tanto da renda agregada como da renda por habitante?

A resposta envolve uma questão crucial: não basta ter uma grande quantidade de trabalhadores. É preciso ter, também, qualidade de trabalhadores para que estes efetivamente ampliem a produção da economia. Nesse sentido, o investimento em educação é um dos instrumentos mais importantes para o crescimento, pois permite ampliar o chamado **capital humano** de uma economia. Na teoria econômica, os economistas dizem que o investimento em capital humano aumenta a **produtividade do trabalho**, o que significa que um mesmo trabalhador consegue gerar uma quantidade de bens maior ou mais complexos, de maior valor agregado. Um funcionário de uma clínica médica responsável por operar um equipamento de alta complexidade técnica, um funcionário de uma empresa de prestação de serviços de tecnologia da informação e o piloto de uma colheitadeira moderna de grãos dificilmente realizarão suas atividades se não souberem ler minimamente um idioma estrangeiro ou se não tiverem conhecimento mínimo de computação – hoje em dia, até caminhões modernos exigem um domínio mínimo desses conhecimentos para sua operação. Engenheiros, físicos, químicos, farmacêuticos, geólogos e agrônomos, entre outros, muito comumente estão em laboratórios testando o efeito de técnicas que ajudam a solucionar problemas e melhorar a produtividade das empresas, como o desenvolvimento de novas ligas metálicas para a siderurgia, sementes adaptadas para condições climáticas especiais, novos métodos para a perfuração de poços de petróleo em alto-mar, e o desenvolvimento de novos medicamentos, por exemplo. Se esses profissionais não tivessem investido em sua formação educacional, teriam chances remotas de realizar essas importantes tarefas. De fato, já vimos que países que exibem altos níveis de educação são justamente aqueles cuja população usufrui de alta renda *per capita* e bons indicadores de qualidade de vida.

12.1.3 O fator de produção capital

O fator de produção capital, por sua vez, se refere à quantidade de máquinas e equipamentos produtivos existentes em determinada economia. Lembremos que o conceito de capital na teoria econômica é bastante abrangente e compreende não só as máquinas de uma montadora de automóveis ou os fornos de uma usina siderúrgica, mas também o caminhão de uma transportadora de cargas, os equipamentos de um laboratório de análises clínicas, a fazenda de um produtor de soja ou de um criador de gado, a moto de um entregador de encomendas e até as ferramentas de um encanador. Além desses itens, o conceito de capital também compreende outros que não estão exatamente "dentro" das empresas, como a infraestrutura da economia: sua estrutura logística (portos, hidrovias, ferrovias, rodovias e aeroportos), sua estrutura de geração de energia (usinas geradoras hidrelétricas, termelétricas, solares, eólicas e nucleares) e sua estrutura de telecomunicações (TV, rádio, internet e telefonia), entre outros. Todos esses são itens que permitem que mais produtos e serviços sejam produzidos e ofertados aos consumidores.

Então, os países que conseguem crescer são aqueles que dispõem de amplo estoque de capital? O mesmo raciocínio aplicado ao caso do fator de produção trabalho também vale para o fator de produção capital: quantidade é importante, mas a qualidade é tão importante quanto. Formalmente falando, é importante que um país também tenha uma boa **produtividade do capital**. De nada adianta termos uma grande estrutura de rodovias se todas elas são mal conservadas: o tempo das viagens será naturalmente mais longo e teremos muitos acidentes, implicando perda de cargas e vidas. De nada adianta termos vários portos se eles não tiverem os equipamentos necessários para o transporte de contêineres, nem galpões para o armazenamento de cargas. De nada adianta termos uma grande estrutura de telecomunicações se a velocidade da internet for lenta ou se a qualidade das ligações telefônicas for ruim, pois você deixará de fechar negócios por falta de boa comunicação com o cliente. Também não ajuda muito o produtor de soja ter uma grande fazenda com terras impróprias para o cultivo (e que poderiam ser melhoradas com o uso de fertilizantes apropriados para seu tipo de solo) ou ter várias colheitadeiras ultrapassadas. Diante disso, o governo pode exercer um papel importante ao realizar investimentos em infraestrutura para que as empresas privadas tenham melhores condições de produzir bens e até ampliarem seus próprios investimentos. Assim, o investimento público geraria boas condições para a expansão dos investimentos privados.

12.1.4 Outros fatores de crescimento econômico

Diante dos argumentos já mencionados, para que um país cresça, bastaria que ele tivesse um bom estoque de trabalhadores (qualificados) e um bom estoque de capital (também qualificado), certo? A resposta é sim, mas em parte. Então, o que mais é necessário? Os estudiosos do crescimento econômico elencam outros fatores importantes para que um país consiga crescer.

O primeiro deles é o investimento em pesquisa e desenvolvimento (P&D), ou o investimento em novas tecnologias de produção e em novos produtos. Mas dado que são benéficos, por que as empresas nem sempre realizam investimentos nessa área?

O investimento em pesquisa e desenvolvimento de novos métodos produtivos e de novos produtos custa muito caro. Uma empresa farmacêutica pode até ter a intenção de desenvolver um medicamento que revolucione a ciência e melhore a vida das pessoas, mas é preciso contratar bons farmacêuticos, desenvolver fórmulas e realizar diversos testes. E se, ao final de todo esse investimento, o medicamento não funcionar? Nesse caso, todo o investimento da empresa terá sido em vão e ela corre o risco de ter jogado dinheiro pelo ralo.

Para garantir que essa empresa invista no novo medicamento, mesmo estando sujeita a todos os riscos, ela precisa ser recompensada caso ele funcione. Assim, algo muito comum no mercado farmacêutico e em inúmeros outros é a concessão de uma **patente** à empresa que desenvolveu o novo produto: durante determinado período (10 ou 20 anos, por exemplo), essa companhia farmacêutica tem exclusividade na produção do medicamento, ou seja, ela é temporariamente monopolista. Você pode achar isso injusto, pois a empresa poderia disponibilizar a fórmula do novo medicamento para que todos os laboratórios pudessem produzi-lo, beneficiando uma grande quantidade de doentes. Contudo, se a empresa não puder ser recompensada pelo alto investimento e pelo alto risco do desenvolvimento do novo medicamento, ela não terá nenhum incentivo para produzi-lo, e essa é uma situação indesejável, pois tanto o laboratório como os enfermos poderiam se beneficiar da pesquisa, especialmente depois do fim da patente, quando outros laboratórios podem produzi-lo, tornando o produto acessível a uma quantidade maior de pessoas. Posto de outra forma, com o investimento no novo medicamento é possível atingir uma melhora de Pareto. Nesse sentido, o papel do governo passa a ter novo peso, pois ele pode definir normas e leis adequadas para estimular o desenvolvimento tecnológico, criando os incentivos necessários para que investimentos em P&D aconteçam, de fato.

Outro fator importante é o que os economistas definem genericamente como a presença e a qualidade das instituições, que são as regras formais e informais que norteiam o comportamento dos agentes. De fato, não basta que um país tenha um amplo e qualificado estoque de trabalhadores e de capital para que atinja crescimento econômico. É importante, por exemplo, que tenha um bom **ambiente de negócios**, em que realizar transações econômicas seja rápido, fácil e seguro. Assim, é importante que o país tenha um bom **aparato jurídico**, como uma legislação trabalhista que permita o bom funcionamento do mercado de trabalho, leis que penalizem as empresas caso deixem de fornecer produtos e serviços de qualidade ao comprador, e tribunais que julguem rápida e corretamente os casos.

Outro fator relevante é a **burocracia**. Em muitos países, abrir uma empresa exige uma série de documentos e requisitos que demandam tempo e esforço do empresário. Grandes empresas no Brasil, por exemplo, precisam ter vários profissionais de contabilidade para lidar com o complexo sistema tributário brasileiro, ou seja, recursos que poderiam ser alocados na produção efetiva de bens acabam sendo desviados para o atendimento de exigências burocráticas. Empresas de comércio internacional chegam a perder cargas de alimentos perecíveis por exigências alfandegárias que impedem a rápida movimentação da mercadoria (é o que os técnicos chamam de tempo de desembaraço alfandegário). Outro fator institucional que atrapalha o ambiente de negócios é a **corrupção**: em muitos países, o empresário ainda precisa pagar propina para conseguir ou agilizar documentos necessários para abrir uma empresa ou para conseguir licenças e autorizações para realizar certas atividades.

Para se ter uma ideia da dificuldade de abrir uma empresa, existe um *ranking* que classifica os países em relação ao número de procedimentos e dias necessários (veja a Tabela 12.1). Note que, enquanto em alguns países em menos de uma semana e com poucos procedimentos é possível iniciar um negócio, no Brasil e na Venezuela são necessários mais de três meses e mais de uma dezena de procedimentos. Obviamente, não estamos afirmando que o mundo dos negócios deva ser totalmente livre, sem nenhum controle por parte das autoridades, mas, sem dúvida, exigências em excesso implicam mais dificuldade para realizar negócios, prejudicando o funcionamento da economia.

Tabela 12.1 • Facilidade para abertura de empresas – países selecionados

País	Posição no ranking	Procedimentos necessários	Dias necessários
Nova Zelândia	1	1	0,5
Canadá	2	1	5,0
Cingapura	3	3	2,5
Austrália	4	3	2,5
Irlanda	12	4	10,0
EUA	20	6	5,0
Chile	22	7	5,5

continua

continuação

País	Posição no ranking	Procedimentos necessários	Dias necessários
Reino Unido	28	6	12,0
Portugal	32	3	2,5
Dinamarca	40	4	5,5
França	41	5	6,5
Uruguai	43	5	6,5
México	48	6	6,0
Bélgica	49	3	4,0
Egito	50	7	8,0
Noruega	53	5	7,0
Finlândia	55	3	14,0
Suécia	61	3	16,0
Peru	63	5	25,0
África do Sul	64	5	19,0
Serra Leoa	75	6	12,0
Colômbia	79	9	15,0
Rússia	88	7	15,0
Itália	90	6	6,0
Moçambique	95	9	13,0
Suíça	104	6	18,0
Alemanha	111	9	14,5
Paraguai	113	7	35,0
Costa do Marfim	115	5	8,0
Japão	120	8	22,0
Brasil	123	13	107,5
Gana	128	8	14,0
Sudão	131	10	36,0
Camarões	132	5	15,0

continua

continuação

País	Posição no ranking	Procedimentos necessários	Dias necessários
Quênia	134	10	32,0
Áustria	138	8	25,0
Espanha	142	10	23,0
Zimbábue	150	9	90,0
Uganda	151	15	32,0
Venezuela	157	17	144,0
China	158	13	33,0
Argentina	164	14	25,0
Etiópia	166	9	15,0
Suazilândia	172	12	38,0
Mauritânia	173	9	19,0
Indonésia	175	10	48,0
Equador	176	13	55,5
Angola	178	8	66,0
Índia	179	12	27,0
Bolívia	180	15	49,0

Fonte: *Doing Business*.

12.2 Desenvolvimento econômico e social: como se mede?

Conforme mencionamos anteriormente, o conceito de desenvolvimento é bastante amplo e abstrato e, como não existe uma medida precisa para mensurar o bem-estar da população, precisamos definir medidas indiretas para tanto. Ainda de maneira intuitiva, vamos apresentar os principais indicadores considerados nesse contexto.

12.2.1 Renda ou produto *per capita*

Já apontamos que a produção agregada (de produtos e serviços) é uma das medidas mais utilizadas para definir o grau de desenvolvimento de uma nação. Entretanto, a produção total de bens de um país, como a Dinamarca ou a Noruega, que têm pouco mais de cinco milhões de habitantes cada, não é tão grande quanto a produção da China ou da Índia, que têm mais de um bilhão de habitantes cada. Contudo, mesmo com um PIB menor do que a China ou a Índia, a Noruega e a Dinamarca são amplamente conhecidas por proverem aos seus habitantes boas condições de vida. Diante disso, uma primeira medida para se quantificar o grau de desenvolvimento de um país é o **produto ou renda *per capita***, que nada mais é do que a produção agregada do país dividida por seu número de habitantes.

A Tabela 12.2 apresenta uma lista de países selecionados com sua respectiva renda *per capita* anual (mensurada em dólares americanos). Note que a diferença entre os países chama a atenção: enquanto os habitantes de países como a Noruega e a Suíça têm, em média, uma renda *per capita* superior a US$ 50.000, os habitantes de outros países, como a Libéria e o Congo, têm renda *per capita* inferior a US$ 900, ou seja, os habitantes dos dois primeiros usufruem de uma renda quase 60 vezes maior do que os habitantes dos dois últimos.

Tabela 12.2 • Renda per capita de países selecionados, em US$ anuais

País	1990	1995	2000	2005	2010	2013
Luxemburgo	30.397	38.896	53.711	68.290	84.064	90.790
Noruega	17.879	23.565	36.174	47.626	57.739	65.461
Arábia Saudita	22.826	25.884	29.413	34.239	45.292	53.780
Suíça	25.323	27.425	32.548	36.964	48.492	53.705
Estados Unidos	23.955	28.782	36.467	44.314	48.358	53.143
Suécia	19.302	21.841	27.985	32.703	39.569	43.455
Holanda	17.618	21.530	29.438	35.104	41.579	43.404
Alemanha	18.533	22.464	25.787	31.115	38.310	43.332
Canadá	19.870	23.192	29.001	35.973	39.972	43.207
Dinamarca	18.452	22.953	28.852	33.193	40.914	42.790
França	17.164	20.185	25.198	29.453	34.764	36.907
Japão	19.249	22.945	25.931	30.441	33.916	36.315
Itália	17.650	21.196	25.784	28.591	33.556	34.303
Israel	13.414	18.921	23.540	23.340	28.589	32.760

continua

continuação

País	1990	1995	2000	2005	2010	2013
Espanha	13.308	15.957	21.337	27.232	31.298	32.103
Portugal	11.026	13.477	17.704	21.463	25.869	25.892
Grécia	12.676	14.530	18.267	24.373	28.386	25.651
Chile	4.388	7.221	9.668	12.773	18.235	21.911
Uruguai	6.229	8.221	9.985	11.305	16.177	19.590
Venezuela	9.418	11.246	11.475	13.354	16.218	18.194
México	5.993	7.906	10.212	11.964	14.726	16.463
Brasil	6.475	7.854	8.741	10.560	13.773	15.034
Costa Rica	4.750	6.207	7.590	9.475	12.085	13.872
Colômbia	5.021	6.316	6.676	8.277	10.569	12.371
China	1.007	1.786	2.864	4.963	9.053	11.904
Peru	3.392	4.545	5.139	6.684	9.724	11.775
Equador	4.758	5.560	5.754	7.451	8.846	10.469
Paraguai	3.877	4.809	4.786	5.355	6.873	8.043
Angola	2.741	2.089	2.688	4.160	6.911	7.538
Índia	1.174	1.542	2.063	2.966	4.549	5.410
Camarões	1.714	1.523	1.823	2.158	2.418	2.711
Bangladesh	691	866	1.098	1.486	2.093	2.557
Serra Leoa	862	759	796	1.030	1.320	1.927
Ruanda	554	508	606	885	1.242	1.452
Uganda	421	564	701	921	1.269	1.410
Moçambique	281	319	435	648	868	1.045
Libéria	326	104	376	419	675	878
Congo	822	529	421	495	620	747

Fonte: Banco Mundial.

Não é de se estranhar que um norueguês ou um suíço usufrua de melhores condições de vida do que um liberiano ou um congolês. De fato, países que exibem elevada renda *per capita* são países que, geralmente, exibem bons indicadores de qualidade de vida para a população. Deve-se notar, porém, que o conceito de PIB *per capita,* é na verdade, uma média simples, ou seja, não implica que todas as pessoas daquele país efetivamente recebam a renda média. Assim, existem pessoas que recebem uma renda maior e outras que recebem uma renda menor do que a renda *per capita* média.

12.2.2 Índice ou coeficiente de Gini

Como a renda *per capita* mede a renda média dos habitantes de um país ou de uma região, mas não a maneira como essa renda é distribuída, outro indicador importante de desenvolvimento econômico é a **dispersão da distribuição da renda**. Mesmo que um país exiba um PIB *per capita* elevado, quanto pior a distribuição da renda, quer dizer, quanto mais a renda se concentrar nas mãos de poucas pessoas, menos desenvolvido tende a ser o país, já que a maioria da população terá condições inferiores de renda e de acesso a produtos e serviços. Do mesmo modo que o produto agregado pode não ser uma medida adequada de desenvolvimento econômico e social, o mesmo vale para a renda *per capita,* pois é necessário investigar a distribuição em torno dessa média.

O índice mais comumente utilizado para se medir a distribuição de renda é o chamado **Índice ou Coeficiente de Gini**, uma medida de desigualdade originalmente desenvolvida pelo estatístico italiano Corrado Gini, em 1912. Ele consiste em um número entre 0 e 1, em que o valor 0 corresponde a uma situação de completa igualdade de renda entre os indivíduos, ou seja, uma situação em que todos têm exatamente a mesma renda (desigualdade nula, portanto), e o valor 1 corresponde à situação de completa desigualdade, ou seja, quando um indivíduo tem toda a renda e os demais nada têm. O índice de Gini também pode ser (e comumente é) expresso em pontos percentuais, quer dizer, o coeficiente é multiplicado por 100. Como você deve imaginar, é praticamente impossível que, na prática, uma sociedade exiba um índice exatamente igual a 0 ou a 1, mas quanto mais o índice de uma sociedade se aproximar de 1, mais podemos dizer que ela tende a ser desigual, com mais indivíduos recebendo uma pequena parcela da renda e menos indivíduos recebendo uma grande parcela.

Tabela 12.3 • Índice de Gini de países selecionados (em %)

País	Anos								
	1998	2000	2001	2002	2003	2004	2005	2008	2009
Argentina	50,74	51,11	53,36	53,79	54,72	50,18	49,28	46,26	46,13
Armênia	—	—	36,22	35,66	33,80	37,79	36,16	30,86	—
Bolívia	—	62,78	58,54	59,94	—	—	57,79	56,29	—
Brasil	60,35	—	60,13	59,42	58,78	57,68	57,42	55,07	54,69
Chile	55,54	55,26	—	—	54,64	—	—	—	52,06
China	—	—	—	42,59	—	—	42,48	42,63	42,06
Colômbia	—	58,68	58,01	60,68	57,86	58,29	56,12	57,23	56,67
Costa Rica	45,67	46,53	50,90	50,72	49,74	48,69	47,63	48,87	50,73
El Salvador	54,52	—	53,60	53,10	50,72	49,00	50,33	46,75	48,33
Equador	51,67	56,59	—	—	55,06		54,14	50,62	49,43
Honduras	57,43	—	54,38	58,89	58,71	58,49	59,65	61,33	56,95
Hungria	24,93	27,32	26,92	26,82	—	30,04	—	—	—
México	48,99	51,87	—	49,68	—	46,05	51,15	48,28	—
Panamá	57,56	—	57,30	56,64	56,31	55,00	54,00	—	52,03
Paraguai	56,68	—	56,15	56,67	56,88	54,00	52,45	52,05	51,04
Peru	56,17	50,75	54,06	55,64	55,22	50,34	51,11	48,95	49,05
Polônia	32,85	32,93	32,84	34,05	—	35,88	34,92	34,21	34,07
República Dominicana	—	52,01	50,43	50,12	52,09	51,95	51,06	49,00	48,86
Romênia	29,44	30,25	30,57	31,46	31,06	31,66	31,57	31,15	30,00
Rússia	—	—	39,60	35,70	37,26	37,14	37,51	42,27	40,11
Tailândia	41,46	42,84	—	41,98	—	—	—	40,51	40,02
Turquia	—	—	—	42,71	43,42	42,67	42,56	38,95	38,73
Ucrânia	—	—	—	28,28	28,05	28,11	28,21	27,51	26,44
Uruguai	43,81	44,39	46,17	46,66	46,22	47,13	45,87	46,27	46,28
Venezuela	48,06	—	47,23	49,01	48,10	47,50	49,46	—	—

Fonte: Banco Mundial
Nota: – = não disponível

A Tabela 12.3 apresenta dados de alguns países selecionados. Note que o Brasil, apesar de ter reduzido sua desigualdade de distribuição de renda ao longo dos últimos anos (em boa parte em função da queda da inflação e do crescimento dos programas de transferência de renda às famílias de baixa renda), continua tendo um dos índices mais elevados do mundo.

12.2.3 Pobreza

Outro índice de desenvolvimento econômico e social bastante importante é a proporção de pessoas que vivem em condições de pobreza. Existem duas medidas bastante tradicionais e amplamente conhecidas de pobreza: **pobreza absoluta,** que pode ser definida como a situação em que os indivíduos de um país ou região não atingem níveis considerados mínimos de condições de vida. Em geral, definem-se como pobres absolutos os indivíduos que não conseguem consumir uma quantidade de calorias (consumo de alimentos) minimamente adequada para sua subsistência, ou seja, sofrem o problema da subnutrição. Você pode até estranhar esse critério porque a pobreza não envolve apenas questões alimentares, mas, em termos intuitivos, a ideia é que se esse indivíduo sequer consegue se alimentar de maneira adequada, ele muito provavelmente sofre de outros problemas sérios que prejudicam sua sobrevivência. A **pobreza relativa** ocorre quando o indivíduo tem o mínimo necessário para subsistir, mas não possui os meios necessários para viver de acordo com a área onde está inserido ou como as pessoas de *status* social comparável. Como você deve ter notado, a pobreza absoluta é uma condição mais severa e indesejável, pois inclui aqueles que têm efetivamente dificuldades para sobreviver.

No caso da pobreza absoluta, é necessário estabelecer uma renda mínima que a pessoa deveria ter para que pudesse consumir uma quantidade mínima de calorias para sobreviver. Em geral, o indicador mais utilizado para definir quem faz parte do grupo dos considerados pobres (e, por exclusão, quem não faz) é a chamada **linha de pobreza**: são considerados pobres todos aqueles que têm renda inferior à definida pela linha. Assim, se um indivíduo precisa de no mínimo R$ 100 mensais para viabilizar minimamente suas necessidades alimentares, todos aqueles que recebem menos do que esse valor são considerados pobres. Como se pode deduzir, calcular essa linha não é uma tarefa trivial e envolve uma série de cálculos minuciosos para garantir que o cálculo reflita verdadeiramente a condição de vida das pessoas. Ao final deste capítulo, sugerimos a leitura de um estudo que explica em detalhes e com rigor metodológico o cálculo da linha de pobreza no Brasil.

Com base nos indicadores que discutimos até aqui, note que existe uma distinção entre a distribuição de renda e a pobreza. No mundo real, é perfeitamente possível que um país tenha a renda bastante concentrada e, mesmo assim, não haja pobreza absoluta: para tanto, basta que a renda do indivíduo considerado mais pobre dessa sociedade seja superior à linha de pobreza. No entanto, também é possível que um país tenha uma distribuição igualitária (ou seja, todos os habitantes têm a mesma renda) e, ainda assim, haja elevado grau de pobreza absoluta; isso ocorre caso a renda dos indivíduos seja inferior à linha de pobreza. É muito provável, por exemplo, que mesmo o indivíduo mais pobre da Suíça tenha melhores condições de vida do que a maior parte dos habitantes da Somália ou de Níger, por exemplo.

Também é interessante notar que, quando ocorre um crescimento concentrado do PIB, mesmo com uma piora nos indicadores de distribuição de renda é possível que todos os indivíduos estejam em posição melhor pelo aumento da renda, diminuindo a pobreza absoluta. Se os mais ricos têm um aumento de renda relativamente maior do que os mais pobres, apesar de todos estarem mais ricos, a concentração de renda piora. Por um lado, podemos dizer que essa sociedade está melhor, pois há menos pobreza absoluta, mas, por outro, esta sociedade está pior, dada a piora na distribuição de renda. Diante disso, quando pensamos em desenvolvimento econômico e social, almejamos tanto uma distribuição mais equitativa da renda agregada como baixos índices de pobreza absoluta.

12.2.4 Índice de Desenvolvimento Humano

Como a renda *per capita* não é um indicador perfeito de desenvolvimento econômico e social (por não considerar outras questões relacionadas às condições de vida da população), a ONU, por meio do Programa das Nações Unidas para o Desenvolvimento (PNUD), definiu um importante indicador para se medir o grau de desenvolvimento dos países. O **Índice de Desenvolvimento Humano** (IDH) incorpora uma série de variáveis relacionadas à renda *per capita* e sua distribuição, às condições de saúde e de educação, entre outros itens. Assim, apesar de não ser uma medida perfeita de bem-estar (lembre-se de que nenhum indicador é), o IDH é um indicador significativo, pois sintetiza outras medidas que nos ajudam a avaliar a qualidade de vida da população de diferentes países.

O IDH é um índice que vai de 0 a 1, sendo que quanto mais próximo de 1, mais desenvolvido é considerado o país. O IDH é uma média aritmética de três outros indicadores:

- o PIB *per capita*, como indicador de renda média;
- a expectativa de vida da população ao nascer, como indicador de longevidade;

- a taxa de alfabetização de adultos e a taxa de escolarização, como indicadores da qualidade da educação do país.

Com base nesse índice, é construído um *ranking*, divulgado periodicamente pela ONU. A Tabela 12.4 apresenta a evolução desses dados para um conjunto selecionado de países.

Tabela 12.4 • IDH de países selecionados

IDH		Anos						
Posição no ranking em 2013	País	1980	1985	1990	2000	2005	2010	2013
1	Noruega	0.793	0.814	0.841	0.910	0.935	0.939	0.944
2	Austrália	0.841	0.853	0.866	0.898	0.912	0.926	0.933
3	Suíça	0.806	0.813	0.829	0.886	0.901	0.915	0.917
4	Holanda	0.783	0.796	0.826	0.874	0.888	0.904	0.915
5	Estados Unidos	0.825	0.839	0.858	0.883	0.897	0.908	0.914
17	Japão	0.772	0.794	0.817	0.858	0.873	0.884	0.890
19	Israel	0.749	0.771	0.785	0.849	0.869	0.881	0.888
20	França	0.722	0.741	0.779	0.848	0.867	0.879	0.884
21	Bélgica	0.753	0.773	0.805	0.873	0.865	0.877	0.881
34	Arábia Saudita	0.583	0.623	0.662	0.744	0.773	0.815	0.836
40	Emirados Árabes	0.640	0.686	0.725	0.797	0.823	0.824	0.827
41	Portugal	0.643	0.674	0.708	0.780	0.790	0.816	0.822
41	Chile	0.640	0.664	0.704	0.753	0.785	0.808	0.822
44	Cuba	0.681	0.714	0.729	0.742	0.786	0.824	0.815
69	Turquia	0.496	0.542	0.576	0.653	0.687	0.738	0.759
71	México	0.595	0.631	0.647	0.699	0.724	0.748	0.756
79	Brasil	0.545	0.575	0.612	0.682	0.705	0.739	0.744
82	Peru	0.595	0.616	0.615	0.682	0.694	0.722	0.737
84	Belize	0.619	0.620	0.640	0.675	0.710	0.714	0.732
90	Tunísia	0.484	0.537	0.567	0.653	0.687	0.715	0.721

continua

continuação

91	China	0.423	0.457	0.502	0.591	0.645	0.701	0.719
98	Equador	0.605	0.627	0.643	0.658	0.687	0.701	0.711
98	Colômbia	0.557	0.574	0.596	0.655	0.680	0.706	0.711
110	Egito	0.452	0.501	0.546	0.621	0.645	0.678	0.682
111	Paraguai	0.550	0.567	0.581	0.625	0.648	0.669	0.676
118	África do Sul	0.569	0.584	0.619	0.628	0.608	0.638	0.658
120	Iraque	0.500	0.481	0.508	0.606	0.621	0.638	0.642
135	Índia	0.369	0.404	0.431	0.483	0.527	0.570	0.586
152	Camarões	0.391	0.422	0.440	0.433	0.457	0.493	0.504
169	Afeganistão	0.230	0.271	0.296	0.341	0.396	0.453	0.468
171	Costa do Marfim	0.377	0.378	0.380	0.393	0.407	0.439	0.452
178	Moçambique	0.246	0.205	0.216	0.285	0.343	0.380	0.393
183	Serra Leoa	0.276	0.279	0.263	0.297	0.329	0.353	0.374
187	Níger	0.191	0.197	0.218	0.262	0.293	0.323	0.337

Fonte: ONU.

Note que o IDH continua corroborando características que já vimos anteriormente: os países que exibem alta renda *per capita* também são aqueles que apresentam alto IDH, ou seja, mesmo quando se consideram outros fatores, como longevidade e educação, não há uma mudança brusca na classificação da qualidade de vida dos países. Por sua vez, países com renda *per capita* baixa, como muitas nações africanas, também exibem os menores IDHs, ou seja, os habitantes desses países não só têm renda baixa, como também problemas associados à falta de estrutura de saúde e saneamento básico e de educação. O mais preocupante, contudo, é a evolução muito lenta do IDH desses países ao longo do tempo. Isso pode implicar uma situação indesejável em nível global: se os países com menores IDHs permanecerem nessa situação, existe alta possibilidade de que a desigualdade entre os países também se mantenha, ou seja, continuaremos tendo muitos países com baixo desenvolvimento econômico e social convivendo com outros países com níveis bastante altos de desenvolvimento.

12.3 Considerações finais

Este capítulo buscou destacar o que constitui o desenvolvimento econômico. Esse é um tema muito importante e complexo por envolver diferentes aspectos relacionados às condições de vida da população. O desenvolvimento inclui elementos econômicos (renda), aspectos sociais, distributivos, ambientais, políticos, entre outros. Para lidar com tal complexidade, busca-se desenvolver indicadores que tenham correlação com outros indicadores sociais, mas isso não é suficiente para contemplar todos os aspectos do desenvolvimento.

O tema do desenvolvimento sempre fez parte das preocupações da teoria econômica. Diferentes visões e modos de abordar o tema apareceram com diferentes escolas de pensamento econômico. Em geral, associa-se desenvolvimento com crescimento. As principais conclusões da teoria econômica são que o aumento do produto se dá com a ampliação dos fatores de produção, mas eles não sustentam isoladamente o aumento do produto *per capita* no longo prazo. O crescimento do produto no longo prazo depende dos ganhos de produtividade, e estes decorrem do progresso técnico, das inovações e do aumento do capital humano. Assim, os principais determinantes do crescimento econômico são os incentivos ao investimento em educação e em inovação. Estes são os principais aspectos a serem considerados em políticas voltadas para o desenvolvimento econômico.

Sugestões e links interessantes

Se você quiser saber mais sobre o IDH, acesse o site http://hdr.undp.org/en.

Se quiser acessar os dados sobre IDH e Gini dos estados e municípios brasileiros, acesse o site do IPEADATA: http://www.ipeadata.gov.br/.

Um dos trabalhos mais importantes sobre cálculo da linha de pobreza no Brasil foi desenvolvido pela economista Sônia Rocha, intitulado "Do consumo observado à linha de pobreza", publicado na revista *Pesquisa e Planejamento Econômico*, do IPEA. Se quiser lê-lo, acesse o link: http://ppe.ipea.gov.br/index.php/ppe/article/viewFile/730/670.

Se você achou interessantes as informações sobre tempo e procedimentos necessários para a abertura de empresas, acesse o portal da *Doing Business*, em http://portugues.doingbusiness.org/.

Conceitos importantes do capítulo

- Crescimento econômico
- Desenvolvimento econômico
- Desigualdade de renda
- Fator de produção capital
- Fator de produção trabalho
- Índice de Desenvolvimento Humano
- Instituições
- Pobreza
- Produtividade do capital
- Produtividade do trabalho
- Renda agregada
- Renda *per capita*
- Pesquisa e desenvolvimento (P&D)

CAPÍTULO 13

DINHEIRO E O BANCO CENTRAL: POR QUE ELES EXISTEM E PARA QUE SERVEM?

Neste capítulo, vamos estudar a existência de um instrumento essencial ao bom funcionamento da economia e peça fundamental de qualquer sociedade contemporânea: a "moeda". Também vamos falar do papel da instituição responsável por garantir a saúde da moeda: o Banco Central.

Para começar, vamos tentar falar a mesma língua. Muito provavelmente, você está habituado a usar o termo "moeda" para descrever aquelas peças metálicas que recebe de troco ao tomar um café ou ao comprar um bilhete de metrô (e que, provavelmente, acha um incômodo carregar no bolso ou na carteira). Em nosso contexto, contudo, esse termo será empregado em sentido mais geral para se referir ao instrumento usado para realizarmos transações de compra ou venda, desde aquelas que envolvem pequenos valores até as de valor mais significativo.

Ainda que não se saiba ao certo a origem da moeda, nem mesmo o início de sua utilização, o fato é que ela faz parte da vida do homem desde os primórdios da civilização. Mas por que a moeda é tão antiga e, ainda hoje, tão importante?

13.1 Definição de moeda e suas funções

De acordo com a teoria econômica, dizemos que a moeda exerce três funções básicas:

- **Meio de troca (ou meio de pagamento):** por meio dessa, que é a mais conhecida das três funções, a moeda permite a realização de várias transações econômicas, quer dizer, operações de compra ou venda de bens. Quanto mais transações uma sociedade realiza, mais renda e riquezas pode gerar. Portanto, a moeda é um importante elemento dinamizador da economia, pois ela funciona como "lubrificante" das engrenagens econômicas. Vejamos por quê. Numa economia primária, que funciona à base de escambo, não existe moeda e as pessoas trocam seus produtos diretamente. Nesse esquema, para que uma troca ocorra de fato, é necessário haver a **dupla coincidência de desejos**: um indivíduo A, que tem um produto X, deve querer o produto Y do indivíduo B, e este, por sua vez, deve aceitar o produto X do agente A, caso contrário, a troca não ocorre. Introduzindo a moeda nessa economia, o indivíduo A pode obter o produto Y, mesmo que o indivíduo B não queira o produto X. Basta que exista a moeda, que atua como intermediária nas trocas: o indivíduo A pode vender seu produto X a um indivíduo C, por exemplo, recebendo moeda em troca e, com isso, pode comprar o produto Y do indivíduo B usando a moeda recebida. Em suma, a moeda permite transações que não aconteceriam numa economia movida apenas a escambo, ou seja, ao facilitar as trocas, a moeda ajuda a promover o bem-estar dos agentes.

- **Unidade de conta:** além de atuar como meio de pagamento, a moeda também serve como unidade de medida para todos os bens produzidos e consumidos em uma economia. Por exemplo, todos os produtos comercializados no Brasil são medidos em reais, ou seja, tem-se uma unidade de medida comum. Isso pode parecer simples e sem importância, mas, caso a moeda não existisse, teríamos de medir o preço de cada produto e serviço em termos dos demais produtos e serviços existentes: uma lata de refrigerante teria o custo equivalente a um passe de metrô, a um pastel de feira, a um décimo de hora de serviço de encanador, à um vigésimo de uma camisa e assim por diante. Como você pode deduzir, nas economias contemporâneas, em que se produz e se consome uma enorme diversidade de produtos e serviços, esse esquema seria totalmente inconveniente. Logo, medir o valor de tudo o que consumimos e produzimos por meio de uma métrica comum ajuda a economia a funcionar com mais facilidade.
- **Reserva de valor:** além de atuar como meio de pagamento e como unidade de conta, a moeda também permite que os indivíduos carreguem consigo (no tempo e no espaço) o poder de compra que ela confere, pois os agentes podem alocar parte de sua renda ou de sua riqueza sob a forma de moeda. Isso pode parecer abstrato, mas, ao possuir certa quantidade de reais, a pessoa consegue adquirir um bem a qualquer instante ou em qualquer lugar onde esteja. Como você já deduziu, essa função se enfraquece se a sociedade sofre inflação, pois, nesse caso, o poder de compra da moeda é corroído pelo aumento do preço de produtos e serviços. Esse é um dos diversos motivos que explicam a aversão dos agentes à inflação.

Estas são as funções da moeda, mas ainda resta uma pergunta: qual é a **definição de moeda** ou, em termos mais simples, o que é moeda?

Por mais curioso que possa parecer, não existe uma definição formal de moeda. Diante disso, define-se genericamente moeda como qualquer instrumento que exerça as três funções descritas anteriormente. Para que algo sirva como moeda, deve ter aceitação geral – o que decorre da confiança que os agentes depositam nela ou, nas sociedades contemporâneas, da obediência à legislação que normatiza a existência da moeda; no Brasil, por exemplo, nenhum agente pode se negar a vender um produto ou serviço recebendo reais em troca. Seja como for, a moeda deve ser entendida como uma convenção social. A moeda pode existir (e de fato isso ocorreu na antiguidade) mesmo em sociedades muito rústicas, sem um aparato jurídico e governamental que lhe dê suporte: basta que os agentes a aceitem como instrumento de funcionamento da economia. Em presídios, por exemplo, a moeda mais comumente utilizada é o cigarro, que possui ampla aceitação entre os prisioneiros e exerce, ainda que parcialmente, as três funções já citadas. Num passado não muito distante, especialmente em grandes cidades, era comum o uso de vale-transporte (ou passe de ônibus) como forma de pagamento de muitas transações.

Cabe ressaltar, ainda, a existência de, basicamente, dois tipos de moeda: a **moeda-mercadoria**, que é algo de valor intrínseco, quer dizer, além de ser aceita como moeda, também tem valor de uso, como ocorreu com o gado, o ouro e a prata, por exemplo, que já foram utilizados como moeda no passado. Nas economias contemporâneas, contudo, a moeda hegemônica é a **moeda fiduciária** – termo derivado do latim *fidere*, significando "confiar" –, que possui valor intrínseco praticamente nulo e circula por força da legislação de cada país (como as moedas metálicas ou em papel que temos em nosso país) e, por isso, também são ditas "moedas de curso forçado".

Os elementos que apresentamos anteriormente fundamentam a existência e a importância da moeda para o bom funcionamento da economia. Como resultado, há um aspecto macroeconômico relevante sobre a moeda: a atuação do Banco Central, conforme veremos a seguir.

13.2 As funções do Banco Central

Que a moeda é importante você já sabe. Contudo, de onde surge a moeda?

No Brasil, como na maior parte dos países, a **autoridade monetária** (ou, em termos mais simples, o nosso Banco Central) é o agente responsável pela emissão de moeda doméstica (no caso do Brasil, o real). Vejamos suas funções.

- **Emitir moeda:** o Banco Central é responsável e monopolista na emissão de moeda, ou seja, somente ele pode injetar mais ou menos moeda na economia e, obviamente, existem critérios importantes que definem a quantidade de moeda a ser ofertada pela autoridade monetária. Em função desse monopólio na emissão, o Banco Central deve zelar pelo bom funcionamento das três funções da moeda, caso contrário, a economia sofre consequências prejudiciais, conforme explicaremos ao longo do livro.

  Um aspecto importante da moeda é ser o ativo mais líquido da economia. **Liquidez** quer dizer a facilidade ou a rapidez que um ativo se converte em moeda: um imóvel de luxo, por exemplo, tem menos liquidez do que um automóvel popular. Contudo, como a moeda já é a própria moeda, diz-se que tem liquidez absoluta. Por isso, como o Banco Central controla a oferta de moeda, ele automaticamente controla o grau de liquidez da economia.

  Portanto, economias com muita moeda em circulação tendem a realizar mais transações de compra e venda de bens, quer dizer, ao injetar mais ou menos liquidez no mercado, o Banco Central incentiva ou desincentiva as transações econômicas, aquecendo ou desaquecendo a produção e o consumo. É por isso que o Banco Central, ao controlar a oferta de moeda, tem um grande poder regulador sobre o ritmo de atividade da economia.

- **Ser o banco dos bancos:** além de controlar a oferta de moeda doméstica, o Banco Central atua como órgão regulador dos bancos por meio de leis e regras que devem ser cumpridas para garantir o bom funcionamento do sistema financeiro.[1] O Banco Central, por exemplo, pode limitar a quantidade de crédito concedido pelos bancos ao público geral para evitar que sofram problemas de inadimplência dos tomadores de empréstimos (o que causaria prejuízos excessivos aos bancos) ou pode prover auxílio aos bancos em momentos de dificuldade financeira (nesse caso, diz-se que o Banco Central atua como "emprestador de última instância" dos bancos), concedendo-lhes um empréstimo de nome específico, o "redesconto". Por fim, o Banco Central também controla o depósito compulsório: de todos os depósitos que um banco recebe (em conta-corrente, por exemplo), uma parte é temporariamente retida pelo Banco Central (e depois devolvida ao banco) para que possa controlar o volume de moeda em circulação entre os agentes, ou seja, controlar o grau de liquidez da economia.

---

[1] No Brasil, a Comissão de Valores Mobiliários (CVM) também supervisiona o funcionamento dos agentes do sistema financeiro.

- **Ser banco do governo:** além de ser o órgão no qual o governo mantém parte de seus recursos (arrecadados via cobrança de impostos, por exemplo), o Banco Central também pode conceder recursos ao governo, seja diretamente por meio de empréstimos, seja indiretamente, via compra de títulos da dívida emitidos pelo governo. Discutiremos os títulos da dívida no Capítulo 16, que discute o governo.
- **Ser o responsável por gerir o mercado de moeda estrangeira:** o Banco Central é o órgão responsável pelo funcionamento do mercado de moeda estrangeira, atuando por intermédio de agentes financeiros, como as casas de câmbio, por exemplo. O Banco Central do Brasil, que emite ou produz somente reais, é o responsável por gerir e realizar as conversões de moeda estrangeira em moeda doméstica. Quando um exportador brasileiro vende um produto ao exterior e recebe em dólares americanos ou em euros, por exemplo, o órgão responsável por fazer a conversão para reais é o Banco Central do Brasil que, por meio dos intermediários financeiros, compra a moeda estrangeira desse agente e lhe paga o equivalente em reais. O mesmo ocorre quando um indivíduo compra dólares para uma viagem ao exterior: indiretamente (via intermediários financeiros) ele está interagindo com o Banco Central ao comprar a moeda custodiada por ele. Apresentaremos com mais detalhes o funcionamento do mercado de moeda estrangeira no capítulo sobre Macroeconomia Internacional.

13.3 O controle da oferta de moeda pelo Banco Central

Como já dissemos, a função primária do Banco Central é ofertar moeda doméstica. Mas como é que ele injeta ou retira moeda de circulação entre os agentes?

A resposta a essa pergunta faz parte do que, no jargão econômico, é chamado de **política monetária**. De forma simplificada, é desse modo que o Banco Central controla a quantidade de moeda em circulação. A política monetária é um dos instrumentos de que o governo faz uso para conseguir controlar o ritmo da atividade econômica; a outra é a política fiscal, a ser discutida no Capítulo 16.

Em suma, os mecanismos que permitem ao Banco Central realizar **diretamente** essa operação são:

- Aumentar os empréstimos ao setor público ou ao setor privado. Ao emprestar recursos a esses setores, o Banco Central injeta mais moeda na economia, ampliando a circulação de reais entre os agentes;
- Comprar moeda estrangeira do público geral. Neste caso, o Banco Central compra moeda estrangeira dos agentes, pagando o equivalente em reais, e aumenta a circulação de moeda doméstica entre eles;

- Comprar títulos da dívida pública junto ao público geral: os agentes de uma economia (famílias e empresas, em geral) podem comprar títulos da dívida emitidos pelo governo como forma de prover recursos para ele, como se fosse um empréstimo dos agentes para o governo. O Banco Central pode comprar esses títulos, oferecendo, em troca, reais ao comprador original do título, e o Banco Central passa a ser o novo detentor do título da dívida pública.

Além de emitir recursos diretamente, o Banco Central também emite recursos **indiretamente**, por meio dos bancos comerciais que, como vimos antes, estão sob sua supervisão:

- Concedendo redesconto aos bancos comerciais. Com esse procedimento, o Banco Central disponibiliza mais recursos aos bancos, permitindo que estes concedam mais empréstimos ao público geral e, portanto, aumentem a oferta de reais para os agentes;
- Diminuindo o compulsório. Ao receberem um depósito, os bancos comerciais remetem ao Banco Central um montante menor de moeda e mantêm um montante maior, permitindo, portanto, que mais empréstimos sejam concedidos ao público geral.

Uma importante implicação econômica da política monetária é o fato de definir um conceito bastante importante para a economia: a **taxa de juros** que, em nosso cotidiano, representa o custo que um indivíduo paga ao tomar um empréstimo; para quase tudo o que você consome há um preço, até para isso.

Já falamos que o Banco Central controla a oferta de moeda da economia. Por sua vez, as famílias, as empresas e o governo demandam recursos para realizar suas transações do cotidiano. As famílias tomam recursos emprestados para financiar a compra de imóveis, automóveis e eletrodomésticos, e as empresas, por sua vez, tomam recursos emprestados para comprar novas máquinas e equipamentos. Até mesmo o governo toma recursos emprestados, conforme veremos no Capítulo 16. Assim, podemos empregar os conceitos vistos no Capítulo 2 para ilustrar o mercado monetário conforme o diagrama na Figura 13.1.

Aqui, o eixo X (abscissa) mensura a quantidade de recursos ofertados pelo Banco Central (direta ou indiretamente, por meio dos bancos), ao passo que o eixo Y (ordenada) mensura a taxa de juros (em %), ou seja, o preço dos recursos. Vamos supor que o Banco Central oferte uma quantidade fixa de recursos, ilustrada pela linha vertical da figura 13.1.[2] Vamos supor, também, que a demanda por recursos seja função da renda dos indivíduos e da taxa de juros: se a renda aumenta, os indivíduos almejam mais re-

---

[2] Como estamos assumindo uma oferta fixa, a representação gráfica é um pouco diferente da ilustrada no Capítulo 2, quando a oferta tinha inclinação positiva.

cursos para realizar suas transações cotidianas de compra de produtos e serviços. Por sua vez, se a taxa de juros aumenta, o custo da tomada de recursos emprestados fica maior, inibindo a demanda. Assim, temos o seguinte:

Oferta de moeda: M^S (exógena, definida pelo Banco Central)

$$\text{Demanda por moeda: } M^D = f(\overset{+}{Y};\overset{-}{i})$$

Em que o sinal "+" sobre Y denota o efeito positivo da renda sobre a demanda por moeda e o sinal "−" sobre i denota, por sua vez, o efeito negativo da taxa de juros sobre a demanda por moeda.

No equilíbrio do mercado, a oferta de moeda é igual a demanda por moeda, ou seja:

$$M^D = M^S$$

Na Figura 13.1, a demanda por moeda é ilustrada pela linha de inclinação negativa: quanto menor a taxa de juros (ou seja, quanto menor o custo de se tomar um empréstimo), maior será a demanda por parte dos agentes, ceteris paribus.[3]

Figura 13.1 • Equilíbrio do mercado monetário com diferentes demandas por moeda

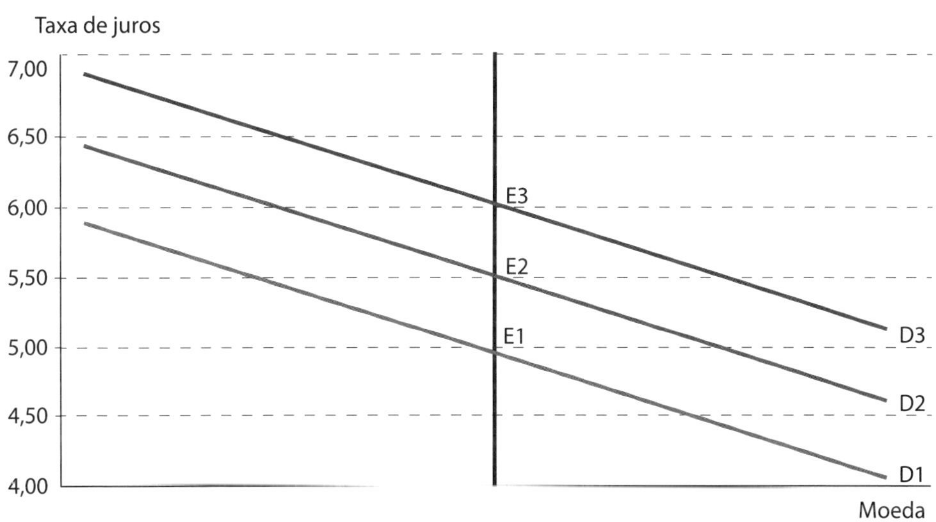

[3] Ao rigor da teoria, ao pensarmos no mercado monetário, estamos dizendo que quanto menor a taxa de juros maior será a demanda dos indivíduos por ativos mais líquidos que rendem uma menor taxa de juros.

Dada a oferta de moeda, se a demanda for representada pela linha D1, teremos como equilíbrio uma taxa de juros igual a 5% (ponto resultante da intersecção entre oferta e demanda por recursos), ou seja, para cada R$ 1,00 tomado hoje, no futuro o tomador deverá devolver R$ 1,05. Contudo, se a renda do indivíduo se eleva, aumenta também a demanda por moeda, representada, agora, pela linha D2: teremos um aumento da taxa de juros para 5,5%, ou seja, tudo o mais constante, uma demanda mais alta eleva o preço do empréstimo. Finalmente, se a renda do indivíduo sofre nova elevação, a demanda por moeda se eleva para D3, *ceteris paribus*, e a nova taxa de juros sofre nova elevação, passando a ser 6,5%.

Esse gráfico ajuda a entender como é definida a **taxa Selic**, sobre a qual você já deve ter ouvido falar. A taxa Selic é a taxa básica de juros da economia definida pelo Banco Central e serve como referência para todas as demais taxas de juros praticadas pelo mercado (juros sobre cartão de crédito e sobre financiamento de automóveis, entre outros). Assim sendo, quando o Banco Central diminui ou aumenta a quantidade de moeda em circulação, ele altera a taxa de juros que o sistema financeiro cobra dos tomadores. Esse efeito é ilustrado na Figura 13.2, que assume uma dada demanda por moeda e ilustra o caso de um aumento na oferta de moeda por parte do Banco Central de O1 para O2. Como resultado, note que a taxa de juros se reduz, *ceteris paribus*.

Figura 13.2 • Equilíbrio do mercado monetário com elevação da oferta de moeda

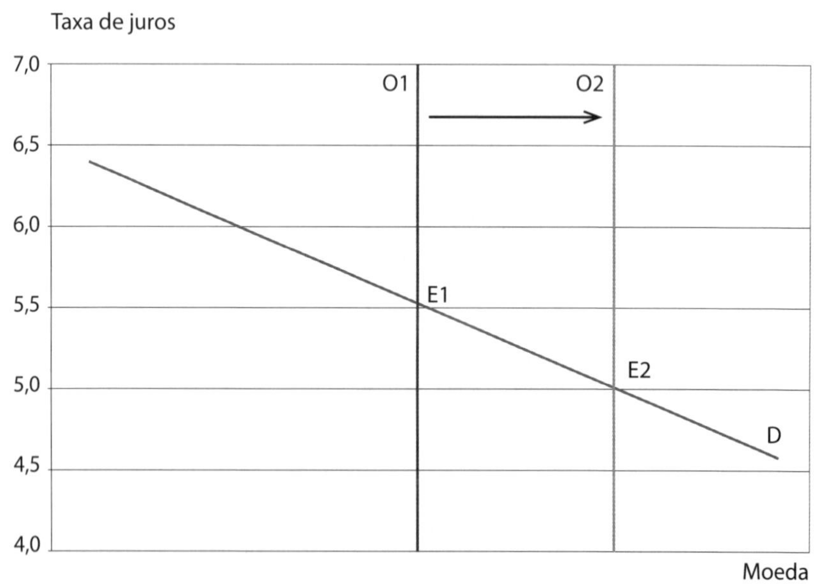

13.4 O papel dos bancos na criação de moeda

Os bancos e os demais intermediários financeiros (bolsas de valores, corretoras, bancos de investimentos e assim por diante) são importantes por dinamizar o fluxo de recursos entre os agentes. Um indivíduo pode ter recursos disponíveis (poupança) para emprestar a um empresário que esteja precisando desses recursos para comprar novas máquinas para sua empresa (ou seja, para realizar investimentos), mas, caso eles não se conheçam (o que é muito provável dada a enorme quantidade de agentes existentes), dificilmente os recursos serão transmitidos do primeiro para o segundo. Assim, os bancos e os demais intermediários financeiros podem ajudar na facilitação dessas transações, pois se especializam justamente na tarefa de procurar recursos junto aos poupadores e concedê-los aos interessados em tomar financiamento. De fato, especializar-se na tarefa de canalizar recursos dos poupadores para quem deseja recursos emprestados é a principal função do sistema financeiro.

Além do Banco Central, os bancos também atuam como **emissores indiretos** de moeda. Quando recebem depósitos, sabem que é improvável que os agentes que os realizaram (correntistas do banco, por exemplo) saquem todos os seus recursos imediata e simultaneamente, ou seja, o mais provável é que os correntistas saquem seus recursos aos poucos e não todos ao mesmo tempo. É verdade que parte dos recursos pode ser sacada e isso efetivamente ocorre (quando você saca dinheiro no caixa eletrônico, por exemplo), levando os bancos a manter uma quantia de numerário livre em suas reservas justamente para atender aos saques de seus correntistas, mas o restante pode ser emprestado a outros clientes do banco, permitindo que os bancos "criem" moeda para a sociedade.

Para exemplificar esse caso, vamos assumir que ocorra o seguinte: um banco estima que a cada R$ 100 em posse dos correntistas, R$ 25 são mantidos com os próprios correntistas e R$ 75 são depositados nos bancos. Vamos assumir, também, que destes R$ 75 que são depositados pelos correntistas nos bancos, R$ 15 são sacados posteriormente e R$ 60 fiquem no banco por mais tempo, montante que pode ser, então, concedido pelo banco aos clientes sob a forma de empréstimos. Contudo, o banco não pode conceder o total deste valor porque, conforme já discutido neste mesmo capítulo, uma parte dele deve ser obrigatoriamente enviado ao Banco Central sob a forma de depósito compulsório. Assumindo que o compulsório incidente sobre estes R$ 60 sejam R$ 15, o que o banco pode conceder sob a forma de empréstimo é, portanto, igual a R$ 45.

Assumindo que os tomadores desse montante depositem uma parte em outro banco, uma parcela desses novos recursos pode ser emprestada novamente, repetindo o processo. Esse processo, em que um montante de recursos permite que novos recursos sejam gerados pela ação dos bancos, é o que se denomina **multiplicador bancário**. Como você pode concluir, o total de empréstimos capaz de ser gerado com os R$ 100 iniciais depende, primeiramente, de quanto o público decide depositar no banco (no exemplo, o público reteve R$ 25, e depositou R$ 75). Depende, também, de quanto dos R$ 75 depositados os bancos retêm consigo (para atender a demanda de moeda dos clientes via saques, por exemplo) e de quanto são obrigados a enviar ao Banco Central sob a forma de compulsório.

Os bancos, naturalmente, obtêm um ganho nesse processo ao cobrar uma taxa de juros do tomador do recurso (a pessoa que fez um empréstimo no banco), permitindo que o banco obtenha lucros. Se os bancos retêm uma grande parte (e concedem poucos empréstimos, portanto), o multiplicador bancário é menor, os bancos conseguem atender aos saques dos clientes com tranquilidade, mas reduzem seus lucros, pois concedem poucos empréstimos. Dado que o inverso também vale, é importante que os bancos mantenham recursos suficientes para cobrir os saques de seus clientes, mas que também concedam um montante adequado de empréstimos para garantir a lucratividade necessária para poder se sustentar e se manter no mercado financeiro. Se os bancos concedem muitos empréstimos visando elevar seus lucros, podem ter dificuldade em cobrir os saques dos clientes, de tal forma que ficam "descobertos". Isso ajuda a entender, ainda que em parte, por que muitos bancos enfrentam problemas financeiros e eventualmente podem "quebrar". É por isso, entre outros motivos, que o Banco Central atua como emprestador de última instância dos bancos, visando evitar que quebrem e acarretem consequências indesejáveis para o funcionamento da economia.

13.5 Considerações finais

O objetivo deste capítulo foi introduzir conceitos básicos sobre a moeda, em especial as funções que ela desempenha e que permitem o bom andamento da economia. Também descrevemos a atuação do Banco Central, órgão responsável pela emissão da moeda e, em última instância, igualmente responsável por garantir sua saúde. Por fim, abordamos o papel do sistema financeiro como canalizador dos recursos entre poupadores e tomadores, e sua importância como "criador de moeda" dentro do país. Com isso, acreditamos ter esclarecido alguns pontos significativos que permitem ao leitor entender com mais facilidade certos eventos do nosso dia a dia.

Sugestões e links interessantes

Além de responsável por gerir o sistema monetário da economia brasileira, o Banco Central cumpre um papel pedagógico relevante por meio de estudos e pesquisas bastante didáticas e elucidativas. Recomendamos ao leitor consultar estes links sobre o Bacen:

http://www.bcb.gov.br/?ORIGEMOEDA.

http://www.bcb.gov.br/?EDUCACAO.

Conceitos importantes do capítulo

- Banco do governo
- Banco dos bancos
- Compulsório
- Emissão de moeda
- Funções da moeda
- Funções do Banco Central
- Gestão do mercado de moeda estrangeira
- Liquidez
- Meio de troca
- Moeda fiduciária
- Moeda-mercadoria
- Multiplicador bancário
- Política monetária
- Redesconto
- Reserva de valor
- Taxa de juros
- Unidade de conta

CAPÍTULO 14

INFLAÇÃO: POR QUE TANTO MEDO DELA?

Você já deve ter ouvido falar nela, ou talvez já tenha sofrido as consequências da inflação. Se nasceu no Brasil depois de 1994, pode-se dizer, sem exagero, que você, felizmente, não viveu os problemas mais graves causados por ela. De fato, o Brasil é um exemplo típico de país que sofreu consequências sérias da inflação, mas não é o único.

O objetivo deste capítulo é tratar com um pouco mais de rigor conceitual o significado de inflação, além de discutir também por que a população como um todo (trabalhadores e empresários, em especial), e não apenas os economistas, têm bastante aversão à inflação. Você notará a estreita ligação deste capítulo com o anterior, em particular quanto à oferta de moeda e a atuação do Banco Central. Assim, mesmo separados, tanto este capítulo como o referente à moeda podem ser entendidos como partes de um mesmo tópico.

14.1 O que é inflação?

De modo geral, **inflação** é o **aumento contínuo e generalizado** dos preços de uma economia. Assim, a inflação está associada à generalização do aumento de preços, que devem ser constatados na totalidade dos produtos e serviços, e não somente para alguns bens específicos. Note, também, que a inflação se refere à elevação contínua dos preços ao longo do tempo, ou seja, os agentes (trabalhadores, empresários e o governo) têm a percepção de que os preços estão aumentando continuamente e levam isso em conta ao tomarem suas decisões. Segundo nossa definição, note que não estamos preocupados com aumentos momentâneos de preços, mas sim com aumentos persistentes, pois são esses que efetivamente prejudicam a economia.

14.1.1 Distorções provocadas por altas taxas de inflação

A inflação é um fenômeno que as sociedades (e os economistas que atuam no governo) fazem todo o possível para evitar. Mas por que ela é tão prejudicial e indesejada? Vejamos alguns problemas causados pela inflação.

14.1.2 Efeito sobre as funções da moeda

No capítulo sobre moeda, vimos que ela exerce três funções relevantes para o bom funcionamento da economia: atua como meio de troca (ou de pagamento), como unidade de conta (ou de medida) e como reserva de valor. Na presença de inflação, a primeira função que se enfraquece é a de reserva de valor, uma vez que o poder de compra da moeda diminui conforme os preços aumentam. Nessa situação, os indivíduos têm um alto estímulo a usar rapidamente a moeda adquirindo produtos, serviços e ativos físicos (como imóveis, por exemplo), visando se proteger da inflação. A segunda função que se enfraquece é a de unidade de medida: uma vez que, com inflação, o valor de produtos e serviços muda rapidamente e de forma não sincronizada (ou seja, o preço dos bens varia de forma dispersa), os agentes abandonam o real e passam a usar (de modo informal) outras referências para medir seus preços. É comum, por exemplo, os agentes passarem a usar uma referência estável de valor, como o dólar americano. Por fim, caso a inflação se agrave, até mesmo a função de meio de troca se enfraquece, o que ocorre em situações extremas, quando os agentes evitam aceitar (também de modo informal, já que, por questões legais, ninguém no Brasil pode se negar a aceitar reais como forma de pagamento) a moeda própria numa negociação. Em suma, a inflação enfraquece as funções da moeda, comprometendo seriamente a realização de transações econômicas.

14.1.3 Efeito sobre a distribuição de renda

Uma das distorções mais importantes provocadas pela inflação é a redução do poder de compra dos agentes. Com seu salário, os trabalhadores conseguem comprar cada vez menos produtos e serviços. Como a maioria dos salários é reajustada em datas definidas, os trabalhadores ficam com um orçamento cada vez mais reduzido até a chegada do novo reajuste, o que, naturalmente, compromete sua capacidade de manter o consumo estável ao longo do tempo. Em suma, os indivíduos têm seu bem-estar comprometido, pois o que importa não é o rendimento em si, mas sim o poder de compra do rendimento.

14.1.4 Efeito sobre as decisões dos empresários

Os empresários também são influenciados negativamente pela inflação. Quando o dono de uma indústria decide se deve ou não investir recursos adquirindo uma máquina nova, por exemplo, ele precisa ter um bom planejamento sobre o fluxo de lucros que a nova máquina gerará, e o prazo necessário para pagar o investimento realizado. Naturalmente, num ambiente de alta inflação, o planejamento de longo prazo das empresas fica comprometido, pois o empresário não consegue estimar adequadamente como os preços se comportarão no futuro e, é claro, não consegue estimar adequadamente suas receitas futuras. Nesse contexto, temeroso quanto ao que pode acontecer, ele dificilmente tomará uma iniciativa no sentido de aumentar a capacidade produtiva de sua empresa, o que pode comprometer a produção e o emprego futuro da economia.

14.1.5 Efeito sobre o comércio internacional

Taxas de inflação tendem a encarecer o produto nacional em comparação com o produto feito no exterior e, como consequência, estimulam as importações e desestimulam as exportações, diminuindo o saldo da balança comercial do país (exportações menos importações de produtos e serviços). Isso pode parecer abstrato, mas lembre-se de que os produtos e serviços produzidos no Brasil têm seu valor mensurado em reais, ao passo que os importados são mensurados em moeda estrangeira. Logo, quando um produto brasileiro tem seu preço elevado, ele fica mais caro tanto para o brasileiro como para o estrangeiro que almejam consumi-lo. Isso vale para produtos em geral, mas também para serviços: você já deve ter ouvido turistas estrangeiros dizendo que o Brasil se tornou um país "caro" ao longo dos últimos anos. Isso ocorre porque a inflação no Brasil tem sido maior do que no exterior. Assim, menos turistas tendem a vir ao Brasil em função de despesas mais altas com hospedagem e alimentação, por exemplo.

14.1.6 Efeito sobre o mercado financeiro

Conforme dissemos anteriormente, em um processo inflacionário intenso, o poder de compra da moeda se deteriora rapidamente, levando os indivíduos a se "livrar" da moeda comprando produtos ou ativos físicos, que são "protegidos" da inflação. Como consequência, há, naturalmente, um desestímulo à formação de poupança e à aplicação de recursos no mercado financeiro, comprometendo o seu funcionamento. Vimos no capítulo sobre moeda que o papel do mercado financeiro é justamente canalizar com rapidez e fluidez os recursos dos poupadores aos tomadores. Se há poucos recursos transacionados, o mercado financeiro perde seu principal objeto de funcionamento – é como se no mercado de *smartphones* existissem menos unidades oferecidas pelas empresas, prejudicando os consumidores.

14.2 Causas clássicas de inflação

Lemos no capítulo sobre funcionamento do mercado, que a interação entre oferta e demanda define o montante de equilíbrio transacionado de um produto ou serviço, assim como define seu preço de equilíbrio, que é justamente aquele preço em que a quantidade ofertada e a demanda são iguais.

A interação entre oferta e demanda, ao definir os preços de mercado, também pode ser útil para entendermos de onde surge a inflação. Quando um produto é demandado em alta quantidade, ou quando é ofertado em baixa quantidade, ele fica mais caro. Aplicando o mesmo raciocínio no nível macroeconômico, e tomando como referência o Capítulo 11 (sobre produção agregada), dizemos que a inflação pode ocorrer porque a demanda agregada cresce em demasia frente ao crescimento da oferta, ou seja, as empresas não conseguem suprir toda a quantidade demandada pelos agentes e, como efeito, os preços se elevam. Nesse caso, a origem da inflação é a demanda agregada. No entanto, a inflação também pode surgir pelo lado das empresas, quando o aumento em seus custos produtivos são, em alguma medida, repassados para o consumidor final. Nesse caso, a origem da inflação é a oferta agregada.

14.2.1 Inflação pelo lado da demanda

A inflação de demanda, ou seja, quando a quantidade demandada pelos agentes é maior do que a quantidade que as empresas conseguem produzir, é considerada a origem mais tradicional de inflação. Nesse caso, a teoria econômica sugere que devem ser adotadas políticas visando desaquecer a demanda agregada, seja atuando de forma geral, seja atuando sobre agentes específicos:

- **Diminuir os gastos do governo**. Lembre-se de que o governo é um consumidor importante da economia, uma vez que adquire uma série de produtos e serviços para manter a máquina pública em funcionamento (compra de material hospitalar para os hospitais públicos, de material escolar para escolas públicas, contratação de construtoras para a realização de obras, consumo de água, energia elétrica, telefonia e internet nas repartições públicas e, especialmente, a contratação e o pagamento dos funcionários públicos e o pagamento de aposentadorias e benefícios sociais). Logo, ao gastar menos, o governo contribui para diminuir a demanda agregada e, consequentemente, diminuir a pressão sobre os preços da economia;

- **Aumentar os impostos**. Ao elevar os impostos diretos cobrados das empresas e das famílias (via aumento no imposto sobre a renda, por exemplo), o governo consegue reduzir a renda disponível dos agentes, diminuindo seu poder de consumo. Por sua vez, ao aumentar os impostos que incidem sobre a venda de produtos e serviços (impostos indiretos, como o IPI e o ICMS, por exemplo), o governo os encarece, inibindo, também, sua aquisição;
- **Diminuição da quantidade de moeda em circulação**. Já lemos no capítulo sobre moeda que, quando o Banco Central diminui a oferta de moeda na economia, ele automaticamente diminui a liquidez e restringe o consumo dos agentes. Esse canal, em geral, funciona por intermédio dos bancos, uma vez que, ao retirar moeda de circulação, os bancos passam a ter menos recursos disponíveis para conceder aos clientes sob a forma de empréstimos e financiamentos. Isso faz que aumente a taxa de juros, que mede justamente o "preço" do empréstimo tomado. Com crédito ofertado em quantidade menor e/ou a um custo maior, há dois efeitos importantes: os consumidores tendem a adquirir menos produtos e serviços (especialmente aqueles adquiridos via financiamento, como automóveis, eletrodomésticos e imóveis) e as empresas, por sua vez, tendem a adquirir menos bens de capital (bens de produção, como máquinas e equipamentos, por exemplo), pois estes são, em geral, adquiridos via financiamento. Em ambos os casos, há uma redução na demanda agregada, diminuindo ou reduzindo o aumento dos preços.
- Outra fonte importante de inflação é derivada da relação entre gastos do governo e emissão de moeda. Quando o governo gasta mais do que arrecada com impostos, há um déficit que precisa ser pago de alguma forma. Um instrumento bastante utilizado pelos governos, especialmente quando o Banco Central é subordinado a eles, é utilizar a emissão de moeda como forma de cobrir o déficit, ou seja, o governo "monetiza" o déficit – isto está relacionado com o que os economistas denominam senhoriagem, e que será discutido com mais profundidade no Capítulo 16. Como você deve imaginar, trata-se de um modo indesejável de financiar o saldo negativo, pois o governo faz uso indevido (oportunista) do Banco Central (que, por sua vez, é monopolista na emissão de moeda) como forma de arcar com os gastos públicos. Isso explica por que a teoria econômica sugere que o controle da oferta de moeda é extremamente importante para o controle da inflação.

Assim, a probabilidade da inflação de demanda aumenta quanto mais a economia estiver próxima do pleno emprego dos recursos produtivos, que é quando a economia atinge o máximo que pode produzir (ou ofertar) ao empregar todos os recursos produtivos. Esse efeito já foi visto no Capítulo 11: ao chegar a esse limite produtivo, a economia não consegue mais expandir sua produção e todo o aumento de demanda será ajustado pelo mercado com preços mais altos, causando inflação.

14.2.2 Inflação pelo lado da oferta

Os fatores discutidos até aqui explicam a inflação pelo lado da demanda agregada. Por sua vez, a inflação também pode ocorrer pelo comportamento da oferta agregada, ou seja, pela produção das empresas.

Um dos fatores mais comuns que explicam a inflação pelo lado da oferta é a chamada **inflação de custos**, que ocorre quando os custos de certos recursos produtivos (como matéria-prima e mão de obra, por exemplo) aumentam e são repassados ao preço final do bem. Isso quer dizer que o preço de um produto ou serviço tem forte relação com seus custos de produção: se estes sobem, seu preço final provavelmente subirá. A inflação de custos também pode resultar da estrutura de mercado da economia: firmas com elevado poder de monopólio ou oligopólio têm condições de elevar seus lucros acima do aumento dos custos de produção.

A ocorrência da inflação de custos também está associada aos **choques de oferta** que, como o próprio nome sugere, são eventos inesperados e/ou que não estão sob controle total dos agentes; como os economistas gostam de dizer, são eventos "exógenos". Isso ocorre, por exemplo, quando fatores climáticos (secas ou chuvas muito prolongadas) comprometem a safra agrícola, diminuindo a oferta de alimentos e causando aumento de preços. Outro exemplo muito estudado na história econômica é o choque do petróleo, ocorrido no início e no final dos anos 1970, quando os países produtores reduziram a oferta do produto, ainda hoje uma das fontes básicas de energia para as indústrias. Esse evento gerou forte aumento dos custos produtivos que, em algum momento e em alguma proporção, foram repassados aos consumidores para viabilizar a produção das empresas.

14.3 Os índices de preço

Até agora, abordamos de modo geral as origens e as consequências da inflação. Contudo, como ela é calculada formalmente?

A inflação é formalmente mensurada por meio de um cálculo matemático relativamente simples, que os economistas chamam de índice de preços. Os índices de preço são números que agregam e representam os preços de uma determinada cesta de produtos ou serviços consumidos por um determinado perfil de agentes (consumidores ou produtores, entre outros), ou seja, medem o comportamento dos preços dos itens consumidos por grupos específicos da sociedade, e sua variação mede o comportamento médio dos preços dos produtos dessa cesta. Em nosso cotidiano, os mais conhecidos e utilizados são os índices de preços ao consumidor, que medem a variação do custo de vida de segmentos da população, mas não são os únicos.

No Brasil, diversos institutos calculam índices de preço. A título de ilustração, podemos citar o IBGE, que calcula o Índice Nacional de Preços ao Consumidor Amplo (IPCA) e o Índice Nacional de Preços ao Consumidor (INPC). A Fundação Getulio Vargas (FGV), por sua vez, calcula o Índice Geral de Preços – Disponibilidade Interna (IGP-DI) e o Índice Geral de Preços – Mercado (IGP-M), além de seus componentes, a saber, o Índice de Preços ao Produtor Amplo (IPA), o Índice de Preços ao Consumidor (IPC) e o Índice Nacional de Custo da Construção (INCC). A Fundação Instituto de Pesquisas Econômicas (Fipe) calcula o conhecido Índice de Preços ao Consumidor, especificamente para a cidade de São Paulo (IPC-Fipe).

Para o cálculo do índice de preços, é definida uma metodologia bastante rigorosa, que adota os seguintes critérios:

- Definição dos itens que terão seus preços acompanhados: essa etapa identifica a cesta (ou conjunto) de itens relevantes para a população de interesse. No cálculo do IPC, por exemplo, leva-se em conta o gasto de uma família representativa com habitação, vestuário, transporte, alimentação, despesas escolares, despesas médicas, lazer e assim por diante. Nessa etapa, é importante definir e coletar preços de itens que são componentes típicos da cesta de consumo do grupo de interesse, ou seja, de nada adianta acompanhar os preços de itens consumidos por uma família muito rica ou muito pobre, pois elas não representam a maior parte da população. Já no caso do INCC, consideram-se somente o preço de itens usados na construção civil, como cimento e mão de obra dos trabalhadores do setor, por exemplo.
- Definição da região de interesse: além de definir a cesta de produtos e serviços consumidos, é necessário, também, definir a região em que os preços serão acompanhados. O IPC-Fipe, por exemplo, monitora os preços de produtos e serviços consumidos somente na cidade de São Paulo. Já o IPCA, por sua vez, é mais geral, pois pesquisa o preço em diversas regiões metropolitanas do país;

- Definição da faixa de renda analisada: é necessário definir a faixa de renda cuja cesta de consumo terá seus preços acompanhados, uma vez que famílias de rendimentos distintos tendem a consumir itens distintos. O IPCA, por exemplo, acompanha o consumo de famílias com rendimento entre 1 e 40 salários mínimos, ao passo que o INPC acompanha o preço dos itens consumidos por famílias com rendimento entre 1 e 5 salários mínimos.
- Definição da periodicidade da coleta de preços: além dos critérios já mencionados, é preciso definir a periodicidade na qual os preços são coletados e analisados. No cálculo do IGP-DI e do IPCA, por exemplo, coletam-se os preços do primeiro ao último dia do mês de referência, ao passo que no cálculo do IGP-M coletam-se os preços do dia 21 do mês anterior ao dia 20 do mês de referência. Portanto, o fator periodicidade é importante porque alguns preços variam de forma sazonal ao longo do mês.

Figura 14.1 • Taxas mensais de inflação no Brasil

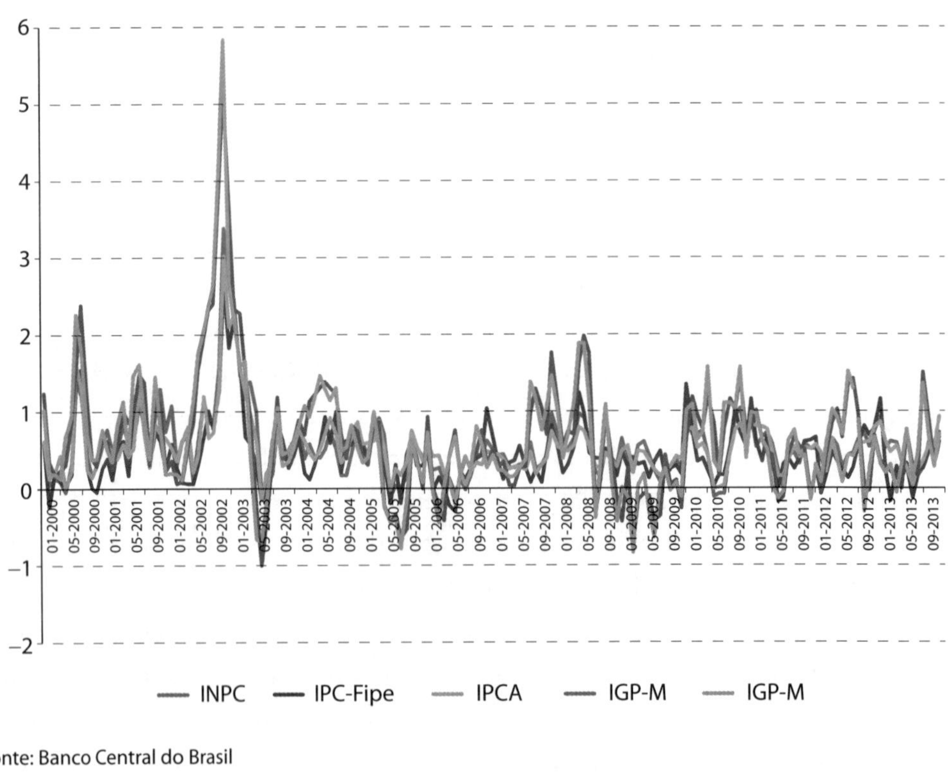

Fonte: Banco Central do Brasil

A título de ilustração, a Figura 14.1 apresenta o comportamento da taxa de inflação no Brasil medida por diferentes índices de preço. Note que, na maioria das vezes, apesar de os índices apresentarem tendências comuns (ou seja, sobem e descem juntos), existem diferenças não desprezíveis entre eles. Essas diferenças são explicadas justamente pelas diferenças metodológicas já mencionadas (itens pesquisados, faixa de renda das famílias, regiões pesquisadas e assim por diante). Note que, na maioria dos períodos, os índices assumem valores positivos, indicando que os preços, em geral e em maior ou menor grau, sofrem aumento ao longo do tempo, mas, em alguns momentos, assumem valores negativos, indicando que sofreram redução e não aumento.

14.4 Um exemplo de cálculo de inflação

Para facilitar o entendimento de como se calcula a inflação, vamos supor que a cesta de consumo relevante para um certo grupo da economia (consumidores, por exemplo), em uma dada região e em um dado período, seja composta de três produtos – A, B e C –, cujas quantidades consumidas por uma família típica são iguais a 10, 5 e 15 unidades, respectivamente. Vamos supor que os preços desses três itens são coletados em três meses consecutivos. Tudo isso está ilustrado na Tabela 14.1, a seguir:

Tabela 14.1 • Exemplo de cálculo de índice de preço e inflação

		Preço unitário			Gasto mensal		
Produto	Quantidade consumida	Mês 1	Mês 2	Mês 3	Mês 1	Mês 2	Mês 3
A	10	8	9	10	80	90	100
B	5	5	6	6	50	60	60
C	15	4	3	5	40	30	50
Gasto total					170	180	210

Note que, no mês 1, essa família hipotética gastou R$ 170 [valor igual a (10 × 8) + (5 × 5) + (15 × 4)]. Contudo, ao consumir as mesmas quantidades no mês seguinte, essa família gastou R$ 180 [igual a (10 × 9) + (5 × 6) + (15 × 3)]. Repare que esse crescimento de R$ 10 no preço da cesta consumida decorre somente de variação nos preços dos itens consumidos, uma vez que as quantidades consumidas permanecem as mesmas. Esse é um ponto importante, pois queremos avaliar somente a variação dos preços, e não das quantidades consumidas.

Matematicamente, a inflação entre dois períodos é calculada como a variação percentual do valor da cesta de produtos entre esses dois períodos. Assumindo que esses períodos possam ser representados por t e t-1, a inflação do instante t (em relação ao instante t-1) é dada pela seguinte fórmula:

$$\pi_t = \left(\frac{\text{Valor da cesta no instante t} - \text{Valor da cesta no instante t} - 1}{\text{Valor da cesta no instante t} - 1} \right) \times 100$$

Em que a letra grega π, conforme já vimos, se refere à inflação.

Em nosso exemplo, a inflação entre o mês 1 e o mês 2 é dada pela variação proporcional do valor da cesta entre os dois momentos, ou seja:

$$\text{Inflação entre os meses 1 e 2} = \left(\frac{180 - 170}{170} \right) = 5,89\%$$

Seguindo o mesmo raciocínio, note que a inflação entre os meses 2 e 3 é dada por

$$\text{Inflação entre os meses 2 e 3} = \left(\frac{210 - 180}{180} \right) = 16,67\%$$

Para o índice de preços, o relevante é o valor da cesta como um todo e não somente de itens específicos. Na passagem do mês 1 para o mês 2, o preço dos produtos A e B sofreu elevação, embora o do produto C tenha registrado queda. No geral, ou seja, na composição de toda a cesta, registrou-se elevação do preço.

14.5 Considerações finais

Este capítulo teve como objetivo definir o conceito de inflação e discutir por que ela é tão temida pelos agentes. Abordamos as consequências negativas da inflação, como a perda do poder de compra dos rendimentos dos trabalhadores e sua influência negativa sobre as decisões dos empresários. Discutimos, também, de onde surge a inflação, ou seja, quais mecanismos fazem que os preços se elevem constantemente ao longo do tempo. Por fim, apresentamos como é calculada a inflação por meio do cômputo dos índices de preço. Esperamos que, ao final deste capítulo, o leitor tenha conseguido entender de forma mais precisa esse problema econômico tão grave e tão evitado.

Sugestões e links interessantes

O Brasil tem uma das experiências mais ricas (e mais tristes) de inflação, mas não é o único no mundo.

Um site que apresenta de forma sintética casos de hiperinflação em diversos países do mundo é: http://exame.abril.com.br/economia/noticias/os-6-piores-casos-de-hiperinflacao -da-historia#1.

Um vídeo bastante elucidativo do caso brasileiro pode ser visto em: http://www.youtube.com/watch?v=bgU2pDSMYDQ.

No site do Banco Central, há material bastante didático sobre os diferentes índices de preço calculados no Brasil, em: http://www4.bcb.gov.br/pec/gci/port/focus/FAQ%202-%20%C3%8Dndices%20de%20Pre%C3%A7os%20no%20Brasil.pdf.

Conceitos importantes do capítulo

- Definição de inflação
- Índice de preços
- Liquidez
- Método de cálculo dos índices de preço
- Origem da inflação
- Problemas causados pela inflação

CAPÍTULO 15

MACROECONOMIA INTERNACIONAL

As relações econômicas realizadas pelos agentes vão muito além dos limites territoriais de seu país, quer dizer, as economias contemporâneas realizam não só transações domésticas, mas também transações internacionais. Os países exportam e importam produtos e serviços; empresas realizam investimentos fora de seu país de origem, e os governos estabelecem acordos de cooperação internacional, apenas para citar alguns exemplos. Todo esse conjunto de relações faz que o desempenho econômico de um país dependa não apenas do que acontece internamente, mas também dos acontecimentos externos. Você, sem dúvida, já estudou no Ensino Fundamental ou no Ensino Médio o efeito negativo de crises internacionais (como a de 1929, por exemplo) sobre o emprego, ou, então, o efeito de crises políticas (como as guerras) sobre o comércio de produtos e serviços realizado entre países. Mais recentemente, a crise financeira de 2008 também afetou de maneira significativa o ritmo da economia de praticamente todos os países do mundo.

Lembrando um pouco do que já discutimos neste livro, o **setor externo** é um agente importante por diversas razões. Muitos produtos e serviços consumidos em um país não são, necessariamente, produzidos nesse país (em função de fatores naturais ou climáticos, por exemplo), e o comércio internacional permite que todos possam consumir todos os bens almejados, independentemente de onde são produzidos, e assim evolui o bem-estar dos países envolvidos. Vale lembrar, também, que a renda doméstica e a taxa de câmbio são alguns dos fatores que explicam as nossas importações de bens, e que a renda externa e a taxa de câmbio são alguns dos fatores que explicam as nossas exportações de bens.[1]

[1] Conforme discutido no Capítulo 10, uma renda externa maior e uma taxa de câmbio maior tendem a elevar as nossas exportações de bens, ao passo que uma renda doméstica maior e uma taxa de câmbio menor elevam as nossas importações de bens.

A interação com outras nações permite realizar não só transações comerciais de produtos e serviços, mas também transações de fatores de produção. Uma empresa estrangeira que decide abrir uma filial no Brasil e traz recursos para a compra de terrenos e maquinário é um exemplo de entrada de fatores de produção em nosso país, e o inverso ocorre quando uma empresa brasileira abre uma franquia no exterior, por exemplo. Assim, o setor externo é um agente relevante para o Brasil não só ao prover produtos e serviços, mas também fatores de produção, e o Brasil, por sua vez, também é importante para os outros países exatamente pelo mesmo motivo.

Existem outros benefícios gerados pelas transações internacionais. O conhecido e tradicional **princípio das vantagens comparativas** sugere que cada país deveria se especializar na produção do bem (produto ou serviço) cujos custos são comparativamente menores do que os das demais mercadorias que esse país possa produzir, ou seja, focar as mercadorias no que é relativamente mais eficiente. Assim, esse será o bem em que esse país se especializará e passará a exportar para os demais. Então, ele importa aqueles bens para os quais seu custo de produção é comparativamente maior (ou seja, em que é relativamente menos eficiente). Desse modo, cada país se especializaria na produção de bens diferentes e, a partir disso, o comércio internacional concretizaria as trocas entre eles. Todos os países sairiam ganhando, pois se cada um se especializa no que faz melhor (comparativamente a todos os itens que cada um pode produzir), as mercadorias teriam os preços mais baixos possíveis e o comércio internacional permitiria que todos saíssem ganhando – o comércio internacional geraria uma melhora de Pareto.

De onde vêm as vantagens comparativas? Um dos principais elementos é a dotação de fatores de produção, como a disponibilidade de terras, de capital e de trabalho. Assim, por sua ampla oferta de terra e condições climáticas favoráveis, o Brasil tem, naturalmente, vantagens comparativas no plantio de soja e de cana-de-açúcar para produzir etanol ou açúcar, por exemplo.

Dada a importância do setor externo para a maioria das economias contemporâneas, reservamos um capítulo neste livro para falar com mais precisão sobre conceitos importantes em Macroeconomia Internacional, a saber, os que envolvem a interação econômica entre os países. Iniciamos abordando o comportamento da taxa de câmbio e os chamados regimes cambiais e, num segundo momento, apresentamos o Balanço de Pagamentos, que é o instrumento contábil para registrar as transações que realizamos com o exterior.

15.1 Taxa de câmbio e regimes cambiais

Quando consideramos as diversas transações econômicas realizadas entre diferentes países, devemos levar em conta um fator importante: os países possuem moedas diferentes. **A taxa de câmbio** é definida como a taxa de troca entre moeda doméstica e moeda estrangeira, ou seja, é o preço da moeda estrangeira em termos da moeda nacional. Essa é a taxa que encontramos ao entrar em sites de notícias, e é o valor que pagamos quando viajamos ao exterior e compramos certa quantidade de moeda estrangeira, por exemplo. No dia de hoje, escrevendo este capítulo, comprar um dólar americano (US$) custa aproximadamente R$ 2,20 e um euro (€) custa aproximadamente R$ 3,00, mas, como você sabe, essas taxas variam no decorrer do tempo. Note, portanto, que a taxa de câmbio é um preço como qualquer outro, ou seja, assim como você paga certa quantidade de reais para tomar um café ou andar de metrô, também paga certa quantidade de reais para comprar uma unidade de moeda estrangeira.

Tomando a operação de troca entre reais e dólares americanos como exemplo, se a taxa de câmbio passa de R$ 2,20 por dólar americano para R$ 2,50, diz-se que a moeda doméstica sofreu desvalorização frente ao dólar americano (ou que o dólar americano sofreu valorização frente ao real brasileiro). Isso significa que são necessários mais reais para se comprar dólares. Se, ao contrário, a taxa passasse de R$ 2,20 por dólar para R$ 2,00, haveria valorização da moeda nacional (ou desvalorização do dólar).

A taxa de câmbio está intimamente relacionada com os preços dos produtos exportados e importados. Uma desvalorização da moeda nacional frente à moeda estrangeira, por exemplo, tende a estimular as exportações, pois os exportadores passarão a receber mais, em moeda doméstica, pela mesma quantidade exportada. Suponhamos, por exemplo, que a taxa de câmbio fosse R$ 2 por 1 US$ e que o exportador vendesse 10.000 unidades de seu produto a US$ 5 cada. Seu faturamento seria então de US$ 50,000 dólares, ou então, R$ 100.000. Se a taxa passar para R$ 2,50 por 1 US$, o exportador receberá os mesmos US$ 50.000, só que recebendo, agora, R$ 125.000. Quanto às importações, a situação se inverte: os preços dos produtos importados, em moeda nacional, ficarão mais caros, ou seja, os importadores pagarão mais reais pelos mesmos dólares pagos antes nas importações.

15.1.1 Onde e como é definido o preço da moeda estrangeira? O mercado de moeda estrangeira e os regimes cambiais

Assim como o preço do tomate é definido no mercado de tomates, o preço da moeda estrangeira é definido no mercado de moeda estrangeira. Além disso, você também já sabe que, em todo mercado, há o grupo dos compradores (representando a demanda) e o dos vendedores (representando a oferta), caso contrário, não há mercado. Diante disso, você, que já leu o capítulo sobre funcionamento dos mercados, tem agora uma boa noção de como **é definida** a taxa de câmbio.

Quanto aos compradores de moeda estrangeira, existem agentes da economia que você já conhece: as famílias compram moeda estrangeira para custear suas despesas com viagens ao exterior ou para o consumo de produtos importados, entre outras transações internacionais que realizam. As empresas, por sua vez, compram moeda estrangeira para custear a compra de insumos importados e para bancar outras transações internacionais, como o pagamento de rendas ao exterior – lembre-se de que, numa economia aberta, as empresas podem tomar fatores de produção em outros países. O governo, por sua vez, pode precisar de moeda estrangeira para custear a aquisição de produtos importados (o governo pode comprar armamentos de outro país para equipar o exército brasileiro, ou comprar medicamentos complexos, para o sistema público de saúde, que só são produzidos no exterior, por exemplo) e pagar obrigações em moeda estrangeira, como a **dívida externa**, entre outros casos.

Quanto à oferta de moeda estrangeira, sabemos que o Banco Central é o órgão responsável por disponibilizá-la no mercado. Essa premissa já foi vista em outro capítulo deste livro, e uma das funções do Banco Central é administrar o mercado de moeda estrangeira. Com o auxílio dos agentes do mercado financeiro, é o órgão responsável por realizar as conversões de moeda estrangeira em moeda doméstica. Quando uma empresa situada no Brasil exporta um produto e recebe em dólares americanos, o Banco Central realiza uma conversão por meio da qual fica com os dólares recebidos pelo exportador que, por sua vez, fica com o valor equivalente em reais.[2] A oferta de moeda estrangeira por parte do Banco Central é feita de forma indireta por meio da atuação de agentes financeiros, como casas de câmbio e outras instituições que vendem moeda estrangeira. Você não compra dólares diretamente do Banco Central para visitar um país estrangeiro, mas sim por meio de algum desses intermediários.

O ponto importante aqui é que o Banco Central do Brasil não produz moeda estrangeira, mas sim reais, ou seja, o Bacen não é capaz de emitir moeda estrangeira, somente moeda doméstica. Dito isso, a quantidade de moeda estrangeira que o Banco Central oferta no mercado doméstico é obtida por meio de transações internacionais, por meio

[2] Além disso, existem restrições de natureza jurídica que impedem que o exportador use os dólares recebidos para fazer transações no Brasil, obrigando-o a realizar a conversão para reais no Banco Central.

das quais é possível trazer moeda estrangeira para o Brasil. Vamos saber como isso funciona com mais detalhes ainda neste capítulo, quando discutirmos o balanço de pagamentos.

Podemos ilustrar o funcionamento do mercado de moeda estrangeira da mesma forma que fizemos no Capítulo 2, quando falamos do funcionamento do mercado. Assim, vamos utilizar o gráfico de oferta e demanda para estudarmos o equilíbrio do mercado de moeda estrangeira, conforme ilustrado na Figura 15.1. O eixo X (abscissa) mensura a quantidade de moeda estrangeira e o eixo Y (ordenada), a taxa de câmbio, ou seja, o preço a ser pago em reais para se comprar uma unidade de moeda estrangeira. Para facilitar, vamos considerar o dólar americano a nossa moeda estrangeira de referência.

Vamos assumir que o Banco Central oferte uma quantidade fixa de dólares, implicando em uma oferta vertical na Figura 15.1. Por sua vez, vamos assumir que a demanda por dólares seja função positiva da renda dos indivíduos (quanto maior a renda, maior a demanda dos agentes para a aquisição de produtos e serviços importados) e negativa da taxa de câmbio (dado que a taxa de câmbio mensura o valor do dólar, quanto maior essa taxa, menor será a demanda). Assim,

$$\text{Oferta de dólares: US\$S (exógena, definida pelo Banco Central)}$$

$$\text{Demanda por dólares: } US\$^{D} = f(\overset{+}{Y}; \overset{-}{E})$$

Em que o sinal "+" denota o efeito positivo da renda sobre a demanda por dólares e o sinal "-" denota o efeito negativo da taxa de câmbio sobre a demanda por dólares. No equilíbrio do mercado de dólares, sabe-se que:

$$US\$S = US\$D$$

Segundo nossa figura, vamos supor que o Bacen oferta uma quantidade fixa de US$ 5.000[3], conforme ilustrado pela linha vertical da figura. Vamos supor que a demanda por moeda estrangeira seja definida pela linha de inclinação negativa D, indicando que, conforme diminui o preço do dólar americano, sua demanda aumenta. Pelo nosso gráfico, se a demanda por dólares for definida pela linha D1, o preço de equilíbrio será R$ 2,00 por 1 US$ (ponto E1), *ceteris paribus*. Contudo, se a renda dos agentes sofrer queda, a demanda por dólares se retrairá para D2 e o preço de equilíbrio cairá para R$ 1,60 por 1 US$ (ponto E2). Se a renda dos agentes sofrer uma nova redução, a demanda por dólares

[3] Como estamos assumindo que a quantidade ofertada de US$ pelo Banco Central é fixa (ou seja, não depende da taxa de câmbio), o formato da oferta de moeda é vertical, e não positivamente inclinada, conforme vimos no Capítulo 2.

se retrairá para D3 e o novo preço de equilíbrio será igual a R$ 1,20 por 1 US$ (ponto E3), respectivamente. Assim, *ceteris paribus*, quanto menor a demanda, menor será o preço de equilíbrio.

Figura 15.1 • Oferta e demanda por moeda estrangeira

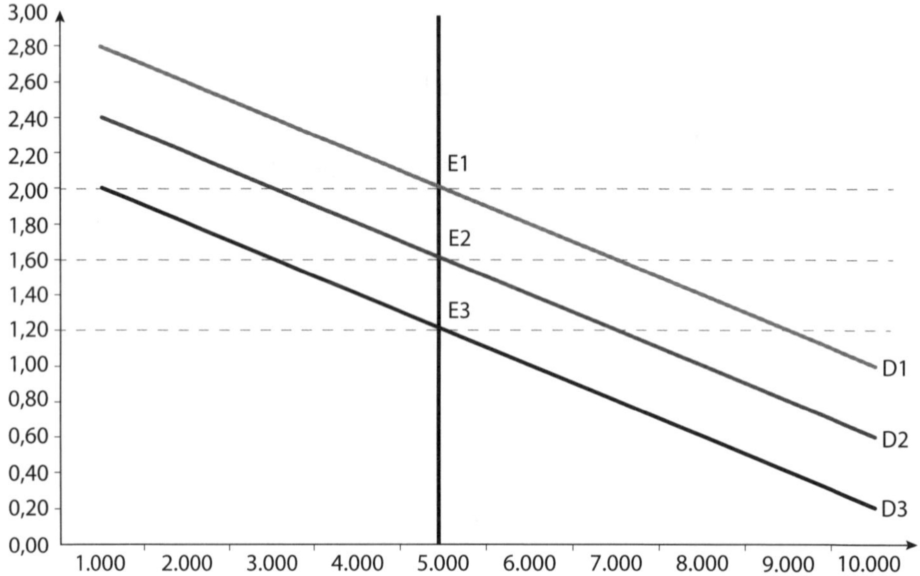

Observe que a taxa de câmbio vigente no mercado (aquela que você fica sabendo na Internet ou nos jornais) é justamente o preço que equilibra o mercado de moeda estrangeira, assim como observamos em qualquer outro mercado.

Já vimos que a interação entre oferta e demanda por moeda estrangeira define a taxa de câmbio de equilíbrio do mercado, ou seja, define o preço de uma unidade de moeda estrangeira (em relação à nossa moeda doméstica) de tal modo que a quantidade ofertada e a demandada sejam iguais. Já vimos, também, que quem define a oferta de moeda estrangeira é o Banco Central, que tem como uma de suas funções administrar esse mercado. O que não discutimos até agora é que o Banco Central pode gerir a oferta de moeda estrangeira de diversas formas. Nesse contexto, entende-se por **regime cambial** justamente a maneira como o Banco Central regula a oferta de moeda externa.

No **regime de câmbio flutuante**, a taxa de câmbio é determinada pelo mercado, por meio da livre interação entre oferta e demanda por moeda estrangeira. A principal vantagem do regime de câmbio flutuante é que, como o Banco Central não pratica nenhuma interferência, o mercado define de forma autônoma o preço de equilíbrio da moeda estrangeira. Posto de outra forma, a autoridade monetária oferta certa quantidade de moeda externa e deixa o mercado se equilibrar por meio de ajustes no preço. Se a demanda por moeda estrangeira se eleva, *ceteris paribus*, seu preço se elevará e, caso a demanda por moeda estrangeira caia, *ceteris paribus*, seu preço cairá. O principal problema desse regime, porém, é que a taxa de câmbio pode se tornar muito instável, ou seja, caso a demanda por moeda estrangeira oscile, o preço da moeda estrangeira também oscilará. Lembre-se de que muitos itens consumidos no Brasil são importados de outros países, portanto, oscilações na taxa de câmbio tendem a causar oscilações no preço desses produtos no Brasil, entre outros efeitos. Além disso, como é muito difícil prever o valor futuro da taxa de câmbio, as decisões dos empresários que realizam transações com o exterior podem ficar comprometidas em função da incerteza sobre o comportamento futuro do valor da moeda estrangeira.

No **regime de câmbio fixo**, por sua vez, o Banco Central fixa antecipadamente a taxa de câmbio com a qual o mercado deve operar, ou seja, estipula o preço da moeda estrangeira (relativamente ao R$). Assim, nesse regime, se a demanda por moeda estrangeira se elevar, o Banco Central deve também elevar a quantidade ofertada de moeda justamente para garantir que o preço permaneça o mesmo; caso contrário, a elevação na demanda elevaria o preço da moeda externa. Vale, também, o contrário: se a demanda por moeda estrangeira diminui, haveria uma queda na taxa de câmbio e assim, o Banco Central deve retirar moeda externa do mercado justamente para evitar que o preço caia. Em suma, no regime de taxa de câmbio fixo, é necessário que o Banco Central compre e venda moeda à taxa preestabelecida, sempre acompanhando o comportamento da demanda.

A grande vantagem do regime de câmbio fixo é a estabilidade cambial, melhorando assim, a previsibilidade das operações econômicas entre residentes e não residentes do país, especialmente para aqueles que realizam frequentes transações com o exterior. O regime de câmbio fixo também é muito empregado por países que desejam reduzir a inflação, pois os produtos importados sofrem menos oscilações de preço quando têm seus preços convertidos em R$. Um dos problemas, porém, é o fato de o Banco Central não produzir moeda estrangeira: é possível que a autoridade monetária não tenha dólares disponíveis para ofertar no mercado num contexto em que seja necessário fazê-lo para manter fixo o preço da moeda estrangeira. Isso significa que o Banco Central precisa ter uma boa quantidade de reserva de moeda estrangeira para garantir o funcionamento desse regime.

Os regimes de câmbio fixo e câmbio flutuante são os mais importantes, mas não são os únicos e, em muitos países, nem são os mais utilizados. Há diversos regimes cambiais que apresentam características dos dois anteriormente descritos. Um terceiro regime cambial, denominado **flutuação suja**, é um dos mais adotados pelos Bancos Centrais dos diferentes países. Nele, o Banco Central interfere esporadicamente na determinação da taxa de câmbio, fazendo intervenções pontuais de compra ou venda de moeda externa. Essas intervenções não são previamente anunciadas pela autoridade monetária, tendo, por isso, um elemento de surpresa – os economistas dizem que essas são intervenções "discricionárias", ou seja, acontecem conforme a necessidade e a conveniência de cada contexto. Esse regime tem a vantagem de ser muito semelhante ao do câmbio flutuante, já que a taxa de câmbio é definida pela livre interação entre oferta e demanda, mas o Banco Central tem a liberdade de fazer ajustes pontuais no preço da moeda estrangeira.

Há, ainda, um quarto regime cuja característica fundamental é ser um caso intermediário entre os regimes de câmbio fixo e de câmbio flutuante: trata-se do **regime de bandas cambiais**. Nesse regime, o Banco Central determina um valor mínimo e um valor máximo para a taxa de câmbio, entre os quais o preço da moeda externa pode variar livremente. Por exemplo, o Banco Central pode estipular que o valor mínimo seja R$ 2,00 por 1 US$ e o valor máximo, R$ 2,50. Quando a taxa de câmbio se aproxima do valor mínimo ou do valor máximo, o Banco Central intervém ofertando menos ou mais moeda estrangeira, visando mantê-la dentro do intervalo estabelecido. Assim como o regime de flutuação suja, note que este regime também assume um pouco das características dos regimes de câmbio flutuante e fixo.

15.2 Balanço de pagamentos: o que é?

Em termos simples, **Balanço de Pagamentos** é o registro contábil de todas as transações econômicas realizadas por um país com as demais nações ou com órgãos internacionais (como o FMI, por exemplo), durante determinado período. Desse modo, são registradas no balanço de pagamentos todas as exportações e importações de produtos e serviços, doações internacionais e até mesmo empréstimos e financiamentos obtidos no exterior. Em suma, o balanço de pagamentos envolve não só transações comerciais internacionais, mas todas aquelas que envolvem algum tipo de transação econômica.

O balanço de pagamentos apresenta as seguintes subdivisões:

- **Balanço comercial (SBC):** essa conta inclui o comércio internacional de mercadorias, ou seja, bens tangíveis, como automóveis, e *commodities,* como soja e minério de ferro, por exemplo. O saldo do balanço comercial é dado pela diferença entre o valor das mercadorias que o país exporta e o valor das que importa;
- **Balanço de serviços (SBS):** nessa conta, registram-se os valores das exportações e das importações de serviços internacionais. Entre eles, podemos mencionar os

serviços de frete (é o serviço que você paga quando importa um livro, por exemplo) e os seguros internacionais (é comum importadores e exportadores de produtos contratarem um serviço de seguro para protegerem o valor de suas cargas, caso sofram perdas ou avarias no transporte), entre diversos serviços prestados internacionalmente. Aqui, também entram as viagens internacionais: quando você viaja ao exterior, é muito comum que compre passagens aéreas de uma empresa estrangeira ou que reserve um hotel no país a ser visitado. Quando isso ocorre, estamos importando um serviço estrangeiro. A recíproca também vale: quando um estrangeiro compra um pacote turístico para visitar o Brasil, estamos vendendo um serviço ao exterior. O saldo do balanço de serviços é dado pela diferença entre o valor de todos os serviços que prestamos ao exterior e o valor de todos os que contratamos no exterior;

- **Balanço de rendas (SBR):** lembre-se, de que assim como uma empresa brasileira pode tomar fatores de produção junto aos residentes (e, portanto, deve pagar rendas aos residentes como remuneração pelo uso dos fatores de produção), ela também pode tomar fatores de produção no exterior, como um financiamento num banco estrangeiro, ou pode ter de alugar uma máquina muito específica que só exista no exterior. Nesse caso, situam-se também as empresas multinacionais, ou seja, empresas estrangeiras que decidem abrir uma filial no Brasil. Naturalmente, essas empresas também devem pagar rendas, mas agora, ao exterior. Note que a recíproca também vale: se uma empresa brasileira abre uma filial no exterior, se um banco brasileiro concede financiamento a uma empresa estrangeira ou se uma empresa brasileira aluga algum equipamento a uma empresa estrangeira, teremos, então, o recebimento de rendas internacionais. O saldo dessa conta é dado pela diferença entre toda a renda recebida e toda a renda enviada ao exterior;
- **Transferências unilaterais correntes e doações internacionais (TUCDI)**: essa conta registra transferências unilaterais de recursos, como o caso de um brasileiro que trabalha no exterior e manda recursos aos seus familiares no Brasil; também registra doações internacionais, como ajuda humanitária, por exemplo. O saldo é dado pela diferença entre o valor recebido e o valor enviado ao exterior;
- **Balança de capitais autônomos (SBKA):** essa é uma das contas mais importantes do balanço de pagamentos, e é onde se registram transações como investimentos estrangeiros (como o investimento feito por uma montadora estrangeira de automóveis que decide produzir seus carros no Brasil ou uma construtora brasileira que decide abrir uma filial em outro país, por exemplo); empréstimos e financiamentos obtidos em outros países ou em órgãos internacionais (como o Banco

Mundial e o FMI, por exemplo) e amortizações de dívidas internacionais (que ocorre quando o governo ou uma empresa de um país quita uma dívida contraída em outro país).

A somatória de todos esses saldos define o chamado **Saldo do Balanço de Pagamentos (SBP)**, ou seja:

$$SBP \equiv SBC + SBS + SBR + TUCDI + SBKA$$

Note que estamos novamente usando o símbolo "≡" para denotarmos que estamos tratando de uma identidade, e não de uma mera igualdade.

Quando essa somatória é positiva, dizemos que houve um superávit do balanço de pagamentos, ou seja, há mais entrada de moeda estrangeira do que saída. É justamente essa situação que permite ao Banco Central acumular moeda estrangeira em suas reservas e, posteriormente, vendê-la aos agentes domésticos. Conforme já dissemos, como o Banco Central não emite moeda estrangeira, a moeda estrangeira que os agentes compram indiretamente dele foi se acumulando porque, em algum momento anterior, tivemos entrada líquida de moeda estrangeira no país.

Figura 15.1 • Saldo do Balanço de Pagamentos do Brasil, em US$ bilhões

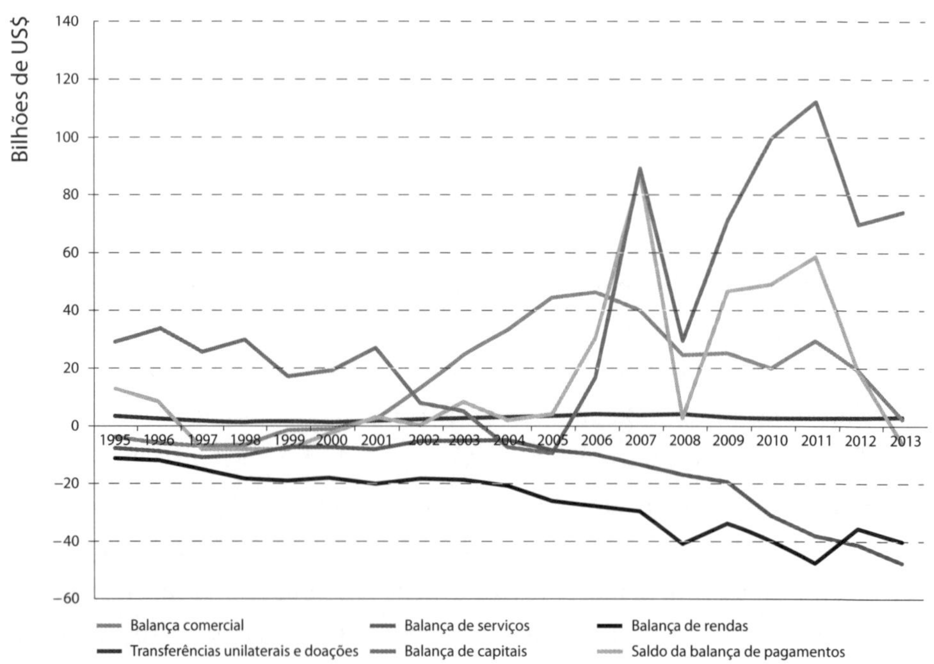

Fonte: Banco Central do Brasil.

Agora que você conhece a estrutura de um balanço de pagamentos, é interessante analisarmos o caso brasileiro, cujos valores recentes podem ser vistos na Figura 15.1. Note que o saldo da balança de serviços e o saldo da balança de rendas têm apresentado déficits sistemáticos, ou seja, o Brasil tem sido um importador líquido de serviços (importamos mais do que exportamos serviços em relação ao resto do mundo), e um enviador líquido de rendas (enviamos mais rendas do que recebemos do resto do mundo). Já no saldo da balança comercial, registramos saldos positivos entre 2001 e 2012, embora tenhamos registrado déficit em alguns outros períodos. Por fim, note que o saldo do Balanço de Pagamentos, que mede o saldo total das transações internacionais, tem registrado superávit quase todos os anos, após 2001.

Você se lembra, que, alguns parágrafos atrás, dissemos que o Banco Central não emite dólares, somente reais, e que a quantidade de dólares ofertada no país advém das transações internacionais por meio das quais há entrada de moeda estrangeira? A Figura 15.2 apresenta o montante de reservas internacionais do Banco Central do Brasil. Note que o crescimento das reservas tende a acompanhar o saldo do Balanço de Pagamentos, ou seja, em períodos em que nossas transações com o exterior fecham com superávit, há uma tendência ao acúmulo de moeda estrangeira por nossa autoridade monetária, permitindo-lhe vendê-la no futuro aos agentes domésticos.

Figura 15.2 • Estoque de reservas internacionais do Banco Central do Brasil, em US$ bilhões

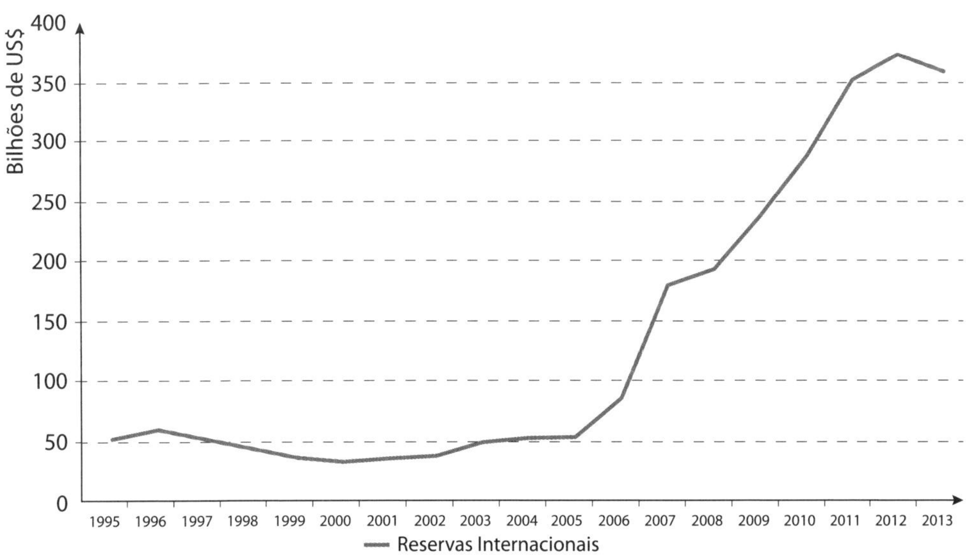

Fonte: Banco Central do Brasil.

Isso nos ajuda a entender, ainda que parcialmente, por que alguns países vivem as chamadas "crises cambiais", que são crises de escassez de moeda externa. Isso ocorre porque o balanço de pagamentos desse país não registra saldos positivos tais que permitam acumular moeda estrangeira pelo seu Banco Central, ou seja, o Banco Central acaba tendo um estoque muito limitado de moeda estrangeira para ser ofertado no mercado doméstico. Nessa situação, dada a escassez da moeda externa, é natural que ela fique "mais cara", ou seja, se valorize frente à moeda doméstica.

15.3 Considerações finais

Neste capítulo, tivemos como objetivo apresentar uma introdução de como é determinada a taxa de câmbio e de como funciona o mercado de moeda estrangeira, por meio da discussão dos chamados regimes cambiais. Também tivemos como objetivo descrever como são contabilizadas as transações internacionais realizadas pelos países por meio do Balanço de Pagamentos. Ao final deste capítulo, esperamos ter elucidado conceitos comuns em nosso cotidiano de forma que você consiga entender melhor a relação entre a taxa de câmbio e o saldo das transações internacionais.

Conceitos importantes do capítulo

- Balanço de pagamentos
- Bandas cambiais
- Câmbio fixo
- Câmbio flutuante ou flexível
- Flutuação suja
- Regimes cambiais
- Reservas internacionais
- Taxa de câmbio

CAPÍTULO 16

O GOVERNO

Já vimos que o governo, que corresponde a toda a administração pública independentemente de seu nível de atuação (federal, estadual ou municipal), é um dos principais agentes da economia.[1]

De um ponto de vista microeconômico, o governo é importante, pois sua atuação pode corrigir as falhas de mercado. Lembrando o que dissemos no Capítulo 7, o governo também pode auxiliar na redução de externalidades negativas, na provisão de bens públicos (caracterizados por serem não rivais e não excludentes), e na regulação de atividades visando evitar abuso de mercado por parte de empresas monopolistas, entre outras ações possíveis.

De um ponto de vista macroeconômico, o governo é importante por dois motivos. Por meio da **política fiscal**, o governo consegue influenciar o comportamento da economia com regras para os gastos públicos e a cobrança de impostos. Praticando sua política de gastos, o governo adquire uma série de produtos e serviços para garantir o funcionamento de sua estrutura administrativa (o que envolve não só a compra de materiais para escolas e hospitais públicos, por exemplo, mas também todos os itens consumidos pelos ministérios, secretarias e gabinetes), além de contratar obras públicas de construção e pavimentação de rodovias à construção de barragens para usinas hidrelétricas etc. O governo também realiza transferências de renda, como o pagamento de aposentadorias e benefícios sociais, estimulando o consumo das famílias. Para financiar todos esses gastos, o governo cobra impostos dos agentes.

[1] Lembre-se, também, de que as empresas estatais não fazem parte do nosso conceito de governo, já que estão no grupo das empresas.

Por meio da **política monetária**, que discutimos no Capítulo 13, o governo pode atuar por meio do Banco Central controlando a oferta de moeda e, consequentemente, a taxa de juros e o grau de liquidez da economia. Assim, note que, tanto por meio da política fiscal como da política monetária, o governo consegue influenciar, em maior ou menor grau, o ritmo da atividade econômica.

Aparentemente, portanto, há um consenso na ciência econômica sobre a importância do governo, certo? Mas, então, por que os economistas têm opiniões tão distintas sobre o papel do governo no funcionamento da economia? Neste capítulo, discutiremos com mais detalhes essa atuação, abordando sua interação com os demais grupos de agentes econômicos.

16.1 Por que o governo existe?

Que papel tem o governo em uma economia? Trata-se de uma pergunta bastante delicada, pois há um debate bastante fervoroso na teoria econômica quanto às funções do governo.

Para os economistas clássicos (ou ortodoxos), o governo deveria intervir o mínimo possível, uma vez que o livre funcionamento dos mercados – a livre interação entre compradores e vendedores – garantiria que atingissem seu equilíbrio. Lembrando o Capítulo 7, vimos que os economistas de tradição clássica argumentam que o governo deveria existir somente para corrigir as **falhas de mercado**, pois qualquer intervenção do governo impediria que o mercado atingisse a eficiência de Pareto. Pode-se dizer que os economistas clássicos acreditam na "mão invisível" do mercado, que se autorregula quando funciona de forma autônoma. Valendo o que apontamos no Capítulo 2, se o mercado de *smartphones* ou *tablets* sempre converge para o equilíbrio, todos os mercados também deveriam agir assim, inclusive o de trabalho.

Se o mercado de trabalho está em equilíbrio não há desemprego, ou seja, todas as pessoas que aceitam trabalhar recebendo o salário de equilíbrio encontrarão uma vaga. Nesse caso, dizemos que só existe o **desemprego voluntário**: são aquelas pessoas que optam por não trabalhar recebendo o salário de equilíbrio de mercado porque é inferior ao mínimo que esperam receber. Fazendo uma analogia com os capítulos 2 e 5, essa é a mesma atitude da empresa que opta por não vender seu produto ao preço de mercado por achar que o valor recebido não compensa seus custos de produção.

Os economistas de perfil heterodoxo, como os keynesianos, por sua vez, entendem que o governo deve ir além da correção das falhas de mercado e deve intervir no funcionamento da economia porque o livre mercado nem sempre funciona perfeitamente. John Maynard Keynes, para muitos, o economista mais importante que já existiu, revisou as teorias liberais lançadas por Adam Smith, chamando atenção para o fato de que, no momento em que as empresas tendem a investir menos (porque têm expectativas ruins sobre o futuro da economia, por exemplo), inicia-se todo um processo de retração econômica que favorece o estabelecimento de recessões duradouras (crises econômicas) com desemprego dos fatores de produção – inclusive o fator trabalho.

Assim, haveria o **desemprego involuntário**, em que, mesmo aceitando o salário de equilíbrio de mercado, o indivíduo não consegue emprego. Para evitar esta situação, Keynes defende a necessidade de o Estado buscar formas de garantir que a economia sempre funcione de modo estável e em ritmo pleno de produção, garantindo o **pleno emprego** de todos os fatores produtivos. Isso seria obtido pelo governo por meio da política fiscal e da política monetária, incentivando a demanda agregada (quer dizer, estimulando o consumo dos produtos e serviços produzidos pelas empresas) em momentos de recessão. Dessa maneira, Keynes mudou a visão do papel do Estado frente à economia, em oposição ao que defendiam os economistas clássicos.

16.2 Como o governo se paga?

Citamos no Capítulo 10 que a existência e a atuação do governo envolvem a necessidade de recursos para fazer frente a suas despesas, ao seu custo: é necessário construir ou alugar imóveis para atender à população e para realizar as tarefas administrativas; é necessário custear o consumo de água e de energia elétrica das repartições, e é necessário pagar o salário dos funcionários públicos, entre outros custos. Além dos custos de manutenção da estrutura governamental, o governo precisa de recursos para realizar investimentos, como a construção de rodovias, postos de saúde, escolas e creches, e realizar obras de saneamento e urbanismo etc. Vamos usar a letra **G** para fazer menção aos gastos do governo.

16.2.1 Os impostos (T)

A maior parte desses recursos é arrecadada pelo governo via cobrança de **impostos** que, por sua vez, são pagos pelas empresas e pelas famílias – vamos usar a letra T para fazer menção aos impostos. Note que, aqui, temos um ponto importante: com esse procedimento, o governo toma para si parte dos recursos que, em boa medida, eram do setor privado. Ainda que implicitamente, o governo assume que os agentes privados estão dispostos a ceder parte de seus recursos para sustentá-lo, pois exerce funções importantes e que justificam sua atuação – em regimes democráticos, isso é especialmente válido, pois é a sociedade que, em última instância, define quais serviços devem ser providos pelo Estado. Note que não estamos discutindo se o governo efetivamente devolve esses recursos à população prestando serviços públicos de qualidade (muito embora essa seja uma questão relevante), estamos apenas discutindo o fato de que os impostos permitem ao governo financiar seus gastos com o consumo de bens.

Os impostos podem ser agrupados em duas categorias distintas, mas inter-relacionadas. Em primeiro lugar, há impostos cobrados por **nível de governo**, ou seja, na esfera federal, na estadual e na municipal a máquina administrativa é responsável por gerir seus respectivos impostos.

Em segundo lugar, os impostos são classificados em diretos e indiretos. **Impostos diretos** são os que incidem sobre a renda ou sobre a propriedade dos agentes. O imposto de renda (cobrado tanto de pessoas físicas como de pessoas jurídicas) é o típico exemplo de imposto direto cobrado pelo governo federal, ao passo que o IPVA (Imposto sobre a Propriedade de Veículos Automotores, que incide sobre o valor dos automóveis particulares) e o IPTU (Imposto Predial e Territorial Urbano, que incide sobre o valor dos imóveis urbanos dos agentes) são típicos exemplos de imposto direto estadual e municipal, respectivamente. Observe que esses impostos só são pagos caso o indivíduo tenha alguma renda ou posse. Os **impostos indiretos**, por sua vez, incidem sobre o valor de uma transação econômica, tornando a aquisição de um produto ou serviço mais cara pelo fato de o preço já incluir o valor do imposto. O IPI (Imposto sobre Produtos Industrializados) é um exemplo de imposto federal indireto: quando você compra uma geladeira ou uma motocicleta nova, por exemplo, uma parte do valor pago ao lojista corresponde ao pagamento desse imposto. Em nível estadual, o imposto indireto mais conhecido é o ICMS (Imposto sobre a Circulação de Mercadorias e Serviços) e, em nível municipal, o imposto indireto mais conhecido é o ISSQN (Imposto Sobre Serviços de Qualquer Natureza), ou simplesmente ISS.

Surge aqui uma segunda questão relevante sobre os impostos. Os impostos indiretos tendem a ser mais fáceis de serem cobrados pelo governo porque já estão embutidos nos preços de mercadorias e serviços – um indivíduo pode até receber renda exercendo uma atividade ilegal (ou seja, pode até não pagar impostos diretos sobre sua renda), mas ao comprar um produto em um supermercado, por exemplo, ele pagará os impostos indiretos que incidem sobre a transação, assim como também paga o indivíduo que exerce uma atividade totalmente legal. Contudo, os impostos indiretos são mais "injustos", pois punem, proporcionalmente, mais os indivíduos de renda baixa do que os de renda alta: quando um milionário compra uma geladeira nova, o valor do IPI que ele paga é exatamente o mesmo a ser pago na compra da mesma geladeira por um indivíduo com menos recursos. Para fazer menção a esse fenômeno, é comum economistas e tributaristas dizerem que os impostos indiretos são **regressivos** (os contribuintes mais pobres são proporcionalmente mais tributados que os mais ricos). O sistema tributário brasileiro é conhecido por ter alta concentração de impostos indiretos, prejudicando, consequentemente, os estratos de renda mais baixa.

Ainda que os impostos sejam cobrados com o importante objetivo de viabilizar o funcionamento do governo, naturalmente, existem limites. Lembre-se de que, ao cobrar impostos, o governo, de alguma forma, recebe recursos do setor privado. Com isso, impostos muito altos podem inviabilizar o funcionamento de algumas empresas caso impliquem uma queda muito grande de sua lucratividade, levando algumas empresas a optar por fechar as portas. Impostos muito altos também diminuem a renda líquida (a renda bruta descontada dos impostos) dos agentes, eventualmente reduzindo o consumo das famílias. Além do aspecto quantitativo, existe também um aspecto qualitativo: quando o sistema tributário é muito complexo (como é o caso do Brasil), as empresas são obrigadas a dedicar um alto esforço na gestão do pagamento de impostos quando poderiam alocar seus recursos (tempo dos funcionários, por exemplo) na efetiva produção de produtos e serviços. Assim, ainda que existam razões nobres para a cobrança dos impostos, é necessário dosá-los adequadamente de modo a não prejudicar o funcionamento da economia.

16.2.2 Déficit público, dívida pública e títulos da dívida

E se os recursos que o governo arrecada por meio de impostos não são suficientes para arcar com seus gastos, isto é, se $T < G$?

Existe outro instrumento que permite ao governo arrecadar recursos. Os **títulos públicos** (usaremos a letra B para fazer menção aos títulos da dívida[2]) são certificados que representam uma promessa de pagamento futuro do governo (o agente emissor) ao comprador do título. Em outras palavras, o comprador do título paga um **preço** e tem a promessa de receber um valor futuro (denominado **valor de face**) por parte de quem emite o título. Ao comprar um título da dívida pública, você "empresta" sua poupança ao governo com a promessa de recebê-la de volta no futuro, como todo bom empréstimo

[2] Do Inglês, "bond".

que se preze. Naturalmente, o valor de face é maior do que o preço do título, ou seja, você se dispõe a "emprestar" certa quantidade de recursos ao governo desde que no futuro receba o montante emprestado mais juros. Assim, se você comprou um título por R$ 90,00 e seu valor de face é de R$ 99,00, você ganhou R$ 9,00 de juros, ou 10% do preço pago.

A finalidade primordial dos recursos arrecadados pelo governo junto aos compradores do título é captar recursos para financiar os gastos públicos, como os referentes à provisão de educação ou de saúde pública e investimentos em infraestrutura. Assim, o governo "antecipa" recursos futuros visando melhorar, hoje, a qualidade de vida da população. Do ponto de vista do governo, a questão importante é: de que forma o governo usa esses recursos?

Esses recursos deveriam ser muito bem empregados por uma razão simples: no futuro, o governo terá de devolver o recurso ao comprador do título acrescido de juros. Se o governo usa o recurso para a construção de portos e de novas usinas hidrelétricas e para investir em educação de qualidade, haverá provavelmente um retorno positivo para a sociedade que compense os juros a serem pagos pelo governo – não necessariamente esse retorno positivo precisa vir sob a forma de geração de mais riquezas, mas precisa ser algo benéfico para a sociedade. Contudo, se o governo usa esses recursos para fins menos importantes, obviamente a situação se reverte e a emissão de títulos da dívida se torna questionável.

Outro aspecto significativo diz respeito ao momento em que o governo devolve os recursos aos compradores do título. Hoje, o governo pode até gastar mais do que arrecada com impostos e financiar essa diferença emitindo títulos da dívida, ou seja, "tomando um empréstimo". No futuro, contudo, no momento da devolução, o governo deverá ter uma arrecadação de impostos superior aos seus gastos para que essa diferença possa ser devolvida aos compradores do título. Assim, o governo deve administrar muito bem seu orçamento para garantir que, no futuro, a receita de impostos seja suficiente para custear os gastos e os investimentos públicos e ainda devolver com juros os recursos tomados junto aos compradores do título.

Esse cenário nos ajuda a entender por que alguns países entram na chamada **crise fiscal**: governos muito endividados podem ter dificuldade em emitir novos títulos da dívida (ou seja, tomar novos empréstimos) caso os credores (aqueles que possuem os títulos) tenham a percepção de que o governo não lhes devolverá o valor do empréstimo – o governo pode se tornar insolvente, ou seja, pode não quitar os empréstimos tomados e até mesmo decretar moratória. Nesses casos, é comum que os países pratiquem medidas de ajuste fiscal, com a elevação de impostos e a redução de gastos públicos, para garantir que haja recursos disponíveis para a devolução aos credores. É por isso, entre outros motivos, que os governantes procuram manter o endividamento do governo sob controle.

Dívida pública × déficit público: qual a diferença?

Quando o governo gasta menos do que arrecada em **um determinado período** (um mês, um semestre ou um ano, por exemplo), dizemos que houve um **superávit público, ou seja, T > G**. Por sua vez, quando o governo gasta mais do que arrecada **em um determinado período (G > T)**, dizemos que houve um **déficit público**.[3] Note, portanto, que o conceito de superávit ou déficit público é um fluxo, ou seja, é um valor registrado em um determinado período. A **dívida pública**, por sua vez, é o saldo acumulado até um dado instante do tempo, ou seja, a dívida pública é um estoque. Assim, ainda que um país tenha tido um superávit público em um determinado ano, é perfeitamente possível que ele, ao longo de diversos anos, também tenha acumulado uma dívida pública.

Existem diferentes conceitos de superávit ou déficit do governo. Quando, nos gastos do governo, são incluídos os valores dos pagamentos dos juros que incidem sobre a dívida, tem-se o conceito de superávit ou déficit nominal. Alternativamente, se excluirmos dos gastos do governo os valores dos pagamentos de juros, temos o conceito de superávit ou déficit primário. Trata-se de um conceito criado pelo Brasil, mas aceito no mercado financeiro em geral (para o FMI, por exemplo).

O superávit primário representa uma reserva ou um esforço da arrecadação fiscal para garantir o pagamento dos juros que incidem sobre a dívida pública. Assim, mesmo que tenha déficit nominal, um país que apresente superávit primário está separando parte de sua arrecadação para honrar seus compromissos, e quanto maior o superávit primário, maior a garantia para os credores, que são os recebedores dos pagamentos dos juros.

Nos anos recentes, o Brasil tem, em geral, apresentado, ao mesmo tempo, déficit nominal e superávit primário, conforme revela a Tabela 16.1. Esse quadro indica que a diferença entre o que o governo arrecada e gasta é positiva, mas insuficiente para pagar todos os juros que incidem sobre a dívida pública atual, o que leva a um aumento da dívida futura. Contudo, em 2014, registrou-se superávit primário negativo, ou seja, déficit primário. Esse resultado indica que a arrecadação de impostos deixou de ser suficiente para custear os gastos do governo, mesmo excluindo os gastos referentes ao pagamento de juros sobre a dívida do governo.

---

[3] No relatório do Banco Central do Brasil, déficit público é chamado de Necessidade de Financiamento do Setor Público (NFSP).

Tabela 16.1 • Déficit público como porcentagem do PIB – Brasil – anos selecionados

	2010	2011	2012	2013	2014
Déficit Nominal	2,50%	2,60%	2,50%	3,20%	6,70%
Juros da Dívida Pública	5,20%	5,70%	4,90%	5,10%	6,10%
Superávit Primário	2,70%	3,10%	2,40%	1,90%	-0,60%

Fonte: Banco Central do Brasil.

Tabela 16.2 • Dívida pública como porcentagem do PIB – países selecionados – 2013

País	Dívida pública / PIB (em %)
Japão	226,10
Grécia	175,00
Itália	133,00
Portugal	127,80
Irlanda	124,20
Espanha	93,70
França	93,40
Canadá	86,30
Alemanha	79,90
Holanda	74,30
Estados Unidos	71,80
Uruguai	62,80
Brasil	59,20
Kenya	53,50
Índia	51,80
Dinamarca	47,00
Moçambique	46,70
Argentina	45,80
África do Sul	45,40

continua

continuação

País	Dívida pública / PIB (em %)
Suécia	41,50
Colômbia	39,60
Senegal	38,40
México	37,70
Bolívia	36,00
Cuba	35,90
Venezuela	34,20
Suíça	33,80
Congo	32,10
Serra Leoa	31,10
Uganda	30,70
Noruega	30,10
Equador	23,20
Luxemburgo	22,90
China	22,40
Paraguai	15,70
Peru	14,90
Angola	14,70
Chile	13,90
Rússia	7,90

Fonte: The World Factbook.

A Tabela 16.2, por sua vez, mostra uma lista com o tamanho da **dívida pública** (como porcentagem do PIB) para alguns países selecionados, no ano de 2013. Conforme você pode notar, o Japão tem uma dívida pública que supera duas vezes seu próprio PIB – é como se você tivesse uma dívida duas vezes maior do que toda a sua renda anual. Note que entre os países que lideram a lista estão Grécia, Portugal, Irlanda, Itália e Espanha, países que, no passado recente, têm passado por problemas sérios em função do alto endividamento público. Mas por que países como o Japão e a Alemanha, que também possuem alta dívida pública, não enfrentam problemas semelhantes?

Conforme já mencionamos, quando o governo de um país administra adequadamente suas finanças, os credores têm a perspectiva de que a devolução de fato acontecerá, permitindo que o governo continue emitindo títulos novos, uma vez que os compradores terão interesse em financiá-lo – é como se o governo fosse um "bom pagador" de dívidas. Contudo, quando os credores têm a perspectiva de que o governo terá dificuldades em devolver o recurso tomado, podem ficar receosos de perder seus recursos e, assim, se negam a comprar novos títulos.

16.2.3 E os títulos públicos emitidos pelo governo brasileiro?

No Brasil, há não muito tempo, a maior parte da população não tinha acesso direto ao mercado de títulos, ou seja, se você quisesse comprar um título da dívida, tinha de fazê-lo via intermediação financeira (aplicando em um fundo de investimentos de um banco, por exemplo: na prática, era o banco que comprava o título emitido pelo governo). Contudo, mais recentemente, o mercado de títulos públicos se popularizou bastante no Brasil em função da criação do Tesouro Direto, que permite que qualquer indivíduo compre títulos da dívida diretamente do governo. Como você deve imaginar, isso beneficia tanto o governo, que pode captar recursos junto a um público maior, como o público, que obtém acesso a uma nova forma de alocar sua poupança.

Hoje, os principais títulos emitidos pelo governo federal são:

- LTN (Letras do Tesouro Nacional): título prefixado, o que significa que possui rentabilidade definida no momento da compra. Esse título possui fluxo de pagamento simples, quer dizer, o investidor faz a compra e recebe o valor de face na data de vencimento do título;
- NTN-F (Notas do Tesouro Nacional – Série F): também é um título prefixado, mas, diferentemente da LTN, seu rendimento é recebido pelo investidor ao longo do investimento por meio de cupons (pagamentos) semestrais de juros e na data de vencimento do título, quando do resgate do valor de face e pagamento do último cupom;
- NTN-B Principal (Notas do Tesouro Nacional – Série B – Principal): é um título pós-fixado com rentabilidade vinculada à variação do IPCA, acrescida dos juros definidos no momento da compra. Assim, esse título permite ao comprador proteger-se de flutuações do IPCA ao longo do investimento. A NTN-B Principal possui fluxo de pagamento simples, ou seja, o investidor faz a aplicação e resgata o valor de face na data de vencimento do título;

- NTN-B Principal (Notas do Tesouro Nacional – Série B): também é um título com rentabilidade vinculada à variação do IPCA, acrescida dos juros definidos no momento da compra. Seu rendimento é recebido pelo investidor ao longo do investimento, por meio de cupons semestrais de juros, e na data de vencimento do título, quando do resgate do valor de face e pagamento do último cupom de juros;
- LFT (Letras Financeiras do Tesouro): é um título pós-fixado cuja rentabilidade segue a variação da taxa Selic (taxa de juros básica da economia) e possui fluxo de pagamento simples, ou seja, o investidor faz a aplicação e recebe o valor de face na data de vencimento do título;
- NTN-C (Nota do Tesouro Nacional – Série C): é um título com rentabilidade vinculada à variação do IGP-M, acrescida de juros definidos no momento da compra. O rendimento da aplicação é recebido pelo investidor ao longo do investimento, por meio de cupons semestrais de juros, e na data de vencimento do título, quando do resgate do valor de face e pagamento do último cupom.

16.2.4 A senhoriagem

Há, ainda, uma terceira forma de o governo obter recursos para custear seus gastos e os investimentos públicos. Trata-se, contudo, de uma alternativa questionável. Você se lembra de que, no capítulo sobre moeda, mencionamos que o Banco Central é monopolista na emissão de moeda doméstica?

Em muitos países, o Banco Central não é independente, mas sim, subordinado ao governo – no caso do Brasil, por exemplo, o presidente do Banco Central é indicado pelo presidente da República.[4] Isso abre espaço para que o Banco Central seja, eventualmente, levado a financiar parte dos gastos do governo via emissão de moeda. Mas de que forma? O Banco Central, por exemplo, pode conceder empréstimos ao governo direta ou indiretamente, via compra de títulos da dívida (assim como você, o Banco Central também pode comprar títulos da dívida emitidos pelo governo).

Na ciência econômica, define-se como **senhoriagem** o poder de compra obtido pelo governo via emissão de moeda. Esse termo tem origem na Idade Média, quando os senhores feudais, para obter o direito de cunhar moeda em seu feudo, deviam pagar

[4] Ao rigor, a indicação do presidente do Bacen pelo Presidente da República não necessariamente implica em dependência do Bacen. Em diversos países, o Presidente da República indica o presidente do Bacen e o Congresso e/ou o Senado sancionam a indicação.

certo valor ao seu suserano ou ao rei. Quando a senhoriagem é muito elevada, ou seja, quando a expansão de moeda por parte do Banco Central visando gerar recursos para o governo é muito alta, pode ocorrer o chamado **imposto inflacionário**, que é a perda do poder de compra (causada pela inflação) que incide sobre os indivíduos que retêm moeda – lembre-se de que um dos problemas causados pela inflação é que ela corrói o poder de compra dos agentes, ou seja, é como se fosse um "imposto". Assim, o financiamento dos gastos do governo via senhoriagem é indesejável, pois "do nada" gera ao governo poder de compra, e a eventual inflação causada pela emissão pode trazer sérios prejuízos à população.

De fato, em muitos países que passaram pela experiência de hiperinflação, a senhoriagem financiou gastos públicos. Entre outros motivos, é por isso que alguns economistas defendem a ideia de que o Banco Central deve ser independente, justamente para garantir que seu monopólio sobre a emissão de moeda não seja usado de forma oportunista pelo governo.

16.3 Considerações finais

A discussão realizada permite entender um pouco melhor as dificuldades pelas quais os governos passam ao administrar suas finanças. Visando melhorar a qualidade de vida da população, é natural que os governos realizem gastos e investimentos públicos para fornecer serviços públicos de qualidade, e para melhorar as condições de infraestrutura da economia. Contudo, essas ações envolvem custos para os quais são necessários recursos que podem ser obtidos via impostos, via endividamento público ou via emissão de moeda. Conforme apontamos, existem limites para cada uma dessas alternativas, ou seja, o governo deve gerir com bastante cautela seus gastos para garantir que existam recursos disponíveis para financiá-los. Assim como as famílias devem administrar com cautela seu orçamento, o mesmo vale para o governo.

Sugestões e links interessantes

Ficou interessado em conhecer mais o funcionamento do mercado de títulos da dívida? Acesse o site do Tesouro Direto, em: http://www.tesouro.fazenda.gov.br/tesouro-direto. Lá, você vai ter mais detalhes sobre como funciona esse mercado e as características dos títulos emitidos.

A Secretaria do Tesouro Nacional, vinculada ao Ministério da Fazenda, é o órgão responsável por gerir os gastos do governo federal. Seu site é http://www.tesouro.fazenda.gov.br/. Por sua vez, a Receita Federal é o órgão responsável por gerir a arrecadação de impostos federais. Seu site é http://idg.receita.fazenda.gov.br/.

Conceitos importantes do capítulo

- Gastos do governo
- Imposto inflacionário
- Impostos diretos
- Impostos indiretos
- Investimentos do governo
- Política fiscal
- Política monetária
- Senhoriagem
- Subsídios
- Títulos da dívida
- Transferências governamentais

REFERÊNCIAS

BLANCHARD, O. *Macroeconomia*. 5. ed. São Paulo: Prentice Hall, 2011.

EQUIPE DE PROFESSORES DA USP. Manual de Economia. 6. ed. São Paulo: Saraiva, 2012.

FROYEN, Richard T. *Macroeconomia*. 2.ed São Paulo: Saraiva, 2014.

GREMAUD, A. P.; VASCONCELLOS, M. A. S.; TONETO JR., R. T. *Economia Brasileira Contemporânea*. 7. ed. São Paulo: Atlas, 2007.

KRUGMAN, P. R.; OBSTFELD, M. *Economia Internacional – Teoria e Política*. 10. ed. São Paulo: Makron Books, 2015.

PAULANI, L.; BRAGA, M. B. *A Nova Contabilidade Social*. 3. ed. São Paulo: Saraiva, 2013.

SIMONSEN, M. H.; CYSNE, R. P. *Macroeconomia*. São Paulo: Atlas, 2000.

VARIAN, H. *Microeconomia: Princípios Básicos*. 8.ed. Rio de Janeiro: Campus, 2012.

VASCONCELOS, M. A. S. *Economia Micro e Macro*. 5. ed. São Paulo: Atlas, 2011.

VASCONCELLOS, M.A. *Fundamentos de economia*. 5.ed. São Paulo: Saraiva, 2015.